AF191851

Top-Performance im Chefsessel:

Gesundheit und Fitness als Schlüssel zum Erfolg

Impressum

Bibliografische Information der Deutschen Nationalbibliothek: Die Deutsche Nationalbibliothek verzeichnet diese Publikation in der Deutschen Nationalbibliografie; detaillierte bibliografische Daten sind im Internet über dnb.dnb.de abrufbar.

Die automatisierte Analyse des Werkes, um daraus Informationen insbesondere über Muster, Trends und Korrelationen gemäß §44b UrhG („Text und Data Mining") zu gewinnen, ist untersagt.

©Bianca Weyand 2025

Verlag: BoD · Books on Demand GmbH, Überseering 33, 22297 Hamburg, bod@bod.de

Druck: Libri Plureos GmbH, Friedensallee 273, 22763 Hamburg

ISBN: 978-3-8192-0701-3

Inhaltsverzeichnis

Kapitel 2:

Mentale Fitness für Führungskräfte

- Techniken zur Verbesserung der mentalen Belastbarkeit
  - Positive Selbstgespräche
  - Zielsetzung und Visualisierung
  - Soziale Unterstützung
  - Flexibilität und Anpassungsfähigkeit
  - Lernen aus Rückschlägen
- Stressmanagement und seine Bedeutung für Führungskräfte
  - Identifikation von Stressoren
  - Zeitmanagement
  - Pausen und Erholung
  - Körperliche Aktivität
  - Professionelle Unterstützung
- Achtsamkeit und Meditation als Werkzeuge zur Förderung der mentalen Klarheit
  - Grundlagen der Achtsamkeit
  - Einfache Meditationstechniken

Kapitel 4:

Ernährung und Leistungsfähigkeit

- Die Bedeutung einer ausgewogenen Ernährung für kognitive Funktionen
- Tipps zur Verbesserung der Ernährungsgewohnheiten im hektischen Führungsalltag
- Der Einfluss von Hydration und Nährstoffen auf die Leistungsfähigkeit
- Fazit

Kapitel 5:

Work-Life-Balance und ihre Rolle in der Führung

- Strategien zur Balance von Berufs- und Privatleben
- Die Rolle von Erholung und Schlaf für die Führungsfähigkeit
- Techniken zur Prioritätensetzung und Delegation
- Fazit

Kapitel 6:

Führung durch Vorbildfunktion

- Wie eine fitte und gesunde Lebensweise die Unternehmenskultur beeinflusst

- Schaffung einer gesundheitsbewussten Atmosphäre

- Positive Auswirkungen auf die Unternehmensleistung

- Motivieren und inspirieren: Mitarbeiter durch eigenes Handeln beeinflussen

- Aufbau eines gesundheitsfördernden Umfelds im Unternehmen

- Berücksichtigung individueller Bedürfnisse und Präferenzen

- Langfristige Perspektive und Geduld

- Zusammenfassung und Ausblick

Kapitel 7:

Nachhaltigkeit und langfristige Planung

- Einen langfristigen Fitness- und Gesundheitsplan erstellen
  - Bestandsaufnahme
  - Zielsetzung
  - Planung
  - Ressourcen
  - Flexibilität
  - Belohnungssystem
- Die Bedeutung der Selbstreflexion und Anpassung an sich ändernde Umstände
- Erfolgsstories von Führungskräften
- Fazit

Anhang

- Checklisten und Vorlagen zu den einzelnen Kapiteln
- Weiterführende Ressourcen

Danksagung und Autorenbiographie

Einleitung

In der heutigen schnelllebigen und anspruchsvollen Arbeitswelt sind Führungskräfte mehr denn je gefordert, sowohl mental als auch physisch fit zu sein. Effektive Führung hängt nicht nur von fachlicher Kompetenz ab, sondern auch von der Fähigkeit, Stress zu bewältigen, klare Entscheidungen zu treffen und Teams zu inspirieren – alles Qualitäten, die durch körperliches und geistiges Wohlbefinden maßgeblich beeinflusst werden. Dieses Buch bietet Ihnen einen umfassenden Leitfaden, um Ihre Führungsqualitäten durch Fitness und Gesundheit zu verbessern.

Wir beginnen mit der Erforschung der engen Verbindung zwischen Fitness und Führung (Kapitel 1) und tauchen dann tief in die Welt der mentalen Fitness ein (Kapitel 2). Dort lernen Sie Techniken zur Stressbewältigung, Achtsamkeit und den Aufbau mentaler Resilienz kennen. Kapitel 3 beleuchtet die Grundlagen der physischen Fitness und präsentiert praktische Trainingsprogramme für vielbeschäftigte Führungskräfte. Die Bedeutung der Ernährung für Leistungsfähigkeit und Konzentration wird in Kapitel 4 ausführlich behandelt, während Kapitel 5 Strategien für eine ausgewogene Work-Life-Balance vorstellt. In Kapitel 6 erfahren Sie, wie Sie durch Ihre

Vorbildfunktion eine gesundheitsbewusste Unternehmenskultur prägen können. Abschließend widmet sich Kapitel 7 der langfristigen Planung und Nachhaltigkeit Ihrer Fitness- und Gesundheitsziele, abgerundet durch inspirierende Erfolgsgeschichten von Führungskräften.

Ziel dieses Buches ist es, Ihnen praktische Werkzeuge und fundiertes Wissen an die Hand zu geben, um Ihre Führungsqualitäten durch Fitness und Gesundheit zu optimieren. Sie lernen, wie Sie Ihre Energie, Konzentration und Resilienz steigern und so Ihre volle Leistungsfähigkeit entfalten können – für Ihren persönlichen Erfolg und den Erfolg Ihres Unternehmens.

Kapitel 1: Die Verbindung zwischen Fitness und Führung

In der heutigen schnelllebigen und anspruchsvollen Arbeitswelt ist effektive Führung entscheidend für den Erfolg von Unternehmen und Organisationen. Eine oft unterschätzte, aber zunehmend anerkannte Komponente, die zur Effektivität von Führungskräften beiträgt, ist die körperliche Fitness. In diesem Kapitel werden wir die Verbindung zwischen Fitness und Führung untersuchen, indem wir zunächst definieren, was Fitness im Kontext der Führung bedeutet, und dann darauf eingehen, wie körperliche Fitness die mentale Leistungsfähigkeit und Entscheidungsfindung beeinflusst. Abschließend präsentieren wir Studien und Forschungsergebnisse, die die Bedeutung von Fitness für Führungskompetenz untermauern.

Definition von Fitness im Kontext der Führung

Fitness ist ein Begriff, der in unserer modernen Gesellschaft häufig mit körperlicher Gesundheit, sportlicher Leistungsfähigkeit und äußerlicher Erscheinung in Verbindung gebracht wird. Im Kontext der Führung geht der Begriff jedoch weit über die rein physische Dimension hinaus und bezieht auch die psychische und emotionale Gesundheit mit ein. Eine umfassendere Definition von Fitness für Führungskräfte könnte daher folgendermaßen formuliert werden: Fitness ist der Zustand körperlicher, geistiger und emotionaler Stärke und Ausdauer, der es einer Führungskraft ermöglicht, den vielfältigen und oft anspruchsvollen Anforderungen ihrer Rolle effektiv und nachhaltig gerecht zu werden.

Körperliche Fitness ist die Grundlage für ein gesundes und produktives Leben und umfasst verschiedene Aspekte wie Ausdauer, Kraft, Flexibilität und allgemeine körperliche Gesundheit. Für Führungskräfte ist körperliche Fitness besonders wichtig, da sie direkt mit der Fähigkeit verbunden ist, den täglichen Stress zu bewältigen und ein hohes Energielevel im hektischen Berufsalltag aufrechtzuerhalten. Regelmäßige körperliche Aktivität hilft nicht nur dabei, Stress abzubauen, sondern fördert auch die Freisetzung von Endorphinen, die das allgemeine Wohlbefinden steigern.

Eine gute körperliche Verfassung kann Führungskräften dabei helfen, sich besser zu konzentrieren und Entscheidungen schneller und effektiver zu treffen. Darüber hinaus erleichtert eine solide körperliche Fitness die Bewältigung von

Belastungen und Herausforderungen, die im Führungsalltag oft auftreten. Führungskräfte, die körperlich fit sind, haben in der Regel eine höhere Ausdauer, was ihnen ermöglicht, lange Arbeitsstunden zu bewältigen, ohne dabei an Energie und Engagement zu verlieren.

Neben der körperlichen Fitness spielt auch die geistige Fitness eine entscheidende Rolle für den Erfolg von Führungskräften. Geistige Fitness umfasst eine Reihe von Fähigkeiten und Eigenschaften, die für die effektive Führung von Teams und Organisationen unerlässlich sind. Dazu gehören Konzentration, Gedächtnisleistung, Kreativität und emotionale Intelligenz.

- **Konzentration und Gedächtnisleistung:** Konzentration und Gedächtnisleistung sind zwei essentielle kognitive Fähigkeiten, die für Führungskräfte von entscheidender Bedeutung sind, um in der komplexen und schnelllebigen Geschäftswelt erfolgreich zu agieren. Sie bilden das Fundament für effektive Entscheidungsfindung, strategisches Denken und die erfolgreiche Bewältigung der vielfältigen Herausforderungen einer Führungsposition.

Konzentration: Die Fähigkeit, die Aufmerksamkeit gezielt und ausdauernd auf eine bestimmte Aufgabe zu lenken, ist für Führungskräfte unerlässlich. In ihrem Arbeitsalltag sind sie ständig mit einer Flut von Informationen, Anfragen und Unterbrechungen konfrontiert. Eine starke Konzentrationsfähigkeit ermöglicht es ihnen, trotz dieser Ablenkungen den Fokus auf die wirklich wichtigen Aufgaben zu richten und diese effizient zu bearbeiten. Dies verhindert, dass sie sich in unwichtigen Details verlieren und ermöglicht es ihnen, Prioritäten zu setzen und strategische Ziele zu verfolgen. Konzentration ist auch entscheidend für analytisches Denken und Problemlösung, da sie ermöglicht, komplexe Sachverhalte zu durchdringen und kreative Lösungen zu entwickeln. Ohne die Fähigkeit zur fokussierten Konzentration laufen Führungskräfte Gefahr, ineffizient zu arbeiten, Fehler zu machen und wichtige Chancen zu verpassen.

Gedächtnisleistung: Ein gutes Gedächtnis ist für Führungskräfte ebenso wichtig wie Konzentration. Sie müssen in der Lage sein, sich eine Vielzahl von Informationen zu merken, von Unternehmensdaten und Marktkenntnissen bis hin zu den Namen und Bedürfnissen ihrer Mitarbeiter. Ein starkes Gedächtnis ermöglicht es ihnen, auf relevantes Wissen schnell und präzise zuzugreifen, was die Grundlage für fundierte Entscheidungen und effektive Kommunikation bildet. Es erlaubt ihnen, in Meetings und Verhandlungen sicher aufzutreten, da sie auf Fakten, Zahlen und frühere Vereinbarungen zurückgreifen können. Darüber hinaus hilft ein gutes Gedächtnis dabei, aus vergangenen Erfahrungen zu lernen und diese Erkenntnisse in zukünftige Entscheidungen zu integrieren. Schließlich trägt ein gutes Gedächtnis auch zur Vertrauensbildung bei, da es den Eindruck von Kompetenz und Zuverlässigkeit vermittelt.

Zusammenfassend lässt sich sagen, dass Konzentration und Gedächtnisleistung eng miteinander verwoben sind und Führungskräfte befähigen, komplexe Aufgaben zu bewältigen, strategisch zu denken und erfolgreich zu führen. Die stetige Förderung und Verbesserung dieser kognitiven Fähigkeiten ist daher für jeden, der eine Führungsrolle anstrebt oder bereits innehat, von unschätzbarem Wert.

- **Kreativität:** Kreativität ist weit mehr als nur eine wünschenswerte Eigenschaft für Führungskräfte – sie ist eine unverzichtbare Kompetenz im heutigen dynamischen und wettbewerbsintensiven Geschäftsumfeld. Führungskräfte, die in der Lage sind, kreativ zu denken, verschaffen sich und ihren Organisationen einen entscheidenden Vorteil. Sie können innovative Lösungen für komplexe Probleme entwickeln und ihre Unternehmen erfolgreich in einem Markt positionieren, der sich in einem ständigen Wandel befindet.

Kreatives Denken ermöglicht es Führungskräften, über den Tellerrand hinauszuschauen und eingefahrene Denkmuster zu durchbrechen. Anstatt Probleme aus der gewohnten Perspektive zu betrachten, ermutigt Kreativität dazu, verschiedene Blickwinkel einzunehmen und die Situation aus unterschiedlichen

Richtungen zu beleuchten. Dies führt oft zu unerwarteten Einsichten und eröffnet neue Möglichkeiten, die mit konventionellen Ansätzen möglicherweise übersehen worden wären.

Die Fähigkeit, unkonventionelle Lösungsansätze zu verfolgen, ist ein zentraler Bestandteil kreativer Führung. Führungskräfte müssen bereit sein, Risiken einzugehen und neue Wege zu beschreiten, auch wenn diese zunächst ungewohnt oder unpopulär erscheinen. Gerade in einem Umfeld, das von disruptiven Innovationen und ständigem Wandel geprägt ist, ist es entscheidend, über den Status quo hinaus zu denken und innovative Ideen zu fördern.

Kreativität ermöglicht es Führungskräften, nicht nur kurzfristige Herausforderungen zu meistern, sondern auch langfristige Strategien zu entwickeln, die zu nachhaltigem Erfolg führen. Indem sie die Kreativität ihrer Teams fördern und eine innovationsfreundliche Unternehmenskultur schaffen, legen sie den Grundstein für kontinuierliches Wachstum und Wettbewerbsfähigkeit. Dies beinhaltet die

Bereitstellung von Ressourcen für kreative Projekte, die Ermutigung zum Experimentieren und die Toleranz von Fehlern als Teil des Lernprozesses.

Zusammenfassend lässt sich sagen, dass kreatives Denken für Führungskräfte im 21. Jahrhundert essentiell ist. Es befähigt sie, innovative Lösungen zu entwickeln, sich an veränderte Marktbedingungen anzupassen und ihre Organisationen auf einen nachhaltigen Erfolgspfad zu führen.

Emotionale Fitness ist ein oft unterschätzter, aber entscheidender Aspekt der Führungsfitness. Sie umfasst die Fähigkeit, die eigenen Emotionen zu erkennen, zu verstehen und zu regulieren sowie Empathie für die Emotionen anderer zu entwickeln. Emotionale Intelligenz, ein zentraler Bestandteil der emotionalen Fitness, ist für Führungskräfte von unschätzbarem Wert, da sie ihnen hilft, effektiv mit ihren Mitarbeitern zu kommunizieren und positive zwischenmenschliche Beziehungen aufzubauen.

- **Selbstbewusstsein:** Emotionale Fitness spielt eine entscheidende Rolle für effektive

Führung. Ein zentraler Aspekt dieser Fitness ist das **Selbstbewusstsein**, das weit über die reine Kenntnis der eigenen Stärken und Schwächen hinausgeht. Führungskräfte mit einem hohen Grad an emotionaler Fitness verfügen über eine ausgeprägte **Selbstwahrnehmung** in Bezug auf ihre Emotionen. Sie verstehen nicht nur, *welche* Emotionen sie in bestimmten Situationen empfinden, sondern auch, *warum* diese Emotionen auftreten. Sie erkennen die **Ursachen und Auslöser** ihrer emotionalen Reaktionen und können diese analysieren, ohne von ihnen überwältigt zu werden.

Dieses tiefe Verständnis der eigenen Gefühlswelt ermöglicht es ihnen, die **Auswirkungen ihrer Emotionen auf ihr Verhalten und ihre Entscheidungsfindung** zu erkennen und zu bewerten. Sie sind sich bewusst, wie beispielsweise Ärger, Angst oder Euphorie ihre Wahrnehmung, ihr Urteilsvermögen und ihre Interaktionen mit anderen beeinflussen können. Anstatt impulsiv auf Emotionen zu reagieren, können sie diese reflektieren und bewusst steuern.

Gerade in **stressigen oder herausfordernden Situationen** erweist sich dieses Selbstbewusstsein als unschätzbarer Vorteil. Während andere möglicherweise von ihren Emotionen übermannt werden und unüberlegte Entscheidungen treffen, bewahren emotional fitte Führungskräfte einen **kühlen Kopf**. Sie können ihre Emotionen regulieren, einen klaren Blick auf die Situation behalten und **rationale, wohlüberlegte Entscheidungen** treffen, die auf Fakten und Logik basieren, anstatt auf emotionalen Impulsen. Dieses Vermögen, auch unter Druck einen klaren Kopf zu bewahren, trägt maßgeblich zur effektiven Krisenbewältigung und zu nachhaltigem Erfolg bei. Es schafft Vertrauen im Team und fördert eine konstruktive Arbeitsatmosphäre, selbst in schwierigen Zeiten.

- **Empathie und Kommunikationsfähigkeit:** Empathie und Kommunikationsfähigkeit sind zwei eng miteinander verwobene Eigenschaften, die für erfolgreiche Führungskräfte von entscheidender Bedeutung sind. Empathie beschreibt die Fähigkeit, sich in die Lage anderer Menschen hineinzuversetzen, ihre Emotionen und Gedanken zu verstehen und nachzuvollziehen, auch wenn man diese nicht teilt. Eine empathische Führungskraft erkennt die individuellen Bedürfnisse, Motivationen und Sorgen ihrer Mitarbeiter und kann so ein Arbeitsumfeld schaffen, in dem sich jeder wertgeschätzt und verstanden fühlt. Dies fördert nicht nur das Wohlbefinden der Mitarbeiter, sondern auch deren Motivation und Produktivität. Empathie ermöglicht es Führungskräften, angemessen auf unterschiedliche Persönlichkeiten und Situationen zu reagieren, Konflikte konstruktiv zu lösen und ein starkes Teamgefühl zu entwickeln.

Kommunikationsfähigkeit ist die Kunst, Informationen klar, präzise und effektiv zu vermitteln. Für Führungskräfte bedeutet dies, sowohl mündlich als auch schriftlich überzeugend und verständlich zu kommunizieren. Eine starke Kommunikationsfähigkeit, gepaart mit Empathie, ermöglicht es Führungskräften, ihre Botschaften so zu formulieren, dass sie beim Empfänger ankommen und die gewünschte

Wirkung erzielen. Sie können komplexe Sachverhalte verständlich erklären, Feedback konstruktiv geben und empfangen, aktives Zuhören praktizieren und dadurch Missverständnisse und Konflikte vermeiden. Empathische Kommunikation schafft Vertrauen und Transparenz, was die Zusammenarbeit im Team stärkt und die Mitarbeiter ermutigt, offen ihre Meinungen und Ideen zu äußern. Eine solche offene Kommunikationskultur trägt maßgeblich zum Erfolg eines Unternehmens bei. Führungskräfte, die empathisch kommunizieren, können ihre Mitarbeiter inspirieren, motivieren und zu Höchstleistungen führen. Sie schaffen ein positives Arbeitsklima, in dem sich Mitarbeiter wohlfühlen, engagiert arbeiten und ihr volles Potenzial entfalten können.

Nachhaltigkeit der Führungsfitness

Die Nachhaltigkeit der Führungsfitness ist ein zentraler Aspekt für Personen in leitenden Positionen, um nicht nur kurzfristige Erfolge zu erzielen, sondern auch langfristig effektiv und gesund zu bleiben. Dieser Prozess erfordert eine umfassende

Herangehensweise, die körperliche, geistige und emotionale Dimensionen in Einklang bringt. Um die Führungsfitness dauerhaft zu stärken, sind mehrere Faktoren von Bedeutung:

Work-Life-Balance: Eine ausgewogene Work-Life-Balance ist entscheidend, um den Stresspegel zu senken und die allgemeine Lebenszufriedenheit zu steigern. Führungskräfte sollten bewusst Zeit für Erholung und persönliche Interessen einplanen. Dies bedeutet, Pausen aktiv zu gestalten und Hobbys oder Aktivitäten nachzugehen, die Freude bereiten und Energie zurückgeben. Eine klare Trennung von Berufs- und Privatleben hilft, die mentale und emotionale Gesundheit zu bewahren und die Leistungsfähigkeit auf einem hohen Niveau zu halten.

Regelmäßige körperliche Aktivität: Physische Fitness spielt eine wesentliche Rolle für das Wohlbefinden und die Leistungsfähigkeit von Führungskräften. Regelmäßige sportliche Betätigung trägt nicht nur zur körperlichen Gesundheit bei, sondern fördert auch die geistige Klarheit und Stressbewältigung. Ob es sich um tägliche Spaziergänge, regelmäßiges Training im Fitnessstudio oder die Teilnahme an Sportgruppen handelt, die

Einbindung von Bewegung in den Alltag ist unverzichtbar.

Kontinuierliche Weiterbildung: In einer dynamischen und sich ständig wandelnden Geschäftswelt ist es unerlässlich, auf dem neuesten Stand zu bleiben. Führungskräfte sollten sich kontinuierlich weiterbilden und bereit sein, neue Fähigkeiten zu erlernen. Dies kann durch den Besuch von Seminaren, das Lesen aktueller Fachliteratur oder die Teilnahme an Online-Kursen geschehen. Solche Aktivitäten fördern die geistige Fitness und stellen sicher, dass Führungskräfte auf zukünftige Herausforderungen vorbereitet sind und mit aktuellen Entwicklungen Schritt halten können.

Pflege sozialer Beziehungen: Emotionale Fitness wird maßgeblich durch starke soziale Bindungen unterstützt. Führungskräfte sollten aktiv Beziehungen zu Kollegen, Freunden und der Familie pflegen. Diese sozialen Interaktionen bieten nicht nur emotionale Unterstützung, sondern auch einen wertvollen Rückhalt in stressigen Zeiten. Der Austausch mit anderen kann neue Perspektiven eröffnen und zur persönlichen Weiterentwicklung beitragen.

Insgesamt ist die nachhaltige Führungsfitness ein fortlaufender Prozess, der eine bewusste Anstrengung erfordert, diese verschiedenen Aspekte des Lebens in Balance zu halten und kontinuierlich zu fördern. Nur so können Führungskräfte langfristig erfolgreich und gesund bleiben.

Zusammenfassend lässt sich sagen, dass Fitness im Kontext der Führung weit mehr umfasst als nur körperliche Gesundheit. Eine ganzheitliche Betrachtung von Fitness, die körperliche, geistige und emotionale Aspekte einschließt, ist für Führungskräfte unerlässlich, um den Anforderungen ihrer Rolle gerecht zu werden und nachhaltigen Erfolg zu erzielen. Indem sie ihre Fitness in allen drei Bereichen stärken und aufrechterhalten, können Führungskräfte nicht nur ihre eigene Leistungsfähigkeit steigern, sondern auch als Vorbilder für ihre Mitarbeiter dienen und eine positive Unternehmenskultur fördern.

Wie körperliche Fitness die mentale Leistungsfähigkeit und Entscheidungsfindung beeinflusst

Körperliche Fitness und mentale Leistungsfähigkeit sind eng miteinander verknüpft, und diese Beziehung ist besonders bedeutsam in der heutigen schnelllebigen Welt, in der kognitive Leistungsfähigkeit und effektive

Entscheidungsfindung von entscheidender Bedeutung sind. Regelmäßige körperliche Aktivität hat zahlreiche Vorteile, die weit über die physische Gesundheit hinausreichen und tief in die Domäne der mentalen Fitness und Entscheidungsfindung eindringen. Diese Vorteile sind nicht nur für die allgemeine Bevölkerung wichtig, sondern insbesondere für Führungskräfte und Entscheidungsträger, die alltäglich mit komplexen Herausforderungen konfrontiert sind.

Beginnen wir mit der Frage, wie körperliche Fitness die mentale Leistungsfähigkeit verbessert. Wenn wir uns körperlich betätigen, wird die Durchblutung im gesamten Körper, einschließlich des Gehirns, erhöht. Diese verbesserte Durchblutung sorgt für eine bessere Sauerstoff- und Nährstoffversorgung der Gehirnzellen, was die kognitiven Funktionen signifikant verbessern kann. Ein gut versorgtes Gehirn ist effizienter und leistungsfähiger, was sich in einer Vielzahl von kognitiven Vorteilen zeigt. Dazu gehören ein verbessertes Gedächtnis, schnellere Reaktionszeiten und eine erhöhte Problemlösungsfähigkeit. Diese kognitiven Vorteile sind besonders für Führungskräfte von Vorteil, die täglich mit der Notwendigkeit konfrontiert sind, kritische Entscheidungen zu treffen und kreative Lösungen für komplexe Probleme zu entwickeln.

Darüber hinaus zeigen zahlreiche Studien, dass körperlich fitte Personen tendenziell eine bessere geistige Klarheit und Konzentration aufweisen. Diese verbesserten kognitiven Fähigkeiten resultieren teilweise aus der erhöhten Produktion von Neurotransmittern und anderen chemischen Substanzen im Gehirn, die durch regelmäßige körperliche Aktivität gefördert werden. Zum Beispiel werden durch Bewegung die Neurotransmitter Serotonin und Dopamin vermehrt produziert, die entscheidend für unsere Stimmung, Motivation und allgemeine mentale Gesundheit sind. Ein ausgeglichenes Niveau dieser Neurotransmitter kann zu einer positiveren Einstellung und einer besseren Widerstandsfähigkeit gegenüber Stress und Herausforderungen führen – zwei Faktoren, die für effektive Führungsarbeit unerlässlich sind.

Stressabbau ist ein weiterer entscheidender Vorteil regelmäßiger körperlicher Aktivität, der die mentale Leistungsfähigkeit und die Entscheidungsfindung beeinflusst. In stressigen Zeiten, die im Führungsalltag keine Seltenheit sind, kann körperliche Aktivität als ventiler Funktionieren und helfen, Stress abzubauen und einen klareren Kopf zu bewahren. Der Abbau von Stresshormonen wie Cortisol durch Bewegung trägt dazu bei, dass Führungskräfte auch unter Druck überlegtere und rationale Entscheidungen treffen können. Diese Fähigkeit, einen kühlen Kopf zu bewahren, ist von unschätzbarem Wert, um impulsive Reaktionen zu vermeiden, die durch hohe Stresslevel oder Müdigkeit hervorgerufen werden könnten.

Die positive Wirkung von Bewegung auf die Entscheidungsfindung zeigt sich auch in der erhöhten Energie und Ausdauer, die körperlich fitte Personen oft aufweisen. Diese erhöhte Energie ist nicht nur physisch, sondern auch mental spürbar. Führungskräfte, die regelmäßig Sport treiben, berichten häufig von einem gesteigerten Energielevel und einer besseren Ausdauer, was ihnen hilft, auch bei langen Arbeitszeiten und anspruchsvollen Aufgaben fokussiert und produktiv zu bleiben. Diese Ausdauer ermöglicht es ihnen, in stressigen und herausfordernden Situationen weiterhin effektive und gut durchdachte Entscheidungen zu treffen.

Ein weiterer Aspekt, der die Verbindung zwischen körperlicher Fitness und mentaler Leistungsfähigkeit unterstreicht, ist die Rolle der Bewegung in der neuroplastischen Entwicklung. Neuroplastizität bezieht sich auf die Fähigkeit des Gehirns, sich selbst zu reorganisieren, indem es neue neuronale Verbindungen bildet. Regelmäßige körperliche Aktivität stimuliert diese neuroplastischen Prozesse, was zu einer besseren Anpassungsfähigkeit und Flexibilität des Gehirns führt. Diese Flexibilität ist entscheidend für die Entwicklung neuer Denkweisen und das Finden kreativer Lösungen, die für die moderne Führung erforderlich sind.

Zusammenfassend lässt sich sagen, dass körperliche Fitness einen tiefgreifenden Einfluss auf die mentale Leistungsfähigkeit und die Qualität der Entscheidungsfindung hat. Die Vorteile, die regelmäßige körperliche Aktivität für das Gehirn bietet, sind weitreichend und haben das Potenzial, die kognitiven Fähigkeiten, die emotionale Stabilität und die Fähigkeit zur effektiven Entscheidungsfindung erheblich zu verbessern. Führungskräfte, die diese Vorteile nutzen, sind besser gerüstet, um den Herausforderungen des modernen Arbeitslebens zu begegnen und in ihrer Rolle erfolgreich zu sein. Eine Investition in die körperliche Fitness ist daher nicht nur eine Investition in die physische Gesundheit, sondern auch in die mentale Stärke und die Fähigkeit, fundierte Entscheidungen zu treffen, die sowohl für den individuellen Erfolg als auch für den Erfolg des gesamten Unternehmens von entscheidender Bedeutung sind.

Studien und Forschungsergebnisse zur Verbindung von Fitness und Führungskompetenz

In den letzten Jahren hat die Forschung zunehmend die Verbindung zwischen körperlicher Fitness und Führungskompetenz untersucht. Das Interesse an diesem Thema wächst, da Unternehmen und Organisationen weltweit die Vorteile einer gesunden und aktiven Lebensweise erkennen und diese in ihre Führungsstrategien integrieren möchten. Die Erkenntnisse aus verschiedenen Studien deuten darauf hin, dass körperliche Fitness nicht nur das individuelle Wohlbefinden von Führungskräften verbessert, sondern auch einen positiven Einfluss auf ihre berufliche Leistungsfähigkeit und die gesamte Organisation hat.

Eine bedeutende Studie, die in der Harvard Business Review veröffentlicht wurde, beleuchtet die Wahrnehmung von Führungskräften, die regelmäßig Sport treiben. Diese Führungskräfte werden von ihren Kollegen und Mitarbeitern oft als kompetenter und inspirierender wahrgenommen. Diese Wahrnehmung kann auf mehrere Faktoren zurückgeführt werden, darunter das gesteigerte Selbstbewusstsein und die erhöhte Energie, die mit regelmäßiger körperlicher Aktivität einhergehen. Führungskräfte, die fit und aktiv sind, strahlen oft eine positive Ausstrahlung und Zuversicht aus, die sich auf ihr Team überträgt. Diese positive Ausstrahlung kann dazu beitragen, ein motivierendes Arbeitsumfeld zu schaffen, in dem Mitarbeiter ermutigt werden, ihr Bestes zu geben.

Ein weiterer Aspekt, der in der Harvard-Studie hervorgehoben wird, ist die emotionale Intelligenz von sportlich aktiven Führungskräften. Emotionale Intelligenz umfasst die Fähigkeit, die eigenen Emotionen und die der anderen zu erkennen, zu verstehen und zu steuern. Führungskräfte mit hoher emotionaler Intelligenz sind in der Lage, effektive Kommunikationsstrategien zu entwickeln, Konflikte zu lösen und ein unterstützendes Arbeitsumfeld zu schaffen. Regelmäßige körperliche Aktivität kann dazu beitragen, die emotionale Intelligenz zu verbessern, indem sie Stress abbaut und das emotionale Wohlbefinden steigert. Sport kann als Ventil für Stress dienen und hilft Führungskräften dabei, klarer und ruhiger zu denken, selbst in stressigen Situationen.

Zusätzlich zu den sozialen und emotionalen Vorteilen wurde auch die physische Gesundheit von Führungskräften untersucht. Eine Studie, die im Journal of Occupational and Environmental Medicine veröffentlicht wurde, zeigte, dass Führungskräfte mit einem höheren Fitnesslevel weniger krankheitsbedingte Fehlzeiten hatten und eine höhere Produktivität aufwiesen. Dies kann darauf zurückgeführt werden, dass regelmäßige körperliche Aktivität das Immunsystem stärkt und das Risiko für chronische Krankheiten reduziert. Gesunde Führungskräfte sind weniger anfällig für Krankheiten, was zu einer geringeren Anzahl von Krankheitstagen und einer höheren Arbeitsleistung führt. Diese erhöhte Produktivität wirkt sich positiv auf die gesamte Organisation aus, da sie zu einer effizienteren Nutzung der Ressourcen und einer verbesserten Teamleistung beiträgt.

Neben den direkten physischen und emotionalen Vorteilen hat die Forschung auch gezeigt, dass körperliche Aktivität die Neuroplastizität des Gehirns fördert. Neuroplastizität bezieht sich auf die Fähigkeit des Gehirns, sich zu verändern und anzupassen, indem es neue neuronale Verbindungen bildet. Dies ist besonders relevant für Führungskräfte, die in einer sich schnell verändernden Geschäftswelt tätig sind und ständig mit neuen Herausforderungen konfrontiert werden. Ein Gehirn, das in der Lage ist, sich anzupassen und zu lernen, kann besser mit Veränderungen umgehen und innovative Lösungen für komplexe Probleme entwickeln. Sport und körperliche Aktivität fördern die Durchblutung des Gehirns und unterstützen die Bildung neuer Nervenzellen, was die kognitiven Fähigkeiten und die Problemlösungsfähigkeiten verbessert.

Die Verbindung zwischen Fitness und Führungskompetenz ist ein Thema, das weiterhin an Bedeutung gewinnt. Organisationen, die in die Gesundheit und Fitness ihrer Führungskräfte investieren, können langfristig von den positiven Auswirkungen profitieren. Programme zur Förderung der körperlichen Aktivität, wie z.B. Firmenfitnesskurse, Wellness-Programme oder flexible Arbeitszeiten, die es den Mitarbeitern ermöglichen, Sport in ihren Alltag zu integrieren, können einen erheblichen Unterschied machen. Solche Maßnahmen fördern nicht nur die Gesundheit der Führungskräfte, sondern tragen auch zur Schaffung einer gesundheitsbewussten Unternehmenskultur bei, die allen Mitarbeitern zugutekommt.

Zusammenfassend lässt sich sagen, dass die Forschungsergebnisse darauf hindeuten, dass körperliche Fitness und Führungskompetenz eng miteinander verbunden sind. Führungskräfte, die regelmäßig Sport treiben, profitieren von besserer Gesundheit, höherer emotionaler Intelligenz und gesteigerter kognitiver Flexibilität. Diese Vorteile wirken sich positiv auf ihre Fähigkeit aus, effektiv zu führen und die Herausforderungen der modernen Arbeitswelt zu meistern. Unternehmen, die diese Verbindung erkennen und fördern, können eine leistungsfähigere, gesündere und zufriedenere Belegschaft schaffen, was letztlich zu einem besseren Geschäftsergebnis führt. Indem sie körperliche Fitness als integralen Bestandteil der Führungskräfteentwicklung betrachten, können Organisationen sicherstellen, dass ihre Führungskräfte nicht nur in der Lage sind, die täglichen Herausforderungen zu bewältigen, sondern auch in der Lage sind, die Organisation in eine erfolgreiche Zukunft zu führen.

Fazit

Das erste Kapitel des Buches hat gezeigt, wie eng die Verbindung zwischen körperlicher Fitness und effektiver Führung ist. Es wurde deutlich, dass Fitness im Führungsalltag weit über die physische Dimension hinausgeht und auch geistige sowie emotionale Aspekte umfasst. Führungskräfte, die in allen drei Bereichen fit sind, können nicht nur ihre eigene Leistungsfähigkeit steigern, sondern auch als Vorbilder für ihre Mitarbeiter dienen und eine positive Unternehmenskultur fördern. Mit diesem Verständnis als Grundlage können wir nun tiefer in die spezifischen Bereiche eintauchen, die zur ganzheitlichen Fitness von Führungskräften beitragen.

In Kapitel 2 werden wir uns mit der mentalen Fitness von Führungskräften auseinandersetzen. Hier wird es darum gehen, Techniken zur Verbesserung der mentalen Belastbarkeit zu erörtern, die Bedeutung von effektivem Stressmanagement zu beleuchten und Achtsamkeit sowie Meditation als wertvolle Werkzeuge zur Förderung der mentalen Klarheit zu betrachten. Diese Aspekte sind essenziell, um den kognitiven Herausforderungen der Führung gerecht zu werden.

Kapitel 2: Mentale Fitness für Führungskräfte

In diesem Kapitel werden wir uns intensiv mit der mentalen Fitness von Führungskräften auseinandersetzen und beleuchten, wie Techniken zur Verbesserung der mentalen Belastbarkeit, effektives Stressmanagement sowie Achtsamkeit und Meditation als Werkzeuge zur Förderung der mentalen Klarheit dienen können.

Techniken zur Verbesserung der mentalen Belastbarkeit

Mentale Belastbarkeit, oft als Resilienz bezeichnet, ist die psychische Widerstandskraft und Anpassungsfähigkeit von Individuen gegenüber Herausforderungen und Rückschlägen. Besonders für Führungskräfte ist diese Eigenschaft von unschätzbarem Wert, da sie in dynamischen und oft stressreichen Umgebungen arbeiten. Sie müssen in der Lage sein, schnelle Entscheidungen zu treffen und gleichzeitig strategisch zu denken. Doch wie lässt sich diese Resilienz gezielt stärken? Im Folgenden werden fünf Techniken ausführlich beschrieben, die Führungskräfte anwenden können, um ihre mentale Belastbarkeit zu verbessern.

1. Positive Selbstgespräche

Positive Selbstgespräche sind eine wirkungsvolle Technik, um die mentale Widerstandskraft zu stärken und ein gesundes Selbstbewusstsein zu fördern. Der innere Dialog beeinflusst maßgeblich, wie wir Herausforderungen wahrnehmen und bewältigen. Oftmals sind wir uns gar nicht bewusst, wie kritisch oder negativ unsere Selbstgespräche sind. Führungskräfte, die ihre inneren Dialoge positiv gestalten, können nicht nur ihr eigenes Wohlbefinden verbessern, sondern auch als Vorbilder für ihre Teams dienen.

Ein Beispiel zur Anwendung: Stellen Sie sich vor, Sie sind eine Führungskraft und stehen vor einer schwierigen Präsentation, die entscheidend für den Erfolg eines Projekts ist. Ihr erster Gedanke könnte sein: "Ich bin nicht gut genug, um diese Präsentation zu halten." Dieser negative Gedanke kann zu Stress und Selbstzweifeln führen, was möglicherweise die Qualität Ihrer Präsentation beeinträchtigt.

Um diesen negativen inneren Dialog zu verändern, nehmen Sie sich einen Moment Zeit, um bewusst positive Selbstgespräche zu führen. Ersetzen Sie den Gedanken durch positive Affirmationen wie: "Ich habe die notwendigen Fähigkeiten und bin gut vorbereitet. Ich werde mein Bestes geben und aus dieser Erfahrung lernen." Diese positiven Botschaften helfen, Ihr Selbstvertrauen zu stärken und reduzieren den Stress, den die Situation verursacht.

Die regelmäßige Praxis positiver Selbstgespräche erfordert Achtsamkeit und Geduld. Beginnen Sie damit, sich Ihrer negativen Gedanken bewusst zu werden. Notieren Sie diese, wenn nötig, um Muster zu erkennen und gezielt durch positive Formulierungen zu ersetzen. Um den Effekt zu verstärken, können Sie tägliche Routinen entwickeln, wie das Führen eines Tagebuchs, in dem Sie positive Erfahrungen und Affirmationen festhalten.

Langfristig können positive Selbstgespräche nicht nur das Selbstvertrauen und die Leistungsfähigkeit steigern, sondern auch die Resilienz gegenüber Stress und Rückschlägen verbessern. Durch die bewusste Gestaltung des inneren Dialogs wird ein

Umfeld geschaffen, in dem persönliches Wachstum und Erfolg gefördert werden, sowohl für die Führungskraft selbst als auch für das gesamte Team.

2. Zielsetzung und Visualisierung

Die Technik der Zielsetzung und Visualisierung ist ein essenzielles Element zur Steigerung der Resilienz, insbesondere für Führungskräfte, die in einem dynamischen Umfeld agieren. Diese Methode besteht aus zwei Hauptkomponenten: der klaren Formulierung von Zielen und der bewussten Visualisierung des Erreichungsprozesses.

Zielsetzung:

Klare und erreichbare Ziele formulieren:

Führungskräfte sollten SMART-Ziele setzen, das bedeutet, die Ziele sollten spezifisch, messbar, erreichbar, relevant und zeitgebunden sein. Ein Beispiel für ein SMART-Ziel könnte sein: "Steigerung des Umsatzes im nächsten Quartal um 10% durch die Erschließung neuer Märkte."

Lang- und kurzfristige Ziele unterscheiden:

Während langfristige Ziele die übergeordnete Richtung und Vision eines Unternehmens oder Projekts darstellen, helfen kurzfristige Ziele dabei, Etappenerfolge zu erzielen und die Motivation hoch zu halten.

Regelmäßige Überprüfung und Anpassung:

Ziele sollten regelmäßig überprüft und bei Bedarf angepasst werden, um sicherzustellen, dass sie weiterhin relevant und erreichbar sind.

Visualisierung:

Vorstellung des Erfolgs:

Die Visualisierung des Endziels sowie der einzelnen Schritte, die zu diesem führen, ist entscheidend. Führungskräfte sollten sich regelmäßig Zeit nehmen, um sich in einem ruhigen Umfeld das Erreichen ihrer Ziele vorzustellen. Dies könnte durch mentale Bilder oder durch geführte Imaginationen geschehen.

Einbeziehung der Sinne:

Eine effektive Visualisierung nutzt alle Sinne. Man stellt sich nicht nur vor, was man sieht, sondern auch, was man hört, fühlt und sogar riecht, wenn das Ziel erreicht ist. Diese multisensorische Herangehensweise verankert das Ziel tiefer im Unterbewusstsein.

Bewältigung von Hindernissen:

Es ist auch wichtig, sich mögliche Herausforderungen vorzustellen und gedanklich zu üben, wie man diese überwindet. Dies bereitet das Gehirn darauf vor, im Ernstfall flexibler und kreativer zu reagieren.

Beispiel zur Anwendung:

Nehmen wir an, eine Führungskraft im Bereich Vertrieb setzt sich das Ziel, innerhalb eines Jahres den Kundenstamm um 20% zu erweitern. Ein klar formuliertes Ziel könnte lauten: "Bis zum 31. Dezember 2024 sollen 50 neue Kunden gewonnen werden, indem monatlich mindestens vier neue Interessenten kontaktiert und betreut werden."

Um dieses Ziel zu visualisieren, könnte die Führungskraft sich regelmäßig in einer ruhigen Umgebung vorstellen, wie sie neue Kunden akquiriert: Sie sieht sich selbst in erfolgreichen Verkaufsgesprächen, hört das positive Feedback der Kunden und spürt die Zufriedenheit über den

Vertragsabschluss. Sie stellt sich vor, wie sie auf Einwände souverän reagiert und kreative Lösungen entwickelt. Diese Visualisierungen helfen nicht nur, den Fokus und die Motivation hochzuhalten, sondern bereiten auch mental auf mögliche Herausforderungen vor.

Durch die Kombination von präziser Zielsetzung und regelmäßiger Visualisierung wird das Gehirn auf Erfolg programmiert, was die Resilienz der Führungskraft stärkt und sie befähigt, auch in schwierigen Zeiten nicht den Mut zu verlieren. Herausforderungen werden als integraler Bestandteil des Wachstumsprozesses angesehen und nicht als unüberwindbare Barrieren.

3. **Soziale Unterstützung: Eine Schlüsselstrategie zur Förderung mentaler Belastbarkeit**

Soziale Unterstützung ist ein entscheidender Faktor für die mentale Belastbarkeit, insbesondere in Führungspositionen, die oft mit hohen Anforderungen und Stress verbunden sind. Ein gut gepflegtes soziales Netzwerk bietet eine Vielzahl von Vorteilen, die weit über einfache emotionale Unterstützung hinausgehen. Führungskräfte sollten aktiv daran arbeiten, ein solches Netzwerk aufzubauen und zu pflegen, indem sie vertrauensvolle Beziehungen zu Kollegen, Mentoren und Freunden entwickeln.

Aufbau eines Unterstützungsnetzwerks:

Der erste Schritt besteht darin, bewusst Beziehungen zu pflegen, die auf Vertrauen und gegenseitigem Respekt basieren. Dies kann durch regelmäßige Kommunikation und den Austausch von Erfahrungen geschehen. Zum Beispiel kann eine Führungskraft regelmäßige Treffen mit einem Mentor oder einem Netzwerk von Gleichgesinnten organisieren, um berufliche Herausforderungen zu diskutieren und Ratschläge einzuholen. Solche Treffen bieten nicht nur die Möglichkeit, neue Perspektiven zu gewinnen, sondern auch innovative Lösungsansätze zu entwickeln, die in stressigen Situationen von großem Nutzen sein können.

Beispiel zur Anwendung:

Stellen Sie sich eine Führungskraft in einem Technologieunternehmen vor, die vor der Herausforderung steht, ein großes Projekt mit einem engen Zeitrahmen zu leiten. Diese Person nutzt ihr Netzwerk, um sich mit einem früheren Kollegen zu beraten, der ähnliche Projekte erfolgreich geleitet hat. Durch den Austausch von Erfahrungen und bewährten Praktiken erhält die Führungskraft wertvolle Einblicke, die helfen, das Projekt effizienter zu leiten und mögliche Fallstricke zu umgehen. Gleichzeitig bietet der Austausch emotionale Unterstützung, die das Gefühl der Überforderung mindern kann.

Verringerung von Isolation und Förderung der Zugehörigkeit:

Ein starkes soziales Netzwerk trägt auch dazu bei, das Gefühl der Isolation zu verringern, das in Führungspositionen manchmal auftreten kann. Soziale Interaktionen fördern ein Gefühl der Zugehörigkeit und stärken das Selbstwertgefühl. Führungskräfte können beispielsweise regelmäßige informelle Treffen oder Team-Events organisieren, um den Teamzusammenhalt zu stärken und eine positive Arbeitsatmosphäre zu schaffen. Diese Aktivitäten tragen dazu bei, Beziehungen innerhalb des Teams zu festigen und das Vertrauen zu fördern.

Insgesamt ist soziale Unterstützung ein wirkungsvolles Mittel, um mentale Belastbarkeit zu fördern. Durch den aktiven Aufbau und die Pflege eines starken Netzwerks können Führungskräfte nicht nur von emotionaler Unterstützung profitieren, sondern auch von einer Vielfalt an Perspektiven und Lösungsansätzen. In stressigen Zeiten bietet ein solches Netzwerk den nötigen Rückhalt und hilft dabei, Herausforderungen mit einem klaren Kopf zu begegnen. Die Investition in soziale Beziehungen ist somit nicht nur für das persönliche Wohlbefinden, sondern auch für den beruflichen Erfolg von großer Bedeutung.

4. Flexibilität und Anpassungsfähigkeit

Flexibilität und Anpassungsfähigkeit sind in der heutigen dynamischen Welt unverzichtbare Fähigkeiten, insbesondere für Führungskräfte. Diese beiden Konzepte bedeuten mehr als nur die Fähigkeit, sich an Veränderungen anzupassen; sie erfordern eine proaktive Haltung gegenüber Wandel und die Bereitschaft, neue Wege zu erkunden und sich kontinuierlich weiterzuentwickeln.

Flexibilität ist die Fähigkeit, verschiedene Perspektiven einzunehmen und neue Ansätze zu testen, um auf Herausforderungen zu reagieren. Ein flexibler Führungsstil erlaubt es, auf Änderungen im Markt, in der Technologie oder in der Teamdynamik schnell zu reagieren. Zum Beispiel könnte ein Unternehmen, das sich auf den Einzelhandel spezialisiert hat, plötzlich mit einer globalen Pandemie konfrontiert werden, die den physischen Kundenverkehr drastisch einschränkt. Eine flexible Führungskraft würde nicht nur den Online-Verkaufskanal stärken, sondern auch innovative Wege finden, um das Kundenerlebnis digital zu verbessern, etwa durch virtuelle Beratungen oder personalisierte Online-Dienste.

Anpassungsfähigkeit ergänzt die Flexibilität, indem sie die Fähigkeit beschreibt, auf eine sich verändernde Umgebung nicht nur zu reagieren, sondern auch darin zu gedeihen. Es geht darum, offen für Feedback zu sein und bereit, aus Fehlern zu lernen. Eine anpassungsfähige Führungskraft würde regelmäßige Feedback-Schleifen mit ihrem Team etablieren, um schnell auf Bedenken oder

Verbesserungsvorschläge zu reagieren und diese in die Praxis umzusetzen. Dies könnte bedeuten, dass man bereit ist, bestehende Prozesse zu überdenken oder sogar die eigene Rolle innerhalb eines Teams neu zu definieren.

Ein praktisches Beispiel für Anpassungsfähigkeit ist die Implementierung von agilen Methoden innerhalb eines Unternehmens. Agile Ansätze fördern eine iterative Entwicklung und regelmäßige Überprüfung von Projekten, was eine schnelle Anpassung an neue Anforderungen oder Probleme ermöglicht. Führungskräfte, die agiles Arbeiten unterstützen, zeigen, dass sie Veränderungen als Chance zur Verbesserung sehen und nicht als Bedrohung. Dies stärkt nicht nur die Resilienz des Teams, sondern fördert auch eine Kultur, in der Innovation und kontinuierliches Lernen im Vordergrund stehen.

Insgesamt sind Flexibilität und Anpassungsfähigkeit entscheidend, um in einer unvorhersehbaren Welt Stabilität zu gewährleisten. Sie ermöglichen es Führungskräften, nicht nur auf Herausforderungen zu reagieren, sondern diese aktiv zu nutzen, um das Unternehmen voranzubringen. Indem man

Veränderungen als Chance zur Verbesserung sieht, wird die Fähigkeit gestärkt, effektiv auf unvorhergesehene Herausforderungen zu reagieren und langfristigen Erfolg zu sichern.

5. Lernen aus Rückschlägen

Fehler und Rückschläge sind unvermeidbar, aber sie bieten wertvolle Lernmöglichkeiten. Eine der wichtigsten Eigenschaften resilienter Führungskräfte ist die Fähigkeit, aus Fehlern zu lernen und diese als Chance zur Weiterentwicklung zu sehen. Anstatt sich von Misserfolgen entmutigen zu lassen, sollten Führungskräfte eine Kultur des Lernens und der kontinuierlichen Verbesserung fördern. Dies bedeutet, Rückschläge zu analysieren, die Ursachen zu verstehen und Strategien zu entwickeln, um in Zukunft besser zu reagieren. Diese Perspektive stärkt nicht nur die Resilienz, sondern fördert auch eine positive Einstellung gegenüber Herausforderungen und ermutigt dazu, immer wieder aufzustehen und es erneut zu versuchen.

Zusammengefasst erfordert die Verbesserung der mentalen Belastbarkeit eine bewusste Anstrengung und den Willen, kontinuierlich an sich zu arbeiten. Durch die Anwendung dieser Techniken können Führungskräfte ihre Resilienz stärken und sich besser auf die unvermeidlichen Herausforderungen vorbereiten, die ihre Rolle mit sich bringt.

Stressmanagement und seine Bedeutung für Führungskräfte

Stress ist ein alltäglicher Begleiter in der Arbeitswelt, insbesondere für Führungskräfte, die oft hohe Erwartungen erfüllen müssen. Effektives Stressmanagement ist daher entscheidend, um langfristig gesund und leistungsfähig zu bleiben.

1. Identifikation von Stressoren

Der erste und grundlegendste Schritt im Stressmanagement ist die Identifikation der individuellen Stressoren. Dieser Prozess erfordert eine sorgfältige Selbstreflexion, um die spezifischen Faktoren zu erkennen, die bei einer Person Stress auslösen. Für Führungskräfte ist es besonders wichtig, sich ihrer persönlichen Auslöser bewusst zu werden, da ihre Fähigkeit, Stress effektiv zu managen, nicht nur ihre eigene Gesundheit und

Leistungsfähigkeit beeinflusst, sondern auch die ihrer Teams.

Stressoren können vielfältig sein und variieren von Person zu Person. Zu den häufigsten Stressoren im beruflichen Kontext gehören hohe Arbeitsbelastungen, enge Deadlines, zwischenmenschliche Konflikte, Unsicherheiten über die Zukunft oder die Notwendigkeit, mehrere Aufgaben gleichzeitig zu bewältigen. Auch externe Faktoren wie Veränderungen im Unternehmen, wirtschaftliche Unsicherheiten oder persönliche Lebensumstände können erheblichen Stress verursachen.

Ein praktisches Beispiel zur Anwendung dieses Schritts könnte wie folgt aussehen: Nehmen wir an, eine Führungskraft namens Anna bemerkt, dass sie sich besonders gestresst fühlt, wann immer sie an großen Meetings teilnimmt, bei denen wichtige Entscheidungen getroffen werden müssen. Um diesen Stressor zu identifizieren, könnte Anna ein Stress-Tagebuch führen, in dem sie die Situationen notiert, in denen sie Stress empfindet, sowie ihre Gedanken und Gefühle in diesen Momenten. Nach einigen Wochen der Aufzeichnungen könnte sie feststellen, dass nicht die Meetings an sich das

Problem sind, sondern die Tatsache, dass sie sich unzureichend vorbereitet fühlt oder Angst hat, in der großen Runde ihre Meinung zu äußern.

Sobald Anna diesen spezifischen Stressor identifiziert hat, kann sie gezielte Strategien entwickeln, um damit umzugehen. Dazu könnte gehören, sich vor den Meetings besser vorzubereiten, indem sie sich zusätzliche Informationen beschafft oder mit Kollegen diskutiert. Außerdem könnte sie Techniken zur Verbesserung ihrer Kommunikationsfähigkeiten erlernen oder Entspannungstechniken wie Atemübungen anwenden, um ihre Nervosität zu reduzieren.

Die Identifikation von Stressoren ist also ein wesentlicher Schritt, um gezielte und effektive Bewältigungsstrategien zu entwickeln, die nicht nur das persönliche Wohlbefinden verbessern, sondern auch die berufliche Leistung und Zufriedenheit steigern können.

2. Zeitmanagement

Zeitdruck ist eine der häufigsten Ursachen für Stress im Arbeitsalltag, und ein effektives Zeitmanagement kann entscheidend dazu beitragen, diesen Stress zu reduzieren. Besonders für Führungskräfte, die oft mit einer Vielzahl von Aufgaben und Verantwortlichkeiten jonglieren müssen, ist es essenziell, einen klaren Überblick über ihre Zeitressourcen zu behalten und diese effizient zu nutzen.

Der erste Schritt zu einem besseren Zeitmanagement ist das Setzen von Prioritäten. Nicht alle Aufgaben sind gleich wichtig, und es ist entscheidend, zwischen dringenden und wichtigen Aufgaben unterscheiden zu können. Eine nützliche Technik, die hierbei hilft, ist die Eisenhower-Matrix. Diese Methode teilt Aufgaben in vier Kategorien ein:

1. **Wichtig und dringend** (sofort erledigen),

2. **Wichtig, aber nicht dringend** (planen und terminieren),

3. **Dringend, aber nicht wichtig** (delegieren),

4. **Weder wichtig noch dringend** (eliminieren).

Ein praktisches Beispiel: Eine Führungskraft erhält täglich zahlreiche E-Mails, von denen einige sofortige Aufmerksamkeit erfordern, während andere nur informativen Charakter haben. Mit der Eisenhower-Matrix kann sie leichter entscheiden, welche E-Mails sie sofort bearbeiten muss und welche sie später lesen kann. Dies verhindert, dass sie sich in einer Flut von E-Mails verliert und den Fokus auf wirklich entscheidende Aufgaben verliert.

Ein weiterer hilfreicher Ansatz ist das Pareto-Prinzip, auch bekannt als die 80/20-Regel. Diese besagt, dass 80% der Ergebnisse oft durch 20% der Anstrengungen erzielt werden. Führungskräfte sollten daher identifizieren, welche Aufgaben den größten Einfluss auf ihre Ziele haben und sich auf diese konzentrieren. Zum Beispiel könnte eine Führungskraft feststellen, dass die regelmäßige Überprüfung der Projektfortschritte und das Feedback an das Team einen großen Einfluss auf den Gesamterfolg haben. Indem sie diesen Aufgaben Priorität einräumt, kann sie ihre Zeit optimal nutzen und Stress reduzieren.

Neben der Priorisierung und Fokussierung ist auch das Delegieren von Aufgaben ein wesentlicher Aspekt des Zeitmanagements. Führungskräfte sollten lernen, Verantwortung zu übertragen und ihren Mitarbeitern zu vertrauen. Dies nicht nur, um den eigenen Arbeitsaufwand zu reduzieren, sondern auch, um die Kompetenzen und das Engagement der Mitarbeiter zu fördern. Ein gutes Beispiel dafür ist die Planung eines großen Events: Anstatt jede Aufgabe selbst zu übernehmen, kann eine Führungskraft spezialisierte Teammitglieder für verschiedene Bereiche wie

Logistik, Marketing und Kundenbetreuung einsetzen. So wird nicht nur die Arbeitslast verteilt, sondern auch die Effizienz des gesamten Teams gesteigert.

Zu guter Letzt sollten Führungskräfte realistische Zeitpläne erstellen, die Pufferzeiten für unvorhergesehene Ereignisse beinhalten. Ein überfüllter Kalender ohne Flexibilität kann schnell zu Stress führen, wenn unerwartete Herausforderungen auftreten. Ein realistischer Plan ermöglicht es, auf solche Situationen gelassener zu reagieren und die Kontrolle zu behalten.

Insgesamt ist effektives Zeitmanagement ein mächtiges Werkzeug zur Stressreduktion. Durch das Setzen von Prioritäten, die Anwendung bewährter Techniken wie der Eisenhower-Matrix und des Pareto-Prinzips, das Delegieren von Aufgaben und das Erstellen realistischer Zeitpläne können Führungskräfte ihren Arbeitsalltag besser organisieren und dadurch nicht nur ihre eigene Stressbelastung, sondern auch die ihres Teams verringern.

3. Pausen und Erholung

Regelmäßige Pausen und Erholungsphasen spielen eine entscheidende Rolle im effektiven Stressmanagement. In der heutigen schnelllebigen

Arbeitswelt, in der oft ein hoher Leistungsdruck herrscht, ist es umso wichtiger, bewusst Zeit für sich selbst einzuplanen, um Überlastung und Burnout vorzubeugen.

Führungskräfte haben hierbei eine besondere Verantwortung, sowohl gegenüber sich selbst als auch gegenüber ihren Teams. Indem sie regelmäßige Pausen in ihren Arbeitsalltag integrieren, setzen sie ein positives Beispiel und fördern eine Unternehmenskultur, die das Wohlbefinden der Mitarbeiter in den Vordergrund stellt.

Eine effektive Möglichkeit, Pausen zu gestalten, ist, diese aktiv und bewusst zu nutzen. Ein kurzer Spaziergang an der frischen Luft kann hierbei Wunder wirken. Er ermöglicht nicht nur eine physische Distanzierung vom Arbeitsplatz, sondern fördert auch die Durchblutung und sorgt für einen klaren Kopf. Stellen Sie sich vor, Sie unterbrechen Ihren Arbeitstag für einen 10-minütigen Spaziergang im nahegelegenen Park. Diese kurze Auszeit kann helfen, den Kopf frei zu bekommen und Stress abzubauen, sodass Sie mit neuer Energie und einem frischen Blick an Ihre Aufgaben zurückkehren können.

Eine weitere Methode, die sich in Pausen integrieren lässt, sind Atemübungen. Diese können helfen, den

Geist zu beruhigen und die Konzentration zu verbessern. Eine einfache Übung besteht darin, tief durch die Nase einzuatmen, den Atem für ein paar Sekunden zu halten und dann langsam durch den Mund auszuatmen. Schon wenige Minuten bewusster Atmung können die Anspannung reduzieren und das Wohlbefinden steigern.

Auch die kleinen Genüsse des Alltags, wie das bewusste Genießen einer Tasse Tee, können als Erholungsritual dienen. Nehmen Sie sich dabei die Zeit, den Duft und den Geschmack wahrzunehmen, und lassen Sie die Gedanken einfach fließen. Solche kurzen Momente der Achtsamkeit können dazu beitragen, den Stresslevel zu senken und die innere Balance zu finden.

Neben den täglichen Kurzpausen sind längere Erholungsphasen wie Wochenenden und Urlaube von großer Bedeutung. Diese Zeiten sollten nicht nur zum Erledigen liegengebliebener Aufgaben genutzt werden, sondern vor allem zur vollständigen Entspannung und Regeneration. Ein verlängertes Wochenende in der Natur oder ein Urlaub, der ganz im Zeichen von Erholung und Abschalten steht, kann wahre Wunder wirken. Nutzen Sie diese Zeit, um neue

Eindrücke zu sammeln, Hobbys nachzugehen oder einfach nur die Seele baumeln zu lassen.

Zusammenfassend lässt sich sagen, dass regelmäßige Pausen und gezielte Erholungsphasen essenziell sind, um Stress effektiv zu managen und die eigene Leistungsfähigkeit aufrechtzuerhalten. Indem Sie diese Zeiten bewusst gestalten und genießen, schaffen Sie eine wichtige Grundlage für ein gesundes und ausgeglichenes Leben.

4. Körperliche Aktivität

Körperliche Aktivität ist ein bewährtes und äußerst effektives Mittel zur Stressreduktion. In unserer modernen, oft hektischen Welt, in der berufliche und private Anforderungen stetig zunehmen, kann regelmäßige Bewegung als Ausgleich und Ventil für Stress dienen.

Wirkungsweise von körperlicher Aktivität auf Stress

Körperliche Aktivität hat vielfältige positive Effekte auf unser Stressniveau. Wenn wir uns bewegen, sei es durch Sport, Tanzen oder einfach nur einen ausgedehnten Spaziergang, setzt unser Körper eine Reihe von physiologischen Prozessen in Gang, die zur Bewältigung von Stress beitragen.

Zunächst einmal hilft körperliche Aktivität, die Konzentration von Stresshormonen im Körper, wie Adrenalin und Cortisol, abzubauen. Diese Hormone werden in stressigen Situationen vermehrt ausgeschüttet und versetzen den Körper in einen Zustand erhöhter Alarmbereitschaft. Durch körperliche Betätigung werden diese Stresshormone jedoch schneller abgebaut und ihr Spiegel im Blut sinkt, was dazu beiträgt, den Körper zu beruhigen und in einen Zustand der Entspannung zurückzuführen.

Gleichzeitig wird durch Bewegung die Ausschüttung von Endorphinen angeregt. Endorphine sind Neurotransmitter, die im Gehirn eine schmerzlindernde und stimmungsaufhellende Wirkung haben. Sie werden oft als „Glückshormone" bezeichnet, da sie ein Gefühl von Euphorie und Wohlbefinden hervorrufen können. Diese biochemischen Veränderungen im Körper führen dazu, dass wir uns nach dem Sport oft besser fühlen und eine positive Grundstimmung entwickeln, die uns hilft, Stress besser zu bewältigen.

Regelmäßige körperliche Aktivität hat zudem langfristige Vorteile für unsere psychische Gesundheit. Sie kann dazu beitragen, die allgemeine Schlafqualität zu verbessern, indem sie den natürlichen Schlaf-Wach-Rhythmus unterstützt. Ein guter und erholsamer Schlaf ist wiederum entscheidend für die effektive Stressbewältigung. Während des Schlafs hat der Körper die Möglichkeit, sich zu regenerieren und die Eindrücke des Tages zu verarbeiten. Menschen, die regelmäßig Sport treiben, berichten oft von einem tieferen und erholsameren Schlaf, was sich positiv auf ihre Fähigkeit auswirkt, mit Stress umzugehen.

Darüber hinaus kann körperliche Betätigung auch eine Form der Meditation sein, bei der man sich auf die Bewegungen konzentriert und den Geist von alltäglichen Sorgen befreien kann. Dies trägt zu einer mentalen Klarheit bei, die hilft, stressige Situationen gelassener zu betrachten und zu bewältigen.

Integration in den Alltag

Die Integration von Bewegung in den Alltag ist für Führungskräfte von entscheidender Bedeutung, da sie häufig mit hohen Stresslevels und einem vollen Terminkalender konfrontiert sind. Um den gesundheitlichen und mentalen Vorteilen körperlicher Aktivität gerecht zu werden, ist es unerlässlich, dass Führungskräfte einen strukturierten Ansatz verfolgen. Dies beginnt mit einer bewussten Planung, die darauf abzielt, feste Zeiten für sportliche Betätigung in den täglichen oder wöchentlichen Ablauf einzuplanen. Diese Planung könnte beispielsweise beinhalten, morgens vor Arbeitsbeginn zu joggen, in der Mittagspause einen Spaziergang zu machen oder abends an einem Fitnesskurs teilzunehmen.

Darüber hinaus ist die Priorisierung von Bewegung entscheidend, um sicherzustellen, dass sie trotz anderer Verpflichtungen nicht vernachlässigt wird. Führungskräfte sollten körperliche Aktivität als festen Bestandteil ihres Zeitplans betrachten, ähnlich wie wichtige Meetings oder Geschäftsessen. Eine Möglichkeit, dies zu erreichen, besteht darin, Bewegung als nicht verhandelbaren Termin in den Kalender zu setzen, der genauso wichtig ist wie berufliche Verpflichtungen.

Um dies erfolgreich umzusetzen, können Führungskräfte auf verschiedene Strategien zurückgreifen, wie z. B. die Nutzung von Technologie-Tools zur Erinnerung an geplante Workouts oder die Schaffung von Routinen, die Bewegung mit anderen täglichen Aktivitäten verbinden. Darüber hinaus könnte die Einbindung von Kollegen oder Freunden in gemeinsame sportliche Aktivitäten zusätzliche Motivation bieten. Insgesamt erfordert die Integration von Bewegung in den Alltag eine bewusste und kontinuierliche Anstrengung, die jedoch durch die langfristigen Vorteile für Gesundheit und Wohlbefinden mehr als gerechtfertigt ist.

Beispiel zur Anwendung:

Nehmen wir das Beispiel von Maria, einer Führungskraft in einem mittelständischen Unternehmen. Trotz ihrer intensiven Arbeitszeiten und zahlreichen Verpflichtungen hat Maria erkannt, wie wichtig körperliche Aktivität für ihr Wohlbefinden ist. Sie hat sich dazu entschlossen, dreimal pro Woche morgens vor der Arbeit joggen zu gehen. Um dies zu ermöglichen, stellt sie ihren Wecker eine Stunde früher und legt ihre Laufkleidung bereits am Abend vorher bereit. Diese morgendlichen Läufe geben ihr nicht nur die Möglichkeit, Stress abzubauen, sondern helfen ihr auch, den Tag mit mehr Energie und Klarheit zu beginnen. Zusätzlich hat sie sich einer Yoga-Gruppe angeschlossen, die sich einmal wöchentlich abends trifft. Diese Yoga-Stunden bieten ihr nicht nur körperliche Betätigung, sondern auch eine geistige Auszeit vom stressigen Arbeitsalltag.

Vielfalt der Aktivitäten

Es ist wichtig zu betonen, dass körperliche Aktivität nicht zwangsläufig aus anstrengenden Workouts im

Fitnessstudio bestehen muss. Jede Art von Bewegung, die Freude bereitet und regelmäßig durchgeführt wird, kann hilfreich sein. Sei es ein entspannter Spaziergang im Park, eine Runde Schwimmen im nahegelegenen Schwimmbad oder eine Fahrradtour am Wochenende – die Hauptsache ist, dass die Aktivität Spaß macht und regelmäßig stattfindet.

Zusammenfassend lässt sich sagen, dass körperliche Aktivität ein unverzichtbarer Bestandteil eines effektiven Stressmanagements ist. Durch die Integration von Bewegung in den Alltag können Führungskräfte langfristig ihre Stressresistenz erhöhen, ihr Wohlbefinden steigern und letztlich auch ihre Leistungsfähigkeit im beruflichen und privaten Bereich verbessern.

5. Professionelle Unterstützung

In manchen Fällen kann der Einsatz professioneller Unterstützung einen entscheidenden Unterschied machen. Die Inanspruchnahme von Coaching, Therapie oder speziellen Stressmanagement-Programmen ist nicht nur ein Zeichen von Selbstfürsorge, sondern auch eine proaktive Maßnahme, um die eigene Leistungsfähigkeit und das Wohlbefinden zu steigern.

Coaching bietet eine maßgeschneiderte Herangehensweise, bei der ein Coach eng mit der Führungskraft zusammenarbeitet, um spezifische Stressquellen zu identifizieren und individuelle Bewältigungsstrategien zu entwickeln. Ein Beispiel hierfür könnte ein Manager sein, der durch ständige Überstunden und die Herausforderung, ein großes Team zu führen, unter Druck steht. Ein Coach könnte ihm Techniken zur Priorisierung von Aufgaben, effektive Kommunikationsstrategien und Methoden zur Work-Life-Balance nahebringen.

Therapie kann ebenfalls eine wertvolle Unterstützung bieten, insbesondere wenn Stress zu emotionalen oder psychischen Belastungen führt. Ein Therapeut kann helfen, tieferliegende Ursachen von Stress zu erkunden und gesunde Bewältigungsmechanismen zu entwickeln. Nehmen wir das Beispiel einer Führungskraft, die unter Schlaflosigkeit und Erschöpfung leidet, weil sie ständig über arbeitsbedingte Probleme nachdenkt. Eine Therapie könnte Techniken zur kognitiven Umstrukturierung einführen, um negative Denkmuster zu ändern, sowie Entspannungsübungen, um die Schlafqualität zu verbessern.

Spezielle Stressmanagement-Programme sind oft umfassender angelegt und kombinieren verschiedene Elemente wie Workshops, Einzelcoachings und praktische Übungen. Diese Programme können in Form von firmenspezifischen Initiativen angeboten werden oder als externe Kurse, die Führungskräften helfen, Stress frühzeitig zu erkennen und zu bewältigen. Ein solches Programm könnte beispielsweise Seminare zur Achtsamkeitspraxis, zum Zeitmanagement und zur körperlichen Fitness beinhalten, um den Teilnehmern ein ganzheitliches Werkzeugset für den Umgang mit Stress an die Hand zu geben.

Insgesamt ist der Schlüssel zum erfolgreichen Stressmanagement die Bereitschaft, professionelle Hilfe in Anspruch zu nehmen und offen für neue Ansätze und Techniken zu sein. Indem Führungskräfte in ihre Stressbewältigung investieren, schaffen sie nicht nur die Grundlage für ein gesünderes und ausgeglicheneres Leben, sondern setzen auch ein positives Zeichen für ihre Teams, dass es wichtig und legitim ist, sich um das eigene Wohlbefinden zu kümmern.

Achtsamkeit und Meditation als Werkzeuge zur Förderung der mentalen Klarheit

Achtsamkeit und Meditation sind wertvolle Werkzeuge, um die mentale Klarheit zu fördern und einen ruhigen, fokussierten Geist zu bewahren. Sie helfen Führungskräften, im gegenwärtigen Moment zu bleiben und sich nicht in Sorgen über die Vergangenheit oder die Zukunft zu verlieren.

1. Grundlagen der Achtsamkeit

Achtsamkeit ist eine Technik, die zunehmend an Bedeutung gewinnt, insbesondere in der hektischen und oft stressigen Welt der Führungskräfte. Sie bezieht sich auf die Fähigkeit, die volle Aufmerksamkeit auf den gegenwärtigen Moment zu richten, ohne dabei eine wertende Haltung einzunehmen. Dies bedeutet, dass man seine Gedanken, Gefühle und Wahrnehmungen einfach beobachtet, ohne sie als gut oder schlecht zu kategorisieren.

Für Führungskräfte kann die Integration von Achtsamkeit in den Arbeitsalltag zahlreiche Vorteile bieten. Durch die Praxis der Achtsamkeit können sie lernen, sich bewusster auf ihre Aufgaben, ihre Umgebung und ihre inneren Gedanken zu konzentrieren. Dies hat zur Folge, dass Ablenkungen minimiert und die mentale Klarheit erhöht werden können.

Ein praktisches Beispiel, wie eine Führungskraft Achtsamkeit in ihren Alltag integrieren kann, ist die Nutzung von achtsamen Atemübungen. Vor dem Beginn eines Meetings könnte die Führungskraft eine kurze Atemübung durchführen. Dazu setzt sie sich bequem hin, schließt die Augen und konzentriert sich für ein bis zwei Minuten ausschließlich auf ihren Atem. Sie nimmt wahr, wie die Luft durch die Nase einströmt und wie sich der Brustkorb hebt und senkt. Diese einfache Übung hilft, den Geist zu beruhigen und sich voll auf die anstehende Besprechung zu konzentrieren.

Ein weiteres Beispiel ist die achtsame Gestaltung von Pausen. Anstatt die Mittagspause vor dem Computer zu verbringen, könnte die Führungskraft sich entscheiden, bewusst einen Spaziergang zu machen. Während des Spaziergangs achtet sie auf die Umgebung: die Farben der Bäume, das Geräusch der Vögel oder das Gefühl des Windes auf der Haut. Diese Praxis hilft, den Geist zu erfrischen und neue Energie für den restlichen Arbeitstag zu gewinnen.

Die regelmäßige Praxis von Achtsamkeit kann zu einer Reihe von positiven Effekten führen. Führungskräfte, die achtsam sind, berichten häufig von einer verbesserten Fähigkeit, Stress zu bewältigen, einer gesteigerten emotionalen Intelligenz und einer besseren Entscheidungsfindung. Achtsamkeit ermöglicht es ihnen, klarer zu denken und kreativer zu sein, was in der dynamischen Geschäftswelt von unschätzbarem Wert ist.

Zusammenfassend lässt sich sagen, dass Achtsamkeit eine wertvolle Technik ist, die Führungskräfte dabei unterstützen kann, fokussierter, ausgeglichener und effektiver zu arbeiten. Durch einfache Übungen und die bewusste Integration in den Alltag können sie nicht nur ihre eigene Leistungsfähigkeit steigern, sondern auch ein positives Arbeitsumfeld fördern.

2. Einfache Meditationstechniken

Meditation ist eine wertvolle Technik, um innere Ruhe und Klarheit zu finden, und sie muss nicht kompliziert sein, um effektiv zu sein. Einfache Meditationstechniken können gerade für vielbeschäftigte Führungskräfte von großem Nutzen sein, um Stress zu reduzieren und die Konzentration zu verbessern. Eine der am leichtesten zugänglichen

Methoden ist die Atemmeditation, die sich hervorragend für den Einstieg eignet.

Atemmeditation Schritt für Schritt

1. **Einen ruhigen Ort finden**: Suchen Sie sich einen ruhigen Ort, an dem Sie für ein paar Minuten ungestört sind. Das kann Ihr Büro, ein Konferenzraum oder sogar Ihr Auto sein.

2. **Bequem sitzen**: Setzen Sie sich bequem hin, entweder auf einen Stuhl mit gerader Rückenlehne oder im Schneidersitz auf den Boden. Achten Sie darauf, dass Ihr Rücken gerade ist, um eine entspannte Haltung zu fördern.

3. **Auf den Atem konzentrieren**: Schließen Sie die Augen und richten Sie Ihre Aufmerksamkeit auf Ihren Atem. Spüren Sie, wie die Luft durch Ihre Nase einströmt, Ihre Lungen füllt und dann wieder ausströmt. Achten Sie auf das Gefühl der Atembewegung in Ihrem Körper.

4. **Gedanken zur Ruhe kommen lassen**: Während Sie sich auf Ihren Atem konzentrieren, werden Gedanken auftauchen. Das ist völlig normal. Anstatt sich mit diesen Gedanken zu beschäftigen, stellen Sie sich vor,

dass sie wie Wolken am Himmel vorbeiziehen. Kehren Sie sanft mit Ihrer Aufmerksamkeit zum Atem zurück.

5. **Regelmäßige Praxis**: Beginnen Sie mit nur wenigen Minuten pro Tag, zum Beispiel fünf Minuten. Im Laufe der Zeit können Sie die Dauer schrittweise verlängern, wenn Sie sich damit wohlfühlen.

Beispiel zur Anwendung

Stellen Sie sich vor, Sie sind eine Führungskraft in einem großen Unternehmen und haben einen stressigen Arbeitstag mit vielen Meetings und Entscheidungen vor sich. Bevor Sie Ihren Tag beginnen, nehmen Sie sich fünf Minuten Zeit für eine Atemmeditation. Sie setzen sich in Ihrem Büro auf einen bequemen Stuhl, schließen die Augen und konzentrieren sich auf Ihren Atem. Während dieser kurzen Zeit bemerken Sie, wie Ihre Gedanken über den Tag und die anstehenden Aufgaben zur Ruhe kommen. Sie fühlen sich danach erfrischt und klarer im Kopf, bereit, Ihre Aufgaben mit mehr Gelassenheit und Fokus anzugehen.

Vorteile der Atemmeditation

- **Stressreduktion**: Durch die Konzentration auf den Atem können Stresshormone abgebaut werden, was zu einem Gefühl der Entspannung führt.

- **Verbesserte Konzentration**: Regelmäßige Praxis kann die Fähigkeit steigern, sich über längere Zeiträume hinweg zu konzentrieren.

- **Emotionale Balance**: Meditation kann helfen, emotionale Stabilität zu fördern und die Selbstwahrnehmung zu verbessern.

Die Einführung einer solchen einfachen Meditationspraxis in den Alltag kann einen erheblichen Unterschied machen und ist ein kraftvolles Werkzeug, um die Herausforderungen des Berufslebens besser zu meistern.

3. Achtsame Kommunikation

Achtsame Kommunikation ist eine Technik, die darauf abzielt, Gespräche bewusster und präsenter zu führen. Sie basiert auf den Prinzipien der Achtsamkeit, die in den letzten Jahren zunehmend an Bedeutung gewonnen haben, insbesondere in Führungskontexten. Diese Technik beinhaltet mehrere

Schlüsselkomponenten, die Führungskräfte anwenden können, um ihre Kommunikation effektiver und empathischer zu gestalten.

Komponenten der achtsamen Kommunikation

1. Aktives Zuhören:

Definition:
Aktives Zuhören ist eine Technik, bei der man dem Gesprächspartner seine volle Aufmerksamkeit schenkt, um nicht nur die gesprochenen Worte zu hören, sondern auch deren Bedeutung und Emotionen zu erfassen. Es geht darum, dem Gegenüber zu signalisieren, dass seine Botschaft wertgeschätzt und verstanden wird. Diese Form des Zuhörens erfordert, dass man sich auf den Sprecher konzentriert und alle Ablenkungen minimiert.

Anwendung:
In einem beruflichen Kontext, beispielsweise wenn ein Teammitglied ein Problem anspricht, sollte die Führungskraft aktives Zuhören durch verschiedene Techniken demonstrieren. Dazu gehört, Augenkontakt zu halten, nicht nur um zu zeigen, dass man aufmerksam ist, sondern auch um eine Verbindung herzustellen. Nicken kann

als nonverbales Signal dienen, um zu bestätigen, dass man dem Gesagten folgt. Verbale Bestätigungen wie „Ich verstehe" oder „Das klingt herausfordernd" zeigen dem Gesprächspartner, dass man seine Situation ernst nimmt. Eine weitere Technik ist das Paraphrasieren, bei dem die Führungskraft das Gesagte in eigenen Worten wiederholt, um sicherzustellen, dass sie es korrekt verstanden hat.

2. **Präsenz im Moment:**

Definition:
Präsenz im Moment bedeutet, sich vollständig auf das aktuelle Geschehen zu konzentrieren und sich nicht von Gedanken an Vergangenes oder Zukünftiges ablenken zu lassen. Es geht darum, die geistige und emotionale Aufmerksamkeit auf den gegenwärtigen Augenblick zu richten, um eine echte Verbindung mit dem Gesprächspartner herzustellen.

Anwendung:
Während eines Meetings kann Präsenz durch einfache, aber wirkungsvolle Maßnahmen geübt werden. Eine Führungskraft sollte beispielsweise elektronische Geräte wie Handys oder Laptops beiseitelegen, um Ablenkungen zu minimieren.

Dies signalisiert den anderen Teilnehmern, dass ihre Beiträge wichtig sind. Anstatt darüber nachzudenken, was man als Nächstes sagen wird, sollte man sich darauf konzentrieren, was die Kollegen tatsächlich sagen. Diese Praxis fördert eine tiefere und effektivere Kommunikation, da alle Teilnehmer spüren, dass ihre Meinungen und Ideen wertgeschätzt werden.

3. Empathische Reaktion:

Definition:
Empathische Reaktion in der Kommunikation bedeutet, sich in die Lage des Gesprächspartners zu versetzen, um dessen Gefühle und Perspektiven nachzuvollziehen. Es geht darum, Mitgefühl und Verständnis zu zeigen, ohne voreilige Schlüsse zu ziehen oder sofort Lösungen anzubieten.

Anwendung:
Wenn ein Teammitglied von einer persönlichen Herausforderung berichtet, sollte die Führungskraft zuerst auf die emotionalen Aspekte eingehen, bevor sie praktische Ratschläge gibt. Anstatt sofort Lösungen anzubieten, kann sie Verständnis zeigen, indem sie sagt: „Das klingt wirklich schwierig." Eine offene Frage wie „Wie

kann ich Sie in dieser Situation unterstützen?"
signalisiert, dass man bereit ist, zuzuhören und zu
helfen, ohne die Situation des anderen zu
bewerten oder zu verharmlosen. Auf diese Weise
wird eine unterstützende und vertrauensvolle
Atmosphäre geschaffen, in der sich das
Teammitglied verstanden und respektiert fühlt.

4. **Bewusstes Sprechen:**

Definition:
Bewusstes Sprechen bedeutet, Worte sorgfältig
und mit Bedacht zu wählen, wobei man sich der
möglichen Wirkung seiner Sprache auf andere
bewusst ist. Es geht darum, klar und respektvoll
zu kommunizieren, um Missverständnisse zu
vermeiden und positive Interaktionen zu fördern.

Anwendung:
In Konfliktsituationen ist es besonders wichtig,
bewusst zu sprechen. Eine Führungskraft sollte
innehalten, bevor sie impulsiv reagiert, um die
eigenen Gedanken zu ordnen und eine
konstruktive Diskussion zu ermöglichen. Statt
sofort zu kritisieren oder zu konfrontieren, kann
sie Fragen stellen oder die eigene Perspektive
respektvoll darlegen. Dies fördert ein Umfeld, in
dem alle Beteiligten das Gefühl haben, dass ihre

Meinungen respektiert werden, und trägt zur Lösung des Konflikts bei, ohne die Beziehung zu belasten.

Beispiel zur Anwendung

Stellen Sie sich eine Führungskraft namens Anna vor, die ein wöchentliches Teammeeting leitet. Während des Treffens bemerkt sie, dass ein Teammitglied, Markus, besonders ruhig ist. Statt das Meeting fortzusetzen, ohne darauf einzugehen, entscheidet sich Anna für eine achtsame Kommunikationsweise:

- **Aktives Zuhören:** Anna fragt Markus, ob alles in Ordnung sei, und hört aufmerksam zu, während er seine Gedanken teilt.

- **Präsenz im Moment:** Sie stellt sicher, dass sie nicht von Notizen oder ihrem Laptop abgelenkt ist, während Markus spricht.

- **Empathische Reaktion:** Anna zeigt Verständnis für Markus' Situation und fragt, wie das Team ihn unterstützen kann.

- **Bewusstes Sprechen:** Sie formuliert ihre Antworten klar und mitfühlend, um sicherzustellen, dass Markus sich verstanden und geschätzt fühlt.

Durch die Anwendung achtsamer Kommunikationstechniken kann Anna nicht nur das Vertrauen innerhalb ihres Teams stärken, sondern auch eine offene und unterstützende Arbeitsumgebung fördern. Dies trägt dazu bei, Missverständnisse zu vermeiden und gemeinsame Ziele effektiver zu erreichen.

4. Langfristige Vorteile

Die Praxis von Achtsamkeit und Meditation bietet eine Vielzahl von langfristigen Vorteilen, die sowohl das persönliche als auch das berufliche Leben positiv beeinflussen können. Diese Techniken fördern nicht nur das geistige Wohlbefinden, sondern tragen auch zur Entwicklung wesentlicher Fähigkeiten bei, die in einer zunehmend komplexen Welt von Bedeutung sind.

Verbesserte Konzentration: Eine der bemerkenswertesten langfristigen Auswirkungen von Achtsamkeit und Meditation ist die gesteigerte Fähigkeit zur Konzentration. Durch regelmäßiges Üben lernen Individuen, ihre Aufmerksamkeit besser zu fokussieren und Ablenkungen zu minimieren. Dies kann besonders in Arbeitsumgebungen von Vorteil sein, in denen Multitasking und ständige Unterbrechungen an der Tagesordnung sind. Ein

Beispiel hierfür ist eine Führungskraft, die durch ihre Meditationspraxis lernt, in Meetings präsenter zu sein und dadurch effizientere Entscheidungen zu treffen.

Emotionale Stabilität: Achtsamkeit und Meditation tragen auch zur emotionalen Stabilität bei. Sie fördern ein tieferes Verständnis für die eigenen Emotionen und helfen, diese besser zu regulieren. Dies ist besonders wichtig für Führungskräfte, die oft in stressigen Situationen die Ruhe bewahren müssen. Ein Manager, der regelmäßig meditiert, könnte beispielsweise in der Lage sein, in einer Krisensituation gelassener zu reagieren und sein Team durch schwierige Zeiten zu führen, ohne sich von negativen Emotionen überwältigen zu lassen.

Gesteigerte Kreativität und Problemlösungsfähigkeit: Die Praxis der Achtsamkeit fördert einen offenen Geist und eine erhöhte Wahrnehmung, was die Kreativität steigern kann. Menschen, die regelmäßig meditieren, berichten häufig davon, dass sie neue Ideen und Lösungen für Probleme finden, die zuvor unlösbar erschienen. Ein konkretes Beispiel könnte ein Produktentwickler sein, der durch Achtsamkeitsübungen auf innovative Ansätze stößt, um ein bestehendes Produkt zu verbessern oder ein völlig neues Konzept zu entwickeln.

Höhere Zufriedenheit und Resilienz: Führungskräfte, die Achtsamkeit in ihren Alltag integrieren, berichten oft von einer höheren Lebenszufriedenheit und einem besseren Umgang mit den Herausforderungen des Führungsalltags. Dies liegt daran, dass Achtsamkeit hilft, eine positive Grundhaltung zu kultivieren und Stress effektiver zu bewältigen. Ein CEO könnte zum Beispiel durch regelmäßige Meditation eine Balance zwischen beruflichen Anforderungen und persönlichem Wohlbefinden finden, was letztlich zu einer erfüllteren und erfolgreicheren Karriere führt.

Zusammenfassend lässt sich sagen, dass die langfristigen Vorteile von Achtsamkeit und Meditation weit über das unmittelbare Gefühl der Entspannung hinausgehen. Sie fördern eine ganzheitliche Entwicklung, die sowohl das individuelle Wachstum als auch die berufliche Leistung nachhaltig verbessert. Führungskräfte, die diese Praktiken in ihren Alltag integrieren, können von diesen positiven Veränderungen in vielerlei Hinsicht profitieren.

Fazit

Kapitel 2: Mentale Fitness für Führungskräfte hat eindrucksvoll gezeigt, wie wichtig es für Führungskräfte ist, ihre mentale Belastbarkeit durch gezielte Techniken zu stärken. Positive Selbstgespräche, klare Zielsetzung und Visualisierung, soziale Unterstützung, Flexibilität und das Lernen aus Rückschlägen wurden als wesentliche Strategien hervorgehoben, um Resilienz zu entwickeln und in stressreichen Umgebungen erfolgreich zu agieren. Diese Ansätze fördern nicht nur die persönliche Leistungsfähigkeit, sondern auch das Wohlbefinden des gesamten Teams.

Die Bedeutung eines effektiven Stressmanagements wurde ebenfalls unterstrichen. Führungskräfte, die in der Lage sind, ihre Stressoren zu identifizieren, Zeit effizient zu managen, regelmäßige Pausen einzulegen und körperliche Aktivität in ihren Alltag zu integrieren, können nicht nur ihre eigene Gesundheit und Leistungsfähigkeit verbessern, sondern auch ein positives Arbeitsumfeld schaffen. In manchen Fällen kann auch professionelle Unterstützung eine wertvolle Ergänzung darstellen.

Abschließend wurde die Rolle von Achtsamkeit und Meditation als Werkzeuge zur Förderung der mentalen

Klarheit beleuchtet. Diese Praktiken ermöglichen es Führungskräften, fokussierter und ausgeglichener zu arbeiten, indem sie die Konzentration verbessern, emotionale Stabilität fördern und die Kreativität steigern. Die langfristigen Vorteile, die sich aus der regelmäßigen Praxis von Achtsamkeit und Meditation ergeben, sind nicht zu unterschätzen und tragen maßgeblich zu einer erfüllteren und erfolgreicheren Karriere bei.

Das Verständnis und die Anwendung von mentaler Fitness sind entscheidend, um den Herausforderungen des Führungsalltags gerecht zu werden. Doch die mentale Stärke allein reicht nicht aus, um die vielfältigen Anforderungen einer Führungsposition zu meistern. Eine ganzheitliche Herangehensweise, die sowohl die mentale als auch die physische Fitness umfasst, ist notwendig, um das volle Potenzial auszuschöpfen.

Im nächsten Kapitel werden wir uns mit der physischen Fitness von Führungskräften beschäftigen und ihre Auswirkungen auf die Führung beleuchten. Wir werden die Grundlagen der körperlichen Fitness, bestehend aus Ausdauer, Kraft und Flexibilität, untersuchen und analysieren, wie regelmäßige Bewegung die Energie und den Fokus steigern kann.

Darüber hinaus werden praktische Fitnessprogramme vorgestellt, die speziell auf die Bedürfnisse vielbeschäftigter Führungskräfte zugeschnitten sind. Diese Programme bieten einen Leitfaden, um körperliche Fitness effektiv in den oft hektischen Alltag zu integrieren und so die körperliche und geistige Leistungsfähigkeit nachhaltig zu steigern.

Kapitel 3: Physische Fitness und ihre Auswirkungen auf die Führung

In der dynamischen und oft anspruchsvollen Welt der Führung sind die Erwartungen an Führungskräfte hoch: Sie sollen nicht nur visionär denken und strategisch handeln, sondern auch in der Lage sein, in stressigen und wechselhaften Umgebungen schnell und effektiv Entscheidungen zu treffen. Während der Schwerpunkt häufig auf kognitiven Fähigkeiten und emotionaler Intelligenz liegt, wird die Bedeutung der physischen Fitness für effektive Führung oft unterschätzt. Doch gerade in Zeiten, in denen die Belastungen für Führungspersönlichkeiten zunehmen, gewinnt die körperliche Fitness zunehmend an Bedeutung.

Dieses Kapitel widmet sich der umfassenden Betrachtung der physischen Fitness als tragende Säule erfolgreicher Führung. Wir beginnen mit der Erörterung der wesentlichen Komponenten der körperlichen Fitness – Ausdauer, Kraft und Flexibilität – und wie diese Aspekte direkt das physische und mentale Wohlbefinden beeinflussen. Eine gut entwickelte Ausdauer beispielsweise ermöglicht es Führungskräften, längere Arbeitsstunden zu bewältigen und gleichzeitig ihre Leistungsfähigkeit aufrechtzuerhalten. Krafttraining kann helfen, Stress abzubauen und die Körperhaltung zu verbessern, was wiederum das Selbstbewusstsein stärkt. Flexibilität, oft übersehen, trägt dazu bei, Verletzungen vorzubeugen und die allgemeine Beweglichkeit zu erhöhen, was im hektischen Führungsalltag von Vorteil ist.

Darüber hinaus wird in diesem Kapitel darauf eingegangen, wie regelmäßige körperliche Aktivität die Energielevels erhöht und die geistige Schärfe verbessert. Studien zeigen, dass Bewegung nicht nur die Durchblutung des Gehirns fördert, sondern auch Neurotransmitter aktiviert, die für bessere Konzentration und ein verbessertes Gedächtnis sorgen. Für Führungskräfte bedeutet dies eine gesteigerte Fähigkeit, komplexe Probleme zu lösen und kreative Ideen zu entwickeln.

Ein weiterer Fokus liegt auf der praktischen Umsetzung: Wie können Führungskräfte trotz eines vollen Terminkalenders ein effektives Fitnessprogramm integrieren? Wir stellen maßgeschneiderte Ansätze vor, die sich flexibel in den Alltag einfügen lassen – von kurzen, intensiven Trainingseinheiten bis hin zu einfachen Bewegungsstrategien, die auch unterwegs durchgeführt werden können. Die Betonung liegt darauf, dass körperliche Fitness nicht nur eine zusätzliche Aufgabe ist, sondern ein integraler Bestandteil eines erfolgreichen Führungsstils.

Abschließend beleuchten wir inspirierende Fallstudien von Führungspersönlichkeiten, die durch die Integration von Fitness in ihren Lebensstil nicht nur ihre Gesundheit, sondern auch ihre Führungsfähigkeiten erheblich verbessert haben. Diese Beispiele sollen als Motivation und Anregung dienen, die eigene Fitness als Schlüssel zu größerer Effektivität und Zufriedenheit in der Führungsrolle zu erkennen und zu fördern.

Grundlagen der körperlichen Fitness: Ausdauer, Kraft, Flexibilität

1. **Ausdauer:** ist eine entscheidende Grundlage der körperlichen Fitness, die sich auf die Fähigkeit des Körpers bezieht, über einen längeren Zeitraum hinweg kontinuierlich physische Aktivitäten auszuführen, ohne dabei übermäßig zu ermüden. Diese Fähigkeit ist nicht nur für Sportler von Bedeutung, sondern spielt auch im täglichen Leben und insbesondere im beruflichen Umfeld eine wichtige Rolle.

Eine gut entwickelte Ausdauer stärkt in erster Linie das Herz-Kreislauf-System. Durch regelmäßiges Training wird das Herz effizienter und kräftiger, was bedeutet, dass es weniger Schläge benötigt, um Blut durch den Körper zu pumpen. Dies verbessert die Durchblutung und sorgt dafür, dass Muskeln und Organe besser mit Sauerstoff und Nährstoffen versorgt werden. Ein gesundes Herz-Kreislauf-System ist essenziell für die allgemeine Gesundheit und kann das Risiko von Herzkrankheiten, Bluthochdruck und anderen gesundheitlichen Problemen erheblich reduzieren.

Für Führungskräfte und Menschen in anspruchsvollen Berufen bedeutet eine gute Ausdauer, dass sie den physischen und mentalen Anforderungen eines langen und oft stressigen Arbeitstages besser gewachsen sind. Ein gut konditionierter Körper kann die täglichen Herausforderungen mit mehr Energie und Vitalität meistern. Regelmäßige Ausdaueraktivitäten wie Laufen, Radfahren oder Schwimmen tragen dazu bei, die Herzgesundheit zu verbessern, die Sauerstoffaufnahme zu erhöhen und die Energielevels zu steigern. Diese Aktivitäten fördern die Ausschüttung von Endorphinen, den sogenannten "Glückshormonen", die das Wohlbefinden steigern und Stress abbauen.

Darüber hinaus führt eine verbesserte Ausdauer dazu, dass Führungskräfte auch in stressreichen Situationen einen klaren Kopf bewahren können. Die erhöhte Sauerstoffversorgung des Gehirns fördert die Konzentrationsfähigkeit und kognitive Funktionen, was zu einer verbesserten Entscheidungsfindung und Problemlösungsfähigkeit führt. In einer schnelllebigen und oft hektischen Arbeitsumgebung ist dies von unschätzbarem Wert, um effizient und effektiv zu arbeiten.

Zusammenfassend lässt sich sagen, dass Ausdauertraining nicht nur die körperliche Leistungsfähigkeit steigert, sondern auch das geistige Wohlbefinden und die berufliche Leistungsfähigkeit erheblich verbessert. Es ist ein integraler Bestandteil eines gesunden Lebensstils und sollte in den Alltag integriert werden, um langfristig von den vielfältigen Vorteilen zu profitieren.

2. **Krafttraining** ist ein wesentlicher Bestandteil eines umfassenden Fitnessprogramms und bietet zahlreiche Vorteile für die körperliche Gesundheit und das allgemeine Wohlbefinden. Beim Krafttraining geht es nicht nur darum, Muskelmasse aufzubauen, sondern auch darum, die bestehende Muskulatur zu erhalten. Dies ist besonders wichtig, da der Muskelabbau im Alterungsprozess ein natürlicher Vorgang ist, der durch gezieltes Training verlangsamt werden kann.

Eine gut trainierte Muskulatur ist entscheidend für die Unterstützung der Körperhaltung. Eine starke Rücken- und Rumpfmuskulatur hilft dabei, eine aufrechte Haltung zu bewahren, was nicht nur ästhetisch ansprechender wirkt, sondern auch das Risiko von Rückenschmerzen und anderen haltungsbedingten Beschwerden verringert. Zudem wirkt Krafttraining präventiv gegen Verletzungen, indem es die Stabilität und Belastbarkeit von Gelenken und Knochen erhöht. Dies ist besonders wichtig für Menschen, die im Alltag oder im Beruf körperlichen Belastungen ausgesetzt sind.

Für Führungskräfte und Menschen in anspruchsvollen beruflichen Positionen bietet Krafttraining eine Möglichkeit, physisch robust und widerstandsfähig zu bleiben. Ein regelmäßiges Trainingsprogramm kann helfen, den durch beruflichen Stress entstehenden Druck abzubauen, da körperliche Aktivität nachweislich die Produktion von Endorphinen anregt, die als natürliche Stimmungsaufheller wirken.

Übungen wie Gewichtheben, Liegestütze oder funktionales Training sind ideal, um die Muskelkraft zu steigern. Diese Übungen fördern nicht nur die Entwicklung von Muskelmasse, sondern verbessern auch die Koordination und das Gleichgewicht. Funktionales Training, das Bewegungen des Alltags simuliert, kann die Effizienz bei der Bewältigung täglicher Aufgaben erhöhen und so die allgemeine Lebensqualität verbessern.

Ein gestärkter Körper kann zudem das Selbstbewusstsein erheblich steigern. Menschen, die regelmäßig Krafttraining betreiben, fühlen sich oft sicherer in ihrem Auftreten, was in sozialen und beruflichen

Situationen von Vorteil sein kann. Eine verbesserte Körperhaltung, die durch eine starke Muskulatur unterstützt wird, vermittelt Souveränität und Selbstsicherheit, was insbesondere in Führungspositionen von Bedeutung ist.

Zusammenfassend lässt sich sagen, dass Krafttraining weit mehr ist als nur ein Mittel zur Verbesserung der körperlichen Erscheinung. Es ist ein umfassendes Werkzeug zur Förderung der Gesundheit, der Prävention von Verletzungen und der Steigerung des persönlichen Wohlbefindens. Indem es körperliche Stärke und mentale Belastbarkeit vereint, trägt Krafttraining entscheidend dazu bei, die Herausforderungen des Alltags mit Energie und Zuversicht zu meistern.

3. **Flexibilität** bezieht sich auf die Fähigkeit der Muskeln und Gelenke, sich durch ihren vollständigen Bewegungsumfang zu bewegen, und spielt eine entscheidende Rolle für die allgemeine körperliche Fitness. Diese Fähigkeit ist nicht nur ein wichtiger Bestandteil zur Vorbeugung von Verletzungen, sondern auch wesentlich für die Verbesserung der

Körperhaltung. Insbesondere für Führungskräfte, die häufig lange Stunden am Schreibtisch verbringen, ist Flexibilität von besonderer Bedeutung. Ein Mangel an Flexibilität kann zu Verspannungen und Schmerzen führen, insbesondere im Nacken-, Schulter- und Rückenbereich, was langfristig die Lebensqualität und Arbeitsleistung beeinträchtigen kann.

Die Verbesserung der Flexibilität ist ein Prozess, der durch regelmäßiges Dehnen oder Praktizieren von Yoga erreicht werden kann. Beim Dehnen werden die Muskeln sanft über ihren gewohnten Bewegungsumfang hinaus verlängert, was ihre Elastizität und Geschmeidigkeit erhöht. Yoga hingegen kombiniert Dehnübungen mit Atemtechniken und Meditation, was nicht nur die Flexibilität, sondern auch die mentale Entspannung fördert. Beide Methoden tragen zur Reduzierung von Stress bei, der oft mit körperlichen Verspannungen einhergeht.

Eine erhöhte Flexibilität beeinflusst auch die Körperhaltung positiv. Eine flexible Körperhaltung kann die Bewegungsfreiheit verbessern und das allgemeine Wohlbefinden steigern. Bewegungen werden geschmeidiger und effizienter, was die Gefahr von Fehlhaltungen und damit verbundenen Beschwerden minimiert. Darüber hinaus kann eine gute Flexibilität die sportliche Leistungsfähigkeit steigern und die Erholungszeit nach körperlichen Aktivitäten verkürzen.

Letztlich ist die Förderung der Flexibilität ein wesentlicher Bestandteil eines ganzheitlichen Ansatzes zur Gesundheits- und Wellnesspflege. Es lohnt sich, regelmäßig Zeit für Dehnübungen oder Yoga einzuplanen, um sowohl körperliche als auch geistige Vorteile zu genießen. Egal ob im Büro, zu Hause oder im Fitnessstudio – die Integration von Flexibilitätsübungen in den Alltag kann einen erheblichen positiven Einfluss auf das Leben haben.

Wie regelmäßige Bewegung die Energie und den Fokus steigert

Regelmäßige Bewegung spielt eine entscheidende Rolle für die Steigerung von Energie und Fokus, insbesondere bei Führungskräften, deren Alltag oft von hohen Anforderungen und Stress geprägt ist. Diese positive Wirkung der körperlichen Aktivität lässt sich auf mehrere Faktoren zurückführen, die sowohl körperliche als auch geistige Aspekte umfassen.

Zunächst einmal verbessert regelmäßige Bewegung die Durchblutung im gesamten Körper. Wenn wir uns körperlich betätigen, pumpt unser Herz kräftiger, wodurch mehr Sauerstoff und Nährstoffe über den Blutkreislauf zu den verschiedenen Organen, einschließlich des Gehirns, transportiert werden. Dieser verbesserte Blutfluss sorgt dafür, dass unser Gehirn optimal mit den notwendigen Ressourcen versorgt wird, um seine Funktionen aufrechtzuerhalten und zu verbessern. Eine gute Versorgung mit Sauerstoff und Nährstoffen ist entscheidend für die kognitive Leistungsfähigkeit. Sie fördert die Konzentration und ermöglicht es Führungskräften, klarer und fokussierter zu denken, was für die Bewältigung komplexer Aufgaben und die Entscheidungsfindung von unschätzbarem Wert ist.

Darüber hinaus hat Bewegung auch eine direkte Auswirkung auf die chemischen Prozesse im Gehirn. Körperliche Aktivität stimuliert die Produktion und Freisetzung von Endorphinen, die als natürliche Stimmungsaufheller bekannt sind. Endorphine sind Neurotransmitter, die ein Gefühl des Wohlbefindens und der Euphorie erzeugen können. Dies hat zur Folge, dass regelmäßige Bewegung nicht nur die physische, sondern auch die mentale Gesundheit fördert. Führungskräfte profitieren von diesem Effekt, da er ihnen hilft, Stress abzubauen und eine positive Grundstimmung zu bewahren. In herausfordernden Zeiten, wenn der Druck hoch ist und schnelle Entscheidungen gefragt sind, ist eine stabile emotionale Verfassung von größtem Vorteil. Die Fähigkeit, ruhig und besonnen zu bleiben, wird durch die regelmäßige Ausschüttung von Endorphinen unterstützt.

Ein weiterer wichtiger Aspekt, der oft übersehen wird, ist der Einfluss von Bewegung auf den Schlaf. Viele Menschen, insbesondere solche in leitenden Positionen, leiden unter Schlafproblemen, die durch Stress und die ständige Erreichbarkeit verursacht werden. Regelmäßige körperliche Aktivität kann hier Abhilfe schaffen, indem sie zu einem tieferen und erholsameren Schlaf beiträgt. Während des Schlafs erholt sich der Körper nicht nur physisch, sondern auch mental. Ein erholsamer Schlaf ist entscheidend für die Regeneration und die Aufrechterhaltung der Energielevels am nächsten Tag. Führungskräfte, die regelmäßig Sport treiben, berichten häufig, dass sie nicht nur schneller einschlafen, sondern auch durchschlafen können und sich morgens erfrischt und energiegeladen fühlen. Dies ermöglicht es ihnen, die täglichen Herausforderungen mit mehr Vitalität und Ausdauer anzugehen.

Es ist auch wichtig zu betonen, dass Bewegung eine vorbeugende Wirkung gegen Burnout haben kann, ein Syndrom, das durch chronischen Stress und emotionale Erschöpfung gekennzeichnet ist. Führungskräfte sind besonders anfällig für Burnout aufgrund der hohen Anforderungen und Verantwortung, die ihre Rolle mit sich bringt. Durch regelmäßige körperliche Aktivität können sie ein Ventil für Stress finden und ihre Resilienz gegenüber den Belastungen des Arbeitsalltags stärken. Die Kombination aus verbesserter physischer Fitness, erhöhter geistiger Klarheit und emotionaler Stabilität schafft eine starke Basis, um den Anforderungen der heutigen Arbeitswelt gewachsen zu sein.

Dennoch ist es wichtig, die Art der Bewegung zu berücksichtigen. Nicht jede Form von körperlicher Aktivität ist für jeden geeignet, und es ist entscheidend, eine Routine zu finden, die individuell passt und Freude bereitet. Ob es sich um Laufen, Radfahren, Schwimmen, Yoga oder Krafttraining handelt, die Hauptsache ist, dass die gewählte Aktivität regelmäßig und mit Freude ausgeführt wird. Eine abwechslungsreiche Routine, die sowohl Ausdauer- als auch Krafttrainingselemente beinhaltet, kann besonders vorteilhaft sein, um alle Aspekte der physischen und mentalen Gesundheit abzudecken.

Regelmäßige Bewegung ist weit mehr als nur ein Mittel zur körperlichen Fitness. Sie erweist sich als ein mächtiges Instrument zur Steigerung der Energie und des Fokus, besonders für Führungskräfte, die täglich hohen Anforderungen gegenüberstehen. Die positiven Effekte auf die Durchblutung, die chemischen Prozesse im Gehirn und die Schlafqualität fördern die kognitive Leistungsfähigkeit und unterstützen ein besseres allgemeines Wohlbefinden. Indem Führungskräfte Bewegung in ihren Alltag integrieren, verbessern sie nicht nur ihre eigene Gesundheit und Leistungsfähigkeit, sondern dienen auch als Vorbild für ihr Team, das dadurch inspiriert und motiviert wird, ebenfalls aktiv zu sein. Regelmäßige körperliche Aktivität trägt somit nicht nur zur individuellen Gesundheit bei, sondern auch zu einem produktiveren und gesünderen Arbeitsumfeld.

Praktische Fitnessprogramme für vielbeschäftigte Führungskräfte

Für Führungskräfte, die einen vollen Terminkalender haben, kann es eine Herausforderung sein, Zeit für regelmäßige körperliche Aktivität zu finden. Daher ist es wichtig, praktische Fitnessprogramme zu entwickeln, die sich nahtlos in den Alltag integrieren lassen.

1. Ein HIIT-Programm (High-Intensity Interval Training) ist eine hervorragende Methode, um Fitnessziele effizient zu erreichen, insbesondere für Menschen mit einem vollen Terminkalender. Diese Trainingsform zeichnet sich durch ihre kurzen, aber sehr intensiven Workouts aus, die in der Regel zwischen 20 und 30 Minuten dauern. Diese Zeitersparnis ist besonders attraktiv für Berufstätige und Menschen, die Schwierigkeiten haben, lange Trainingseinheiten in ihren Alltag zu integrieren.

Struktur eines HIIT-Workouts: Ein typisches HIIT-Workout besteht aus mehreren Runden von Übungen, die mit maximaler Intensität ausgeführt werden, gefolgt von kurzen Erholungsphasen. Zum Beispiel könnte ein Workout aus 30 Sekunden intensiver Aktivität (wie Burpees, Sprints oder Jumping Jacks) gefolgt von 10 bis 15 Sekunden Ruhe bestehen, bevor der nächste Satz beginnt. Diese Zyklen werden mehrmals wiederholt, je nach Fitnesslevel und Trainingsziel.

Vorteile von HIIT:

HIIT-Training, oder Hochintensives Intervalltraining, bietet eine Reihe von Vorteilen, die es zu einer attraktiven Trainingsmethode für Menschen mit unterschiedlichen Fitnessleveln und Zielen machen. Hier eine detailliertere Betrachtung der Vorteile:

Zeitersparnis: Im Gegensatz zu traditionellen Ausdauertrainings, die oft 45 Minuten oder länger dauern, lassen sich HIIT-Workouts in deutlich kürzerer Zeit absolvieren, oft zwischen 10 und 30 Minuten. Die hohe Intensität der Übungen kompensiert die kürzere Dauer, sodass trotz des geringeren Zeitaufwands ein effektives Training möglich ist. Dies ist besonders vorteilhaft für Menschen mit einem vollen Terminkalender, da HIIT sich leichter in den Alltag integrieren lässt.

Kalorienverbrennung und Nachbrenneffekt (EPOC): HIIT führt zu einem signifikant erhöhten Kalorienverbrauch, sowohl während des Trainings als auch danach. Der sogenannte Nachbrenneffekt (Excess Post-exercise Oxygen Consumption, EPOC) beschreibt den erhöhten Sauerstoffverbrauch des Körpers nach dem Training, der notwendig ist, um den Körper wieder in seinen Ruhezustand zu bringen. Durch die hohe Intensität von HIIT hält dieser Effekt länger an als bei moderatem Ausdauertraining, was zu einer insgesamt höheren Kalorienverbrennung über den Tag verteilt führt und die Fettverbrennung fördert.

Verbesserte kardiovaskuläre Gesundheit: HIIT-Training stellt eine hohe Belastung für das Herz-Kreislauf-System dar und fordert dieses heraus, sich anzupassen. Dadurch verbessert sich die Herzfunktion, die Sauerstoffaufnahmefähigkeit des Körpers steigt und die Ausdauer wird gesteigert. Regelmäßiges HIIT-Training kann dazu beitragen, das Risiko für Herzkreislauferkrankungen zu senken und die allgemeine Fitness zu verbessern.

Vielseitigkeit und Ortsunabhängigkeit: Ein großer Vorteil von HIIT ist, dass es praktisch überall durchgeführt werden kann. Es benötigt keine spezielle Ausrüstung oder einen Fitnessstudiobesuch. Körpergewichtsübungen wie Burpees, Squats, Liegestütze und Jumping Jacks eignen sich hervorragend für HIIT-Workouts und können zu Hause, im Park oder im Hotelzimmer durchgeführt werden. Diese Flexibilität macht HIIT zu einer attraktiven Option für Menschen, die viel unterwegs sind oder keinen Zugang zu einem Fitnessstudio haben.

Anpassungsfähigkeit an Fitnesslevel und Ziele: HIIT ist sowohl für Anfänger als auch für Fortgeschrittene geeignet. Die Intensität und die Art der Übungen können individuell angepasst werden. Anfänger können mit kürzeren Intervallen und weniger intensiven Übungen beginnen und die Belastung schrittweise steigern. Fortgeschrittene können die Intensität durch komplexere Übungen, längere Intervalle oder kürzere Pausen erhöhen. Auch die Wahl der Übungen lässt sich an die individuellen Ziele anpassen, sei es der Fokus auf Kraft, Ausdauer oder Fettverbrennung. Diese Anpassungsfähigkeit macht HIIT zu einer effektiven Trainingsmethode für Menschen mit unterschiedlichen Voraussetzungen und Zielen.

Typische HIIT-Übungen:

HIIT-Training, oder Hochintensives Intervalltraining, zeichnet sich durch kurze Phasen intensiver Belastung, gefolgt von kurzen Erholungsphasen, aus. Hier sind einige typische Übungen, kategorisiert nach Übungstyp:

Körpergewichtsübungen: Diese Übungen nutzen das eigene Körpergewicht als Widerstand und sind ideal für HIIT-Workouts, da sie überall und ohne Geräte durchgeführt werden können.

- **Burpees:** Eine Ganzkörperübung, die Kraft, Ausdauer und Koordination trainiert. Sie beinhaltet einen Liegestütz, einen Strecksprung und das Aufrichten.

- **Liegestütze (Push-ups):** Trainieren Brust, Schultern und Trizeps. Variationen wie Diamant-Liegestütze oder Liegestütze mit erhöhten Füßen intensivieren die Belastung.

- **Kniebeugen (Squats):** Stärken die Bein- und Gesäßmuskulatur. Tiefe Kniebeugen beanspruchen die Muskeln intensiver. Sprungkniebeugen (Jump Squats) erhöhen die Intensität für HIIT-Workouts.

- **Ausfallschritte (Lunges):** Trainieren Oberschenkel, Gesäß und Waden. Ausfallschritte im Gehen oder Springen (Jumping Lunges) steigern die Intensität.

- **Plank (Unterarmstütz):** Stärkt die Rumpfmuskulatur und verbessert die Stabilität. Variationen wie seitlicher Plank oder Plank mit Beinheben erhöhen die Schwierigkeit.

- **Mountain Climbers (Bergsteiger):** Eine dynamische Übung, die die Bauchmuskeln,

Schultern und Beine trainiert und die Herzfrequenz erhöht.

- **Jumping Jacks (Hampelmänner):** Eine einfache, aber effektive Übung zur Steigerung der Herzfrequenz und Verbesserung der Koordination.

Cardio-Übungen: Diese Übungen trainieren das Herz-Kreislauf-System und eignen sich hervorragend für die hochintensiven Intervalle im HIIT.

- **Sprints:** Kurze, intensive Läufe mit maximaler Geschwindigkeit. Die Distanz kann variiert werden, z.B. 20-50 Meter.

- **Seilspringen (Rope Skipping):** Eine effektive Übung zur Verbesserung der Ausdauer, Koordination und Beinmuskulatur. Variationen wie Doppelsprünge oder Criss-Cross steigern die Intensität.

- **Radfahren (Cycling):** Sowohl im Freien als auch auf einem stationären Fahrrad kann durch schnelles Fahren mit hohem Widerstand ein intensives Intervalltraining gestaltet werden.

- **Rudern (Rowing):** Trainiert den gesamten Körper und eignet sich gut für hochintensive Intervalle.

- **Laufen auf der Stelle (High Knees):** Eine einfache Übung zur Erhöhung der Herzfrequenz, die überall durchgeführt werden kann.

Kraftübungen: Auch Kraftübungen können in HIIT-Workouts integriert werden, um die Muskelkraft zu steigern und den Kalorienverbrauch zu erhöhen.

- **Kettlebell-Swings:** Eine dynamische Übung, die die gesamte hintere Kette, insbesondere Gesäß und Oberschenkel, trainiert.

- **Gewichtheben (Weightlifting):** Übungen wie Kreuzheben, Kniebeugen mit Gewichten, Schulterdrücken oder Reißen können in HIIT-Workouts integriert werden, erfordern aber eine korrekte Ausführungstechnik.

- **Kurzhantel-Übungen:** Übungen mit Kurzhanteln, wie z.B. Bizepscurls, Trizepsdrücken oder Rudern, können ebenfalls in HIIT-Workouts eingebaut werden.

Wichtige Hinweise:

- **Aufwärmen:** Vor jedem HIIT-Workout ist ein gründliches Aufwärmen wichtig, um Verletzungen vorzubeugen.

- **Cool-Down:** Nach dem Workout sollte ein Cool-Down durchgeführt werden, um die Herzfrequenz zu senken und die Muskeln zu dehnen.

- **Regeneration:** HIIT-Training ist sehr intensiv und beansprucht den Körper stark. Ausreichend Regeneration zwischen den Trainingseinheiten ist essentiell.

- **Progression:** Die Intensität und Dauer der Intervalle sollte schrittweise gesteigert werden, um Überlastung zu vermeiden.

- **Technik:** Achte auf eine korrekte Ausführung der Übungen, um Verletzungen zu vermeiden. Im Zweifelsfall lasse dich von einem qualifizierten Trainer anleiten.

Mit dieser ausführlicheren Beschreibung der typischen HIIT-Übungen kannst du dein Training abwechslungsreich und effektiv gestalten. Wähle die Übungen aus, die deinen Zielen und deinem Fitnesslevel entsprechen.

Tipps für ein effektives HIIT-Training:

HIIT (High Intensity Interval Training) ist eine zeitsparende und effektive Trainingsmethode, die sowohl die Ausdauer als auch die Kraft verbessert. Um die Vorteile von HIIT optimal zu nutzen und Verletzungen zu vermeiden, sind folgende Punkte zu beachten:

1. Gründliches Aufwärmen:

Ein effektives Aufwärmen ist essentiell, um den Körper auf die bevorstehende Belastung vorzubereiten und das Verletzungsrisiko zu minimieren. Es sollte mindestens 5-10 Minuten dauern und sowohl dynamische Dehnübungen als auch leichte Cardio-Elemente beinhalten. Beispiele hierfür sind:

Dynamisches Dehnen: Armkreisen, Beinpendeln, Hüftkreisen, Torso-Twists

Leichtes Cardio: Jumping Jacks, High Knees, Butt Kicks, Seilspringen

Ein gut durchgeführtes Aufwärmen erhöht die Körpertemperatur, verbessert die

Durchblutung der Muskeln und bereitet das Herz-Kreislauf-System auf die intensive Belastung vor.

2. Technik über Tempo:

Die korrekte Ausführung der Übungen hat absolute Priorität. Ein zu schnelles und unkontrolliertes Ausführen der Übungen erhöht das Verletzungsrisiko erheblich und mindert den Trainingseffekt. Konzentrieren Sie sich auf eine saubere Technik und steigern Sie die Geschwindigkeit erst, wenn die Bewegung einwandfrei beherrscht wird. Achten Sie besonders auf:

Kontrollierte Bewegungen: Vermeiden Sie ruckartige Bewegungen und halten Sie die Spannung im Körper.

Richtige Körperhaltung: Achten Sie auf eine stabile Körperhaltung und vermeiden Sie Fehlhaltungen.

Atmung: Atmen Sie während der Übungen gleichmäßig und tief.

3. Abwechslungsreiche Übungen:

Um Plateaus zu vermeiden, die Motivation hoch zu halten und alle Muskelgruppen zu trainieren, ist es wichtig, die Übungen regelmäßig zu variieren. Integrieren Sie Übungen für den gesamten Körper, wie z.B.:

Kraftübungen: Squats, Lunges, Push-ups, Burpees, Plank

Cardio-Übungen: Sprints, Jumping Jacks, Mountain Climbers, Burpees

Übungen mit dem eigenen Körpergewicht: Liegestütze, Kniebeugen, Ausfallschritte

Variieren Sie nicht nur die Übungen selbst, sondern auch die Dauer der Belastungs- und Erholungsphasen.

4. Ausreichende Erholung:

HIIT-Training ist sehr intensiv und beansprucht den Körper stark. Ausreichende Ruhephasen zwischen den Trainingseinheiten sind daher unerlässlich, um dem Körper Zeit zur Regeneration und zum Muskelaufbau zu geben. Planen Sie mindestens einen, idealerweise zwei Ruhetage pro Woche ein. Achten Sie außerdem auf folgende Punkte:

Schlaf: Ausreichend Schlaf (7-9 Stunden) ist für die Regeneration entscheidend.

Ernährung: Eine ausgewogene Ernährung mit ausreichend Protein unterstützt den Muskelaufbau.

Aktive Erholung: Leichte Aktivitäten wie Spaziergänge oder Yoga können die Regeneration fördern.

5. Progressive Steigerung:

Steigern Sie die Intensität und Dauer Ihres HIIT-Trainings schrittweise. Beginnen Sie mit kürzeren Belastungs- und längeren Erholungsphasen und erhöhen Sie die Intensität langsam, wenn Sie sich fitter fühlen. Hören Sie auf Ihren Körper und übertreiben Sie es nicht, besonders am Anfang.

HIIT ist eine effektive und zeitsparende Methode, um Fitnessziele zu erreichen. Durch die Beachtung der oben genannten Tipps können Sie Ihr HIIT-Training optimieren, Verletzungen vermeiden und maximale

Ergebnisse erzielen. Denken Sie daran, dass die richtige Ausführung und die ausreichende Erholung genauso wichtig sind wie die Intensität des Trainings.

2. Das Büro-Fitnessprogramm für Führungskräfte, die viel Zeit im Büro verbringen, zielt darauf ab, die körperliche Aktivität während des Arbeitstages zu erhöhen und gleichzeitig die Produktivität und das Wohlbefinden zu verbessern. Hier sind einige detaillierte Ansätze, wie dies umgesetzt werden kann:

Stehschreibtische: Die Einführung von höhenverstellbaren Stehschreibtischen ermöglicht es den Führungskräften, zwischen Sitzen und Stehen zu wechseln. Dies fördert die Durchblutung, reduziert das Risiko von Rückenschmerzen und kann die Konzentration verbessern. Führungskräfte können ihre Arbeitsphasen im Stehen planen, etwa während Telefonkonferenzen oder beim Lesen von Dokumenten.

Regelmäßige Dehnübungen: Kurze, regelmäßige Pausen für Dehnübungen können helfen, Muskelverspannungen zu lösen und die

Flexibilität zu erhöhen. Führungskräfte können einfache Übungen wie Schulterkreisen, Nackenrollen oder das Dehnen der Handgelenke in ihren Tagesablauf integrieren. Diese Übungen benötigen nur wenige Minuten, können aber erheblich zur Entspannung und Erfrischung beitragen.

Kurze Spaziergänge: Ein kurzer Spaziergang im Bürogebäude oder im Freien kann Wunder wirken, um den Kopf freizubekommen und die körperliche Aktivität zu steigern. Führungskräfte könnten Meetings als "Walk-and-Talk"-Sitzungen gestalten oder die Mittagspause nutzen, um eine Runde um den Block zu gehen. Diese Bewegung hilft, die Kreativität zu fördern und Stress abzubauen.

Bewegungserinnerungen: Technologische Hilfsmittel wie Smartphone-Apps oder Aktivitäts-Tracker können Führungskräfte daran erinnern, regelmäßig aufzustehen und sich zu bewegen. Solche Tools helfen, den Überblick über die tägliche Aktivität zu behalten und motivieren dazu, gesetzte Fitnessziele zu erreichen.

Büro-Fitness-Workshops: Unternehmen könnten regelmäßige Workshops oder kurze Fitness-Session in den Arbeitsalltag integrieren, bei denen ein Trainer einfache Übungen zeigt, die ohne Geräte am Arbeitsplatz durchgeführt werden können. Diese Sessions können als Teambuilding-Maßnahme dienen und das Bewusstsein für die Bedeutung regelmäßiger Bewegung schärfen.

Ergonomische Arbeitsplatzgestaltung: Neben Bewegungseinheiten spielt auch die ergonomische Gestaltung des Arbeitsplatzes eine Rolle. Führungskräfte sollten darauf achten, dass ihre Bürostühle und Computermonitore richtig eingestellt sind, um eine gesunde Körperhaltung zu unterstützen.

Durch die Integration dieser Elemente in den Arbeitsalltag können Führungskräfte nicht nur ihre körperliche Gesundheit verbessern, sondern auch ihre geistige Leistungsfähigkeit steigern, was wiederum zu einer höheren Produktivität und Zufriedenheit im Beruf führen kann.

3. Ein Fitnessprogramm als Teamevent bietet zahlreiche Vorteile sowohl für die individuellen Teilnehmer als auch für das gesamte Unternehmen. Hier sind einige Aspekte, die ein solches Programm auszeichnen:

   1. **Teamstärkung und Zusammenarbeit:**
      - Gemeinsame sportliche Aktivitäten fördern den Teamgeist und verbessern die Kommunikation zwischen Kollegen. Durch das Erreichen gemeinsamer Ziele entstehen ein stärkeres Zusammengehörigkeitsgefühl und ein besseres Verständnis untereinander.

      - Wettkämpfe oder kooperative Spiele, bei denen Teams gebildet werden, können den Teamzusammenhalt weiter intensivieren und die Fähigkeit zur Zusammenarbeit stärken.

   2. **Vielfalt der Aktivitäten:**
      - Ein gut konzipiertes Fitnessprogramm als Teamevent

sollte eine Vielzahl von Aktivitäten bieten, um unterschiedliche Interessen und Fitnesslevel zu berücksichtigen. Dies kann von traditionellen Sportarten wie Fußball oder Volleyball über Yoga und Pilates bis hin zu neuen Trendsportarten wie CrossFit oder Klettern reichen.

- o Durch die Vielfalt wird sichergestellt, dass jeder Mitarbeiter eine Aktivität findet, die ihm Spaß macht und gleichzeitig herausfordert.

3. **Gesundheitsförderung:**

- o Regelmäßige Bewegung ist essenziell für die körperliche und geistige Gesundheit. Ein Fitnessprogramm im Unternehmen kann helfen, Stress abzubauen, die Konzentrationsfähigkeit zu verbessern und die allgemeine Lebensqualität der Mitarbeiter zu steigern.

- Gesundheitsworkshops oder Seminare, die in das Programm integriert werden, können zusätzlich Wissen über Ernährung, Stressmanagement und andere gesundheitsrelevante Themen vermitteln.

4. **Motivation und Engagement:**

- Gemeinsame sportliche Aktivitäten können die Motivation der Mitarbeiter steigern. Die Aussicht, mit Kollegen Spaß zu haben und gleichzeitig etwas für die eigene Gesundheit zu tun, kann eine starke Antriebskraft sein.

- Regelmäßige Events oder Challenges, bei denen Fortschritte belohnt werden, können das Engagement der Mitarbeiter weiter erhöhen.

5. **Vorteile für das Unternehmen:**

- Ein Fitnessprogramm als Teamevent kann die Mitarbeiterzufriedenheit

und -bindung erhöhen, was zu einer
niedrigeren Fluktuation führt.

o Ein gesundes Arbeitsumfeld
reduziert Krankenstände und
steigert die Produktivität. Zudem
verbessert es das Image des
Unternehmens als attraktiver
Arbeitgeber, der Wert auf das
Wohlbefinden seiner Mitarbeiter
legt.

6. **Organisation und Durchführung:**

o Die Organisation solcher Events
erfordert eine sorgfältige Planung.
Es sollte ein engagiertes Team oder
ein externer Anbieter verantwortlich
sein, der die Bedürfnisse der
Mitarbeiter berücksichtigt und für
einen reibungslosen Ablauf sorgt.

o Regelmäßiges Feedback der
Teilnehmer kann genutzt werden,
um das Programm kontinuierlich zu
verbessern und an die Wünsche der
Mitarbeiter anzupassen.

Insgesamt stellt ein Fitnessprogramm als Teamevent eine wertvolle Investition in die Gesundheit und das Wohlbefinden der Mitarbeiter dar, die gleichzeitig die Unternehmenskultur positiv beeinflusst.

Körperliche Fitness spielt eine bedeutende Rolle im Bereich der Führung und kann entscheidend zur Effektivität und zum Wohlbefinden von Führungskräften beitragen. Indem Ausdauer, Kraft und Flexibilität regelmäßig in den Alltag integriert werden, können Führungspersönlichkeiten ihre Energielevels und ihre Konzentration erheblich verbessern. Dies führt nicht nur zu einer gesteigerten Leistungsfähigkeit im Beruf, sondern fördert auch das allgemeine Wohlbefinden.

Um trotz eines vollen Terminkalenders ausreichend Raum für körperliche Betätigung zu schaffen, bieten praktische Fitnessprogramme eine wertvolle Unterstützung. Diese Programme sind darauf ausgelegt, körperliche Aktivität zu priorisieren und sowohl die körperliche als auch die geistige Leistungsfähigkeit nachhaltig zu steigern.

Führungskräfte, die die Wichtigkeit körperlicher Fitness erkennen und bewusst in ihr eigenes Wohlergehen investieren, legen eine stabile Basis für ihren langfristigen Erfolg in persönlicher und beruflicher Hinsicht. Indem sie regelmäßig Zeit für Fitnessaktivitäten einplanen und diese fest in ihren Alltag integrieren, können sie nicht nur ihre eigene Gesundheit und Leistungsfähigkeit verbessern, sondern auch als Vorbilder für ihre Teams fungieren. Die Investition in körperliche Fitness ist somit nicht nur ein Gewinn für die individuelle Gesundheit, sondern auch ein Beitrag zu einem erfolgreichen und nachhaltigen Führungserfolg.

Kapitel 4:

Ernährung und Leistungsfähigkeit

In der dynamischen und oft hektischen Welt von heute wird die Bedeutung einer ausgewogenen Ernährung häufig unterschätzt, insbesondere von Führungskräften und Entscheidungsträgern, die täglich hohen geistigen Anforderungen ausgesetzt sind. Für diese Personengruppe ist eine optimale Ernährungsweise jedoch von entscheidender Bedeutung, um ihre Leistungsfähigkeit und Entscheidungsfindung auf höchstem Niveau zu halten. Dieses Kapitel widmet sich der intensiven Wechselwirkung zwischen Ernährung und kognitiver Leistungsfähigkeit und zeigt auf, wie eine bewusste Auswahl von Lebensmitteln nicht nur die körperliche, sondern auch die mentale Gesundheit positiv beeinflussen kann.

Eine ausgewogene Ernährung kann Führungskräfte bei Ihren anspruchsvollen alltäglichen Aufgaben helfen, diese Herausforderungen besser zu meistern, indem sie das Energieniveau stabil hält, die Konzentration fördert und die Resilienz gegenüber Stress erhöht. In diesem Zusammenhang werden praktische Ratschläge gegeben, wie sich gesunde

Ernährungsgewohnheiten auch in einen noch so stressigen Führungsalltag integrieren lassen. Dies umfasst nicht nur die Auswahl nährstoffreicher Lebensmittel, sondern auch die Bedeutung regelmäßiger Mahlzeiten und der Vermeidung von ungesunden Snacks, die oft in stressigen Phasen verlockend sind.

Ein weiterer zentraler Aspekt, der in diesem Kapitel behandelt wird, ist die Wichtigkeit einer ausreichenden Flüssigkeitszufuhr. Dehydration kann zu einem schnellen Abfall der Konzentration und der geistigen Leistungsfähigkeit führen. Daher ist es essenziell, regelmäßig Wasser zu trinken und auf den Konsum koffeinhaltiger Getränke zu achten, die zwar kurzfristig anregend wirken, aber langfristig zu Erschöpfung führen können. Abschließend wird die Rolle essenzieller Nährstoffe beleuchtet, die nicht nur für die körperliche Gesundheit, sondern auch für die Funktionalität des Gehirns unerlässlich sind. Die richtige Kombination von Vitaminen, Mineralstoffen und anderen wichtigen Nährstoffen trägt dazu bei, die kognitive Leistungsfähigkeit zu unterstützen und die alltäglichen Herausforderungen mit mehr Energie und Klarheit zu meistern.

Die Bedeutung einer ausgewogenen Ernährung für kognitive Funktionen

Eine ausgewogene Ernährung spielt eine zentrale Rolle für die Aufrechterhaltung optimaler kognitiver Funktionen. Das menschliche Gehirn, das nur etwa 2% des Körpergewichts ausmacht, verbraucht rund 20% der gesamten täglichen Energie. Diese hohe Energieanforderung verdeutlicht, wie wichtig die richtige Ernährung für die Unterstützung der Gehirnfunktion ist. Die Versorgung mit Glukose, die aus Kohlenhydraten gewonnen wird, ist entscheidend für die Erfüllung dieser Energieanforderung. Aber es geht nicht nur um die bloße Menge der aufgenommenen Nährstoffe, sondern vielmehr um deren Qualität und Zusammensetzung.

Eine Vielzahl von Studien hat gezeigt, dass bestimmte Nährstoffe, insbesondere Omega-3-Fettsäuren, Antioxidantien, Vitamine und Mineralstoffe, einen signifikanten Einfluss auf die Gehirnfunktion haben. Omega-3-Fettsäuren sind eine Gruppe von mehrfach ungesättigten Fettsäuren, die für den menschlichen Körper essenziell sind. Das bedeutet, dass sie über die Nahrung aufgenommen werden müssen, da der Körper sie nicht selbst herstellen kann. Zu den bekanntesten und wichtigsten Omega-3-Fettsäuren gehören Eicosapentaensäure (EPA) und Docosahexaensäure (DHA), die hauptsächlich in Meeresfrüchten und fettem Fisch wie Lachs, Makrele und Sardinen vorkommen.

Die Bedeutung von Omega-3-Fettsäuren für die menschliche Gesundheit ist breit gefächert. Eine ihrer zentralen Funktionen liegt in ihrer Rolle als strukturelle Bestandteile der Zellmembranen, insbesondere in den Neuronen des Gehirns. Die Flexibilität und Durchlässigkeit dieser Membranen wird durch den Omega-3-Gehalt beeinflusst, was entscheidend für die Signalübertragung zwischen den Gehirnzellen ist. Eine adäquate Versorgung mit Omega-3-Fettsäuren unterstützt somit die neuronale Plastizität und die synaptische Funktion, was für Lernprozesse, Gedächtnis und allgemeine kognitive Fähigkeiten von Bedeutung ist.

Darüber hinaus besitzen Omega-3-Fettsäuren starke entzündungshemmende Eigenschaften. Chronische Entzündungen im Gehirn werden mit einer Vielzahl neurologischer Erkrankungen in Verbindung gebracht, darunter Alzheimer und andere Formen der Demenz. Indem Omega-3-Fettsäuren Entzündungsprozesse modulieren, können sie dazu beitragen, das Risiko solcher neurodegenerativen Erkrankungen zu senken und die allgemeine Gehirngesundheit zu fördern.

Zahlreiche Studien haben zudem gezeigt, dass eine erhöhte Aufnahme von Omega-3-Fettsäuren mit einer verbesserten kognitiven Funktion in Verbindung steht. Menschen, die regelmäßig fetten Fisch oder hochwertige Omega-3-Ergänzungen konsumieren, zeigen oft bessere Ergebnisse in Tests, die Gedächtnis, Aufmerksamkeit und andere kognitive Fähigkeiten messen.

Omega-3-Fettsäuren sind unverzichtbare Nährstoffe, die eine Vielzahl von gesundheitlichen Vorteilen bieten. Ihre Rolle bei der Unterstützung der Gehirnfunktion und der Prävention von Entzündungen macht sie zu einem wichtigen Bestandteil einer ausgewogenen Ernährung, insbesondere in einer Zeit, in der die Prävalenz neurodegenerativer Erkrankungen zunimmt.

Antioxidantien sind eine wesentliche Komponente einer gehirngesunden Ernährung und spielen eine entscheidende Rolle beim Schutz der Gehirnzellen. Diese wertvollen Substanzen sind in einer Vielzahl von Lebensmitteln enthalten, darunter Beeren wie Blaubeeren, Himbeeren und Erdbeeren, die besonders reich an diesen schützenden

Verbindungen sind. Auch Nüsse, insbesondere Walnüsse und Mandeln, sowie grünes Blattgemüse wie Spinat und Grünkohl, sind hervorragende Quellen für Antioxidantien.

Die Hauptaufgabe von Antioxidantien besteht darin, die Zellen vor oxidativem Stress zu schützen. Oxidativer Stress ist ein schädlicher Prozess, der durch die Ansammlung freier Radikale im Körper verursacht wird. Freie Radikale sind instabile Moleküle, die in der Lage sind, Zellstrukturen, einschließlich DNA, Proteinen und Zellmembranen, zu schädigen. Dieser Prozess kann zu einer Vielzahl von Gesundheitsproblemen führen, einschließlich neurodegenerativer Erkrankungen wie Alzheimer und Parkinson.

Indem sie freie Radikale neutralisieren, helfen Antioxidantien, Zellschäden zu verhindern und die Integrität der Zellen zu bewahren. Dies ist besonders wichtig für die Gehirnzellen, da das Gehirn aufgrund seines hohen Sauerstoffverbrauchs und seines hohen Gehalts an ungesättigten Fettsäuren besonders anfällig für oxidativen Stress ist. Durch den Schutz der Gehirnzellen unterstützen Antioxidantien die Erhaltung der Neuroplastizität, die Fähigkeit des Gehirns, seine Struktur und Funktion als Reaktion auf neue Informationen, sensorische Erfahrungen, Entwicklung und Schäden zu verändern.

Neuroplastizität ist ein grundlegender Mechanismus für Lernprozesse und Gedächtnisbildung. Sie ermöglicht es dem Gehirn, sich anzupassen und neue neuronale Verbindungen zu bilden, was entscheidend für die kognitive Flexibilität ist. Diese Anpassungsfähigkeit ist nicht nur für das Lernen und die Erinnerung wichtig, sondern auch für die allgemeine geistige Gesundheit und das Wohlbefinden. Durch die Unterstützung der Neuroplastizität tragen Antioxidantien dazu bei, die kognitive Funktion im Alter zu erhalten und das Risiko kognitiver Beeinträchtigungen zu reduzieren. Daher ist der regelmäßige Verzehr von antioxidansreichen Lebensmitteln ein wichtiger Bestandteil einer Strategie zur Förderung der Gehirngesundheit und zur Unterstützung der kognitiven Leistungsfähigkeit über die gesamte Lebensspanne hinweg.

Ein Mangel an bestimmten Nährstoffen kann erhebliche negative Auswirkungen auf die kognitive Leistungsfähigkeit haben. Ein prominentes Beispiel hierfür ist Eisen, ein essentielles Spurenelement, das eine Vielzahl von wichtigen Funktionen im Körper erfüllt. Eisen ist nicht nur ein entscheidender

Bestandteil des Hämoglobins, dem Protein in den roten Blutkörperchen, das für den Sauerstofftransport verantwortlich ist, sondern auch ein wesentlicher Faktor für zahlreiche enzymatische Prozesse, die für die Energieproduktion und den Stoffwechsel im Gehirn wichtig sind.

Ein Eisenmangel kann zunächst zu einer Anämie führen, einer Erkrankung, bei der die Anzahl der roten Blutkörperchen oder der Hämoglobinspiegel im Blut unter den Normalwert fällt. Anämie beeinträchtigt die Fähigkeit des Blutes, Sauerstoff effizient zu transportieren, was zu einer verminderten Sauerstoffversorgung der Gewebe und Organe führt, einschließlich des Gehirns. Diese eingeschränkte Sauerstoffversorgung kann erhebliche Auswirkungen auf die kognitive Leistungsfähigkeit haben.

Personen mit Eisenmangelanämie berichten häufig über Symptome wie Konzentrationsschwäche, Müdigkeit, Antriebslosigkeit und eine allgemeine Verminderung der geistigen Leistungsfähigkeit. Diese Symptome treten auf, weil das Gehirn, das auf eine konstante und ausreichende Sauerstoffzufuhr angewiesen ist, nicht mehr optimal arbeiten kann. Die kognitive Beeinträchtigung kann sich in Form von verlangsamtem Denken, Gedächtnisproblemen und einer verminderten Fähigkeit zur Problemlösung manifestieren. Dies kann sich auf den Alltag auswirken, indem es das Lernen erschwert, die Arbeitsleistung beeinträchtigt und die Lebensqualität insgesamt mindert.

Darüber hinaus spielt Eisen eine Rolle bei der Synthese von Neurotransmittern, den chemischen Botenstoffen im Gehirn, die für die Signalübertragung zwischen Nervenzellen verantwortlich sind. Ein Mangel an Eisen kann daher auch das Gleichgewicht und die Effizienz dieser Neurotransmitter beeinflussen, was möglicherweise zu weiteren neuropsychologischen Symptomen führen kann.

In Anbetracht dieser entscheidenden Funktionen ist es wichtig, auf eine ausreichende Eisenzufuhr zu achten, um die kognitive Gesundheit zu unterstützen. Eisenreiche Lebensmittel wie rotes Fleisch, Hülsenfrüchte, dunkelgrünes Blattgemüse und bestimmte Vollkornprodukte sollten regelmäßig in die Ernährung integriert werden. In einigen Fällen kann auch die Einnahme von Eisenpräparaten unter ärztlicher Aufsicht notwendig sein, um einem Mangel effektiv entgegenzuwirken und die geistige Leistungsfähigkeit zu erhalten.

Ähnlich verhält es sich mit den B-Vitaminen, B-Vitamine spielen eine wesentliche Rolle im menschlichen Körper und sind besonders wichtig für die Gesundheit des Nervensystems. Insbesondere die Vitamine B6, B9 (auch bekannt als Folsäure) und B12 sind entscheidend für die Produktion von Neurotransmittern. Diese chemischen Botenstoffe sind für die Übertragung von Informationen zwischen Nervenzellen verantwortlich und beeinflussen somit direkt die Kommunikationsprozesse im Gehirn.

Vitamin B6 ist an der Synthese von Neurotransmittern wie Serotonin, Dopamin und Gamma-Aminobuttersäure (GABA) beteiligt, die alle eine wichtige Rolle in der Regulierung von Stimmung, Schlaf und Verhalten spielen. Ein Mangel an Vitamin B6 kann daher zu Störungen in diesen Bereichen führen.

Folsäure, oder Vitamin B9, ist wichtig für die DNA-Synthese und Zellteilung, was insbesondere in Phasen schnellen Wachstums und hoher Zellaktivität von Bedeutung ist. Im Gehirn unterstützt Folsäure die Bildung von Neurotransmittern und ist somit wesentlich für die kognitive Funktion und das Gedächtnis.

Vitamin B12 ist ebenfalls unerlässlich für die Gesundheit des Nervensystems. Es trägt zur Bildung der Myelinscheiden bei, die die Nervenfasern umgeben und schützen, und ist an der Synthese von Neurotransmittern beteiligt. Ein Mangel an Vitamin B12 kann zu neurologischen und psychiatrischen Symptomen wie Gedächtnisstörungen, Konzentrationsschwierigkeiten und sogar Depressionen führen.

Ein Mangel an diesen wichtigen B-Vitaminen kann mit einem erhöhten Risiko für kognitive Beeinträchtigungen und neurodegenerative Erkrankungen wie Demenz in Verbindung gebracht werden. Studien haben gezeigt, dass eine unzureichende Versorgung mit B6, B9 und B12 das Risiko für solche Erkrankungen erhöhen kann, da diese Vitamine für die Integrität und Funktion des Gehirns unerlässlich sind.

Daher ist eine ausreichende Versorgung mit B-Vitaminen entscheidend für die Aufrechterhaltung einer gesunden Gehirnfunktion. Eine ausgewogene Ernährung, die reich an B-Vitaminen ist, kann helfen, das Risiko von kognitiven Beeinträchtigungen zu reduzieren und die Gehirngesundheit im Alter zu unterstützen. Gute Quellen für diese Vitamine sind unter anderem Fleisch, Fisch, Eier, Milchprodukte, grünes Blattgemüse, Hülsenfrüchte und angereicherte Getreideprodukte.

Eine ausgewogene Ernährung, die reich an essenziellen Nährstoffen ist, spielt eine entscheidende Rolle für die geistige Gesundheit. Sie trägt nicht nur dazu bei, die unmittelbare kognitive Leistungsfähigkeit zu unterstützen, sondern hat auch langfristige Auswirkungen auf die Prävention von neurodegenerativen Erkrankungen. Daher ist es von besonderer Bedeutung, eine abwechslungsreiche und ausgewogene Ernährung zu pflegen, die alle notwendigen Nährstoffe in ausreichender Menge liefert. Eine solche Ernährungsweise ist nicht nur wichtig für unsere körperliche Gesundheit, sondern auch für unser geistiges Wohlbefinden. Indem wir bewusst darauf achten, was wir zu uns nehmen, haben wir die Möglichkeit, die Leistungsfähigkeit und Gesundheit unseres Gehirns erheblich zu beeinflussen und zu fördern. Durch eine durchdachte Ernährung können wir also einen bedeutenden Beitrag zur Erhaltung und Verbesserung unserer geistigen Fähigkeiten leisten.

Tipps zur Verbesserung der Ernährungsgewohnheiten im hektischen Führungsalltag

Für viele Führungskräfte stellt der hektische Alltag eine große Herausforderung dar, wenn es darum geht, gesunde Ernährungsgewohnheiten aufrechtzuerhalten. Meetings, Geschäftsreisen und lange Arbeitszeiten können dazu führen, dass man zu ungesunden Snacks greift oder Mahlzeiten überspringt. Dennoch gibt es einige Strategien, die helfen können, die Ernährung auch in stressigen Zeiten zu optimieren.

Planung ist der Schlüssel: Eine umfassendere Strategie für gesundes Essen beginnt mit sorgfältiger Planung, die als Fundament für eine ausgewogene Ernährung dient. Indem Sie Ihre Mahlzeiten im Voraus planen, schaffen Sie nicht nur Struktur in Ihrem täglichen Essverhalten, sondern legen auch den Grundstein für eine nachhaltige, gesunde Lebensweise.

1. Setzen Sie sich klare Ziele: Überlegen Sie, welche gesundheitlichen Ziele Sie erreichen möchten, sei es Gewichtsabnahme, Muskelaufbau, Verbesserung der allgemeinen Gesundheit oder spezifische diätetische

Anforderungen. Diese Ziele werden Ihre Planung beeinflussen und Ihnen helfen, sich auf das Wesentliche zu konzentrieren.

2. Wochenplanung: Nehmen Sie sich einmal pro Woche Zeit, um Ihre Mahlzeiten und Snacks für die nächsten sieben Tage zu planen. Entscheiden Sie, welche Rezepte Sie ausprobieren möchten, und stellen Sie sicher, dass diese ausgewogen sind und alle notwendigen Nährstoffe enthalten. Berücksichtigen Sie dabei auch Ihre beruflichen und privaten Verpflichtungen, um realistische Pläne zu erstellen.

3. Einkaufsliste erstellen: Nachdem Sie Ihre Mahlzeiten geplant haben, erstellen Sie eine detaillierte Einkaufsliste. So vermeiden Sie impulsive Käufe von ungesunden Lebensmitteln und stellen sicher, dass Sie alle Zutaten zur Hand haben, die Sie für Ihre Mahlzeiten benötigen. Dies spart nicht nur Zeit, sondern auch Geld.

4. Meal Prepping: Widmen Sie einen Tag der Woche der Vorbereitung Ihrer Mahlzeiten. Kochen Sie größere Portionen, die Sie im Laufe der Woche verzehren können. Lagern Sie die Mahlzeiten in Einzelportionen im Kühlschrank oder Gefrierschrank, um sie bei Bedarf schnell aufzuwärmen. Dies erleichtert es, gesunde Entscheidungen zu treffen, auch wenn Sie wenig Zeit haben.

5. Snacks vorbereiten: Bereiten Sie auch gesunde Snacks wie geschnittenes Obst, Gemüse, Nüsse oder Joghurt vor, die leicht mitzunehmen sind. Diese Snacks sind ideal für unterwegs und helfen, den Hunger zwischen den Mahlzeiten zu stillen, sodass Sie weniger in Versuchung geraten, ungesunde Alternativen zu wählen.

6. Flexibilität bewahren: Trotz aller Planung ist es wichtig, flexibel zu bleiben. Unvorhergesehene Ereignisse können eintreten, daher ist es hilfreich, immer ein paar einfache, gesunde Optionen zur Hand zu haben, die Sie schnell zubereiten können.

7. Regelmäßige Überprüfung: Evaluieren Sie regelmäßig Ihre Pläne und passen Sie sie bei Bedarf an. Vielleicht entdecken Sie neue Rezepte, die Ihnen gefallen, oder Ihre gesundheitlichen Ziele ändern sich. Kontinuierliche Anpassungen helfen, die Motivation aufrechtzuerhalten und die Ernährungsgewohnheiten langfristig zu verbessern.

Indem Sie diese Strategie verfolgen, schaffen Sie eine solide Grundlage für gesundes Essen, die Ihnen hilft, spontane ungesunde Entscheidungen zu vermeiden und Ihre Ernährung nachhaltig zu verbessern.

.

Gesunde Snacks griffbereit halten: Um eine nachhaltige und ausgewogene Ernährung zu fördern, ist es wichtig, gesunde Snacks jederzeit griffbereit zu haben. Dies kann dabei helfen, Heißhungerattacken zu vermeiden und sicherzustellen, dass der Körper kontinuierlich mit wichtigen Nährstoffen versorgt wird. Hier sind einige detaillierte Schritte und Tipps, um diese Strategie effektiv umzusetzen:

1. **Vielfalt der Snacks:**

   o **Nüsse:** Mandeln, Walnüsse, Cashewnüsse oder Pistazien sind hervorragende Quellen für gesunde Fette, Eiweiß und Ballaststoffe. Sie halten länger satt und sind einfach zu portionieren.

   o **Trockenfrüchte:** Getrocknete Aprikosen, Datteln oder Rosinen bieten eine natürliche Süße und sind reich an Ballaststoffen, Vitaminen und Mineralien. Achten Sie darauf, ungesüßte Varianten zu wählen.

- ○ **Joghurt:** Naturjoghurt oder griechischer Joghurt sind proteinreich und unterstützen die Darmgesundheit durch probiotische Kulturen. Kombinieren Sie sie mit frischen Früchten oder einem Löffel Honig für zusätzlichen Geschmack.

2. **Vorbereitung und Lagerung:**

- ○ **Portionierung:** Teilen Sie Snacks in kleine Portionen auf, um übermäßiges Essen zu vermeiden. Verwenden Sie kleine Behälter oder wiederverschließbare Beutel für eine einfache Mitnahme.

- ○ **Lagerung:** Bewahren Sie Snacks an gut erreichbaren Orten auf, wie in der Küche, im Büro oder in der Handtasche. So sind sie immer zur Hand, wenn der Hunger kommt.

3. **Planung und Einkauf:**

   o **Einkaufslisten:** Erstellen Sie vor dem Einkauf eine Liste mit gesunden Snack-Optionen, um Versuchungen zu widerstehen und impulsive Einkäufe zu vermeiden.

   o **Vorratshaltung:** Halten Sie einen kleinen Vorrat an gesunden Snacks zu Hause, sodass Sie immer eine Auswahl zur Verfügung haben, ohne ständig nachkaufen zu müssen.

4. **Bewusstsein für Portionsgrößen:**

   o Achten Sie darauf, die Portionsgrößen im Auge zu behalten, insbesondere bei kalorienreicheren Snacks wie Nüssen. Eine kleine Handvoll reicht oft aus, um den Hunger zu stillen.

5. **Integration in den Alltag:**

   o **Routine:** Integrieren Sie das Snacken in Ihre tägliche Routine, um Ihren Energiehaushalt stabil zu halten. Essen Sie beispielsweise einen gesunden

Snack zwischen den Hauptmahlzeiten, um Leistungstiefs zu vermeiden.

- ○ **Achtsamkeit:** Nehmen Sie sich Zeit, Ihren Snack zu genießen. Achtsames Essen kann helfen, das Sättigungsgefühl besser wahrzunehmen und übermäßiges Essen zu verhindern.

6. **Anpassung an persönliche Bedürfnisse:**

- ○ Berücksichtigen Sie persönliche Vorlieben und Ernährungsbedürfnisse. Wenn Sie beispielsweise Laktoseintoleranz haben, wählen Sie laktosefreie Joghurt-Optionen.

Indem Sie diese Schritte in Ihre tägliche Routine integrieren, können Sie nicht nur Heißhungerattacken vermeiden, sondern auch langfristig zu einer gesünderen Ernährung beitragen. Diese Strategie hilft dabei, den Energielevel stabil zu halten und das Gehirn mit den notwendigen Nährstoffen zu versorgen, die es für optimale Leistung benötigt.

Regelmäßige Mahlzeiten einplanen:
Regelmäßige Mahlzeiten sind ein wesentlicher
Bestandteil einer gesunden Ernährung und spielen
aus mehreren Gründen eine bedeutende Rolle. Sie
helfen, den Blutzuckerspiegel stabil zu halten,
was Schwankungen vermeidet, die zu
Heißhungerattacken und Überessen führen
können. Solche Schwankungen könnten langfristig
zu Gewichtszunahme und anderen
gesundheitlichen Problemen beitragen. Zudem
stellen regelmäßige Mahlzeiten sicher, dass der
Körper kontinuierlich mit wichtigen Nährstoffen
versorgt wird, insbesondere mit Vitaminen und
Mineralstoffen, die nicht langfristig gespeichert
werden können. Auch der Energielevel wird durch
regelmäßiges Essen konstant gehalten, was
sowohl die körperliche als auch die geistige
Leistungsfähigkeit unterstützt und dazu beitragen
kann, die Konzentration zu verbessern und
Müdigkeit zu vermeiden.

Weiterhin unterstützen regelmäßige Mahlzeiten
die Gewichtskontrolle, indem sie unkontrolliertes
Snacking und übermäßiges Essen zu bestimmten
Tageszeiten verhindern. Sie fördern das
Sättigungsgefühl und helfen, Portionsgrößen im
Auge zu behalten. Ein regelmäßiger

Essensrhythmus kann zudem die Verdauungsgesundheit fördern, da der Magen-Darm-Trakt auf eine regelmäßige Nahrungsaufnahme eingestellt ist, was Verdauungsprobleme wie Blähungen oder Verstopfung reduzieren kann. Schließlich helfen regelmäßige Mahlzeiten dabei, gesunde Essgewohnheiten und Routinen zu etablieren, was besonders in stressigen Zeiten wichtig ist, wenn die Versuchung, ungesunde Lebensmittel zu wählen, größer ist.

Insgesamt tragen regelmäßige Mahlzeiten dazu bei, eine ausgewogene und kontrollierte Ernährung zu gewährleisten, die für die allgemeine Gesundheit und das Wohlbefinden von entscheidender Bedeutung ist.

Hydration nicht vergessen: Hydration ist ein wesentlicher Bestandteil unserer täglichen Gesundheit und Wohlbefindens, der oft unterschätzt wird. Der menschliche Körper besteht zu einem großen Teil aus Wasser, und es ist entscheidend, diesen Wasserhaushalt durch regelmäßiges Trinken aufrechtzuerhalten. Oftmals wird jedoch das Trinken von ausreichend Wasser im hektischen Alltag vernachlässigt. Es ist wichtig, sich bewusst zu machen, dass Dehydration, also der Zustand, in dem der Körper nicht genug Wasser hat, um normal zu funktionieren, schwerwiegende Folgen haben kann. Diese reichen von Kopfschmerzen und Müdigkeit bis hin zu Konzentrationsschwäche und in extremen Fällen sogar zu gesundheitlichen Komplikationen.

Um sicherzustellen, dass Sie ausreichend hydriert bleiben, ist es ratsam, immer eine Flasche Wasser bei sich zu haben. Dies erleichtert es, regelmäßig kleine Mengen über den Tag verteilt zu trinken, anstatt nur dann zu trinken, wenn Sie Durst verspüren, da Durst ein spätes Signal für Dehydration sein kann. Eine gute Faustregel ist es, etwa acht Gläser Wasser pro Tag zu trinken, obwohl dies je nach individuellen Bedürfnissen und körperlicher Aktivität variieren kann. Auch die Umgebungstemperatur und die Luftfeuchtigkeit spielen eine Rolle in Ihrem täglichen Wasserbedarf.

Darüber hinaus ist es wichtig, auf die Signale Ihres Körpers zu hören. Dunkler Urin, trockene Haut und ein trockener Mund können Anzeichen dafür sein, dass Sie mehr Flüssigkeit benötigen. Besonders bei körperlicher Anstrengung oder hohen Temperaturen sollten Sie darauf achten, Ihren Wasserverbrauch zu erhöhen, da der Körper mehr Flüssigkeit verliert. Letztendlich trägt eine gute Hydration nicht nur zu Ihrer körperlichen Gesundheit bei, sondern verbessert auch Ihre geistige Leistungsfähigkeit und Ihr allgemeines Wohlbefinden.

Achtsam essen: Nehmen Sie sich bewusst Zeit für Ihre Mahlzeiten und schaffen Sie eine Umgebung, in der Sie ungestört und ohne Ablenkungen essen können. Dies bedeutet, dass Sie elektronische Geräte wie Fernseher, Smartphones oder Computer beiseitelegen und sich ausschließlich auf das Essen konzentrieren. Beginnen Sie damit, das Essen mit all Ihren Sinnen wahrzunehmen: Betrachten Sie die Farben und die Präsentation der Speisen, riechen Sie die Aromen und nehmen Sie die verschiedenen Texturen wahr, während Sie kauen.

Indem Sie langsam und bewusst essen, können Sie nicht nur den Geschmack und die Qualität der Lebensmittel mehr schätzen, sondern auch Ihrem Körper die Gelegenheit geben, zu signalisieren, wann er satt ist. Dies kann dazu führen, dass Sie weniger essen und ein besseres Gespür für die Bedürfnisse Ihres Körpers entwickeln. Darüber hinaus kann achtsames Essen die Verdauung unterstützen, da gründliches Kauen die Nahrung besser zerkleinert und den Verdauungsprozess erleichtert.

Ein weiterer positiver Aspekt des achtsamen Essens ist die emotionale Komponente. Es fördert eine gesunde Beziehung zum Essen, indem es hilft, emotionales Essen zu reduzieren. Wenn Sie sich der Gründe bewusst werden, warum Sie essen – sei es aus Hunger, Langeweile oder Stress – können Sie bessere Entscheidungen treffen und Ihre Essgewohnheiten langfristig verbessern. Achtsames Essen erfordert Übung und Geduld, aber es kann einen bedeutenden Beitrag zu Ihrem allgemeinen Wohlbefinden leisten.

Der Einfluss von Hydration und Nährstoffen auf die Leistungsfähigkeit

Hydration ist ein oft übersehener, aber wesentlicher Aspekt der Ernährung, der erheblichen Einfluss auf die Leistungsfähigkeit hat. Wasser ist an nahezu allen Körperfunktionen beteiligt, einschließlich der

Regulation der Körpertemperatur, des Transports von Nährstoffen und der Entsorgung von Abfallstoffen. Bereits ein geringer Flüssigkeitsverlust kann zu einer Beeinträchtigung der Konzentration, Müdigkeit und Kopfschmerzen führen. Eine ausreichende Flüssigkeitszufuhr ist daher entscheidend für die Aufrechterhaltung der kognitiven Leistungsfähigkeit.

Neben der Hydration spielt die Zufuhr von essenziellen Nährstoffen eine wichtige Rolle. Kohlenhydrate, Proteine und Fette liefern die notwendige Energie und Bausteine für den Körper. Kohlenhydrate sind die Hauptenergiequelle für das Gehirn, während Proteine Aminosäuren liefern, die für die Synthese von Neurotransmittern erforderlich sind. Fette, insbesondere ungesättigte Fettsäuren, sind wichtig für die Struktur der Zellmembranen und die Isolation der Nervenzellen.

Vitamine und Mineralstoffe sind ebenfalls unerlässlich. B-Vitamine sind an der Energieproduktion beteiligt und unterstützen die Gehirnfunktion. Vitamin D, das oft als Sonnenvitamin bezeichnet wird, spielt eine Rolle bei der Regulierung von Kalzium und unterstützt die Gesundheit von Knochen und Muskeln, was wiederum die allgemeine Leistungsfähigkeit beeinflusst.

Ein ausgewogenes Zusammenspiel dieser Nährstoffe bildet die Grundlage für eine optimale körperliche und geistige Leistungsfähigkeit. Indem Führungskräfte auf eine ausgewogene Ernährung und ausreichende Hydration achten, können sie nicht nur ihre eigene Leistungsfähigkeit steigern, sondern auch als Vorbild für ihre Mitarbeiter dienen.

Zusammenfassend lässt sich sagen, dass eine ausgewogene Ernährung und ausreichende Hydration essenziell für die kognitive Leistungsfähigkeit sind. Durch bewusste Planung und die Implementierung gesunder Gewohnheiten können auch vielbeschäftigte Führungskräfte sicherstellen, dass sie die notwendige Energie und Nährstoffe erhalten, um sowohl den täglichen Herausforderungen als auch den langfristigen Anforderungen ihrer Rolle gerecht zu werden. Eine solche Herangehensweise fördert nicht nur die persönliche Gesundheit und das Wohlbefinden, sondern kann auch die Produktivität und Kreativität im beruflichen Umfeld erheblich steigern.

Kapitel 5:

Work-Life-Balance und ihre Rolle in der Führung

In der modernen Geschäftswelt, in der Technologie eine ständige Erreichbarkeit ermöglicht und die Erwartungen an Führungskräfte stetig steigen, ist die Work-Life-Balance zu einem zentralen Thema geworden. Führungskräfte stehen vor der Herausforderung, berufliche Anforderungen mit persönlichen Bedürfnissen in Einklang zu bringen, um nicht nur ihre eigene Gesundheit und ihr Wohlbefinden zu sichern, sondern auch die Effektivität und Motivation ihrer Teams zu fördern. Dieses Kapitel beleuchtet Strategien zur Balance von Berufs- und Privatleben, die Bedeutung von Erholung und Schlaf für die Führungsfähigkeit sowie Techniken zur Prioritätensetzung und Delegation.

Strategien zur Balance von Berufs- und Privatleben

Die Balance zwischen Berufs- und Privatleben ist essenziell, um langfristige Gesundheit und Leistungsfähigkeit zu gewährleisten. Führungskräfte müssen gezielt Strategien entwickeln, um den Anforderungen aus beiden Bereichen gerecht zu werden. Diese Balance ist nicht nur wichtig für das persönliche Wohlbefinden, sondern auch für die langfristige Gesundheit und Leistungsfähigkeit.

Effektives Zeitmanagement und Flexibilität

Effektives Zeitmanagement und Flexibilität sind wesentliche Komponenten für die Erreichung einer harmonischen Work-Life-Balance, die sowohl berufliche als auch persönliche Zufriedenheit ermöglicht. Eine der zentralen Strategien, die zur Förderung dieser Balance eingesetzt werden kann, ist das effektive Zeitmanagement. Dieses Konzept basiert auf der Fähigkeit, Aufgaben klar zu priorisieren, um sicherzustellen, dass alle Verpflichtungen, sei es im beruflichen Umfeld oder im privaten Leben, erfolgreich und rechtzeitig erfüllt werden können.

Um dies zu erreichen, sollten Führungskräfte und Arbeitnehmer gleichermaßen in der Lage sein, einen detaillierten und durchdachten Zeitplan zu erstellen. Ein solcher Zeitplan sollte feste Zeitfenster für verschiedene berufliche Aufgaben und persönliche Aktivitäten vorsehen. Dadurch wird gewährleistet, dass keine wichtigen Verpflichtungen übersehen werden und sowohl der berufliche als auch der private Bereich ausreichend berücksichtigt werden.

Besonders wichtig ist es, in diesem Zeitplan auch Pufferzeiten einzuplanen. Diese Pufferzeiten dienen dazu, flexibel auf unvorhergesehene Ereignisse reagieren zu können, die im Laufe eines Tages auftreten können. Solche Ereignisse könnten beispielsweise dringende berufliche Anfragen, unerwartete Meetings oder persönliche Notfälle umfassen. Indem man Zeitpuffer einplant, bleibt genügend Spielraum, um solche Situationen gelassen und ohne zusätzlichen Stress zu bewältigen.

Flexibilität ist in diesem Zusammenhang von entscheidender Bedeutung. Im Laufe der Zeit wird in jedem Bereich des Lebens mit Sicherheit einmal etwas Unerwartetes geschehen. Sowohl im Beruf als auch im privaten Umfeld können Situationen auftreten, die eine Anpassung des ursprünglichen Zeitplans erfordern. Die Fähigkeit, flexibel zu sein und den Zeitplan bei Bedarf anzupassen, stellt sicher, dass man trotz unvorhergesehener Ereignisse effektiv und effizient bleibt.

Effektives Zeitmanagement in Kombination mit der notwendigen Flexibilität ermöglicht es, sowohl den beruflichen als auch den persönlichen Anforderungen gerecht zu werden. Durch die sorgfältige Planung und Priorisierung von Aufgaben sowie die Bereitschaft, sich an veränderte Umstände anzupassen, kann eine ausgewogene Work-Life-Balance erreicht werden, die zu einem erfüllteren und stressfreieren Leben führt.

Klare Grenzen setzen

Das Setzen klarer Grenzen zwischen Beruf und Privatleben ist ein zentraler Bestandteil einer gesunden Work-Life-Balance. Es geht darum, bewusst und konsequent Trennlinien zu ziehen, die helfen, den ständigen Fluss von beruflichen Verpflichtungen in das Privatleben zu verhindern. Eine effektive Methode, diese Grenzen zu etablieren, besteht darin, feste Arbeitszeiten festzulegen. Diese sollten nicht nur definiert, sondern auch strikt eingehalten werden, um Überarbeitung und Stress zu vermeiden. Es ist wichtig, dass diese Zeiten als verbindlich betrachtet werden, ähnlich wie ein verbindlicher Termin, den man nicht einfach verschieben kann.

Darüber hinaus sollte man sich bewusst entscheiden, außerhalb dieser festgelegten Arbeitszeiten nicht für berufliche Anfragen zur Verfügung zu stehen. Das bedeutet, dass man sich von der Versuchung löst, ständig E-Mails zu checken oder Anrufe entgegenzunehmen, die in die persönliche Zeit eingreifen könnten. Diese Entscheidung erfordert ein hohes Maß an Selbstdisziplin, da es in der heutigen, digital vernetzten Welt leicht ist, sich ständig verfügbar zu fühlen.

Eine klare Kommunikation dieser Grenzen gegenüber Kollegen und Mitarbeitern ist ebenfalls entscheidend. Es sollte offen und respektvoll erläutert werden, wann man erreichbar ist und wann nicht. Dies hilft, Missverständnisse zu vermeiden und sorgt dafür, dass alle Beteiligten die Erwartungen kennen und respektieren.

Führungskräfte spielen hierbei eine besonders wichtige Rolle. Sie sollten nicht nur für sich selbst klare Grenzen setzen, sondern diese auch an ihre Teams kommunizieren. Indem sie die Einhaltung dieser Grenzen respektieren und fördern, tragen sie dazu bei, eine Unternehmenskultur zu schaffen, die das Gleichgewicht zwischen Arbeit und Privatleben wertschätzt. Dies kann langfristig zu einer höheren Zufriedenheit und Produktivität der Mitarbeiter führen, da diese sich sowohl im Beruf als auch im Privatleben ausgeglichener fühlen.

Insgesamt fördert das Setzen klarer Grenzen eine Arbeitsumgebung, in der die Bedürfnisse der

Mitarbeiter ernst genommen werden, was letztlich zu einem harmonischeren und effektiveren Arbeitsumfeld beiträgt.

Bewusster Umgang mit Technologie

Ein bewusster Umgang mit Technologie ist in der heutigen Arbeitswelt von entscheidender Bedeutung. Technologie hat unsere Arbeitsweise revolutioniert und bietet zahlreiche Vorteile, wie die Möglichkeit, effizienter zu kommunizieren, Informationen schnell zu verarbeiten und Projekte mit größerer Präzision zu verwalten. Dennoch birgt der allgegenwärtige Einsatz von Technologie auch Herausforderungen, insbesondere wenn es um die Grenzen zwischen Berufs- und Privatleben geht.

Führungskräfte stehen vor der Aufgabe, Technologie nicht nur als Werkzeug zur Effizienzsteigerung zu betrachten, sondern auch als potenzielle Quelle von Stress und Ablenkung. Um die Vorteile der Technologie voll auszuschöpfen, ist es wichtig, sie bewusst und gezielt einzusetzen. Dies bedeutet, dass Führungskräfte sich aktiv damit auseinandersetzen müssen, welche technologischen Hilfsmittel für ihre spezifischen Aufgaben am nützlichsten sind und wie sie diese optimal in ihren Arbeitsalltag integrieren können.

Gleichzeitig ist es von großer Bedeutung, sich von der Vorstellung der ständigen Erreichbarkeit zu verabschieden. Die Fähigkeit, jederzeit E-Mails zu beantworten oder Anrufe entgegenzunehmen, kann zwar kurzfristig nützlich erscheinen, führt jedoch langfristig zu erhöhter Belastung und verminderter Produktivität. Um dem entgegenzuwirken, sollten Führungskräfte bewusst Zeiten einplanen, in denen die Nutzung von Technologie eingeschränkt wird. Dies kann durch das Einführen von technikfreien Zeiten geschehen, in denen keine Kommunikation über digitale Kanäle erfolgt. Solche Zeiten ermöglichen es, sich ohne Ablenkung auf wichtige Aufgaben zu konzentrieren oder einfach nur zu entspannen und den Geist zu erfrischen.

Ein weiterer hilfreicher Ansatz ist das Deaktivieren von Benachrichtigungen außerhalb der Arbeitszeiten. In einer Welt, in der Smartphones und Laptops ständig vibrieren und piepen, ist es leicht, sich von der Flut an Informationen überwältigt zu fühlen. Durch das gezielte Abschalten von Benachrichtigungen können Führungskräfte sicherstellen, dass sie ihre Erholungsphasen tatsächlich für Entspannung und persönliche Aktivitäten nutzen, anstatt sich weiterhin mit Arbeitsanforderungen zu beschäftigen.

Die Balance zwischen Berufs- und Privatleben zu finden, erfordert eine bewusste und strategische Herangehensweise. Führungskräfte, die bereit sind, klare Grenzen zu setzen und Technologie mit Bedacht einzusetzen, werden nicht nur eine höhere Lebenszufriedenheit und bessere Gesundheit erfahren. Sie werden auch langfristig erfolgreicher in ihrer beruflichen Rolle agieren können, da sie ausgeruhter, konzentrierter und kreativer sind. Letztlich trägt ein bewusster Umgang mit Technologie dazu bei, dass Führungskräfte sowohl in ihrer beruflichen als auch in ihrer persönlichen Entwicklung wachsen können.

Die Rolle der Erholung und des Schlafs für die Führungsfähigkeit

In der heutigen schnelllebigen und oft hektischen Welt der Geschäftswelt ist die Rolle von Erholung und Schlaf für die Führungsfähigkeit wichtiger denn je. Führungskräfte stehen unter ständigem Druck, hohe Leistungen zu erbringen, strategische Entscheidungen zu treffen und Teams effektiv zu leiten. In diesem Zusammenhang können Erholung und Schlaf nicht nur die körperliche Gesundheit, sondern auch die mentale Leistungsfähigkeit und emotionale Stabilität erheblich beeinflussen. Diese beiden Faktoren sind entscheidend für die Fähigkeit einer Führungskraft, in ihrem Beruf erfolgreich zu sein und langfristig nachhaltige Ergebnisse zu erzielen.

Bedeutung von Erholung

Regelmäßige Erholungsphasen sind von entscheidender Bedeutung, um Stress abzubauen und die mentale Gesundheit zu fördern. In der Führungsebene ist es oft leicht, sich in der Hektik des Alltags zu verlieren und die Bedeutung von Pausen zu unterschätzen. Doch gerade in solch anspruchsvollen Positionen ist es wichtig, sich bewusst Zeit für Erholung zu nehmen. Erholungsphasen ermöglichen es dem Körper und Geist, sich von den täglichen Belastungen zu erholen und neue Energie zu tanken. Dies ist nicht nur für das individuelle Wohlbefinden von Bedeutung, sondern auch für die allgemeine Leistungsfähigkeit und Effektivität als Führungskraft.

Führungskräfte sollten sich aktiv Pausen im Arbeitsalltag schaffen. Diese Pausen können in Form von kurzen Unterbrechungen während des Arbeitstages erfolgen, aber auch als längere Auszeiten, wie Wochenendtrips oder Urlaube, geplant werden. Die Kunst besteht darin, diese Zeiten der

Erholung bewusst zu gestalten und Aktivitäten zu
wählen, die dabei helfen, abzuschalten und den Kopf
frei zu bekommen. Dies kann auf verschiedene Weise
geschehen. Hobbys sind eine hervorragende
Möglichkeit, um sich von den Anforderungen des
Berufslebens zu lösen und neue Energie zu tanken.
Ob es sich dabei um Malen, Musizieren oder
Gartenarbeit handelt – das Wichtigste ist, dass die
gewählte Tätigkeit Freude bereitet und die Gedanken
von der Arbeit ablenkt.

Sportliche Aktivitäten sind eine weitere hervorragende
Möglichkeit, um Stress abzubauen und die
körperliche sowie geistige Gesundheit zu fördern.
Regelmäßige Bewegung kann nicht nur dazu
beitragen, körperlich fit zu bleiben, sondern auch die
Produktion von Endorphinen anregen, die als
natürliche Stimmungsaufheller wirken. Ob es sich um
Laufen, Radfahren, Yoga oder eine andere Sportart
handelt, spielt dabei keine Rolle – entscheidend ist,
dass die Aktivität Spaß macht und regelmäßig in den
Alltag integriert wird.

Meditation und Achtsamkeitsübungen sind ebenfalls
effektive Methoden, um Erholung zu finden und die
mentale Gesundheit zu fördern. Diese Techniken
helfen dabei, den Geist zu beruhigen, den Fokus zu

schärfen und die emotionale Stabilität zu stärken. Durch regelmäßige Meditation können Führungskräfte lernen, besser mit Stress umzugehen und ihre Reaktionen auf herausfordernde Situationen zu kontrollieren. Achtsamkeitsübungen fördern zudem das Bewusstsein für den gegenwärtigen Moment und helfen dabei, sich von negativen Gedankenmustern zu lösen.

Die Bedeutung von Schlaf

Neben der aktiven Erholung spielt der Schlaf eine ebenso wichtige Rolle für die Führungsfähigkeit. Ausreichender und erholsamer Schlaf ist entscheidend für die körperliche und geistige Regeneration. Während des Schlafs durchläuft der Körper verschiedene Phasen, in denen wichtige Prozesse ablaufen, wie die Verarbeitung von Informationen, die Stärkung des Immunsystems und die Reparatur von Zellen und Geweben. Ein erholsamer Schlaf trägt somit zur allgemeinen Gesundheit und Leistungsfähigkeit bei.

Für Führungskräfte, die täglich komplexe Entscheidungen treffen müssen und oft unter hohem Druck arbeiten, ist ein gesunder Schlaf essentiell. Schlafmangel kann zu einer Vielzahl von negativen Folgen führen, darunter verminderte

Konzentrationsfähigkeit, Reizbarkeit und eine erhöhte Anfälligkeit für Stress. Langfristig kann chronischer Schlafmangel sogar das Risiko für ernsthafte gesundheitliche Probleme erhöhen, wie Herz-Kreislauf-Erkrankungen und Depressionen.

Um die Qualität des Schlafs zu verbessern, sollten Führungskräfte darauf achten, eine regelmäßige Schlafroutine zu etablieren. Dazu gehört, jeden Tag zur gleichen Zeit ins Bett zu gehen und aufzustehen, auch an Wochenenden. Ein konsequenter Schlafrhythmus hilft dem Körper, seinen natürlichen Biorhythmus zu unterstützen und die innere Uhr zu stabilisieren. Darüber hinaus sollte das Schlafzimmer zu einer schlaffreundlichen Umgebung gestaltet werden. Dies umfasst Faktoren wie eine angenehme Raumtemperatur, bequeme Matratzen und Kissen sowie die Minimierung von Lärm und Lichtquellen.

Elektronische Geräte wie Smartphones und Laptops sollten mindestens eine Stunde vor dem Schlafengehen vermieden werden, da das blaue Licht dieser Geräte die Produktion des Schlafhormons Melatonin hemmen kann. Stattdessen können Entspannungstechniken wie das Lesen eines Buches, das Hören beruhigender Musik oder das Praktizieren von Atemübungen dabei helfen, den Geist auf den Schlaf vorzubereiten.

Zusammenfassend lässt sich sagen, dass Erholung und Schlaf wesentliche Komponenten einer effektiven Führung sind. Durch bewusste Pausen, körperliche Aktivitäten, Hobbys, Meditation und eine gesunde Schlafroutine können Führungskräfte nicht nur ihre körperliche Gesundheit fördern, sondern auch ihre mentale Leistungsfähigkeit und emotionale Stabilität verbessern. Indem sie auf ihre Erholung und ihren Schlaf achten, schaffen sie die Grundlage für nachhaltigen Erfolg und eine positive Arbeitsumgebung für sich selbst und ihr Team.

Techniken zur Prioritätensetzung und Delegation

Effektive Führung ist eine dynamische Fähigkeit, die kontinuierliche Anpassung und Verbesserung erfordert. Zwei wesentliche Techniken, die Führungskräfte beherrschen müssen, um ihre Effektivität zu maximieren, sind die Prioritätensetzung und die Delegation von Aufgaben. Diese beiden Fähigkeiten sind nicht nur entscheidend, um ein produktives Arbeitsumfeld zu schaffen, sondern auch, um eine gesunde Balance zwischen Berufs- und Privatleben zu gewährleisten. Ein tieferes Verständnis und die Anwendung dieser Techniken können den Unterschied zwischen einem erfolgreichen und einem überforderten Manager ausmachen.

Prioritätensetzung

Die Fähigkeit zur Prioritätensetzung ist für Führungskräfte unverzichtbar, da sie täglich mit einer Vielzahl von Aufgaben konfrontiert sind, die oft um ihre Aufmerksamkeit konkurrieren. Um effektiv zu priorisieren, müssen Führungskräfte lernen, Aufgaben nach ihrer Wichtigkeit und Dringlichkeit zu bewerten. Dies ist entscheidend, um sicherzustellen, dass ihre wertvolle Zeit und Energie den Aufgaben gewidmet wird, die den größten Einfluss auf die Erreichung der Ziele des Unternehmens oder der Abteilung haben.

Ein bewährtes Werkzeug zur Prioritätensetzung ist die Eisenhower-Matrix, benannt nach dem ehemaligen US-Präsidenten Dwight D. Eisenhower, der als Meister der Entscheidungsfindung galt. Die Matrix unterteilt Aufgaben in vier Kategorien:

1. **Dringend und wichtig**: Diese Aufgaben erfordern sofortige Aufmerksamkeit und haben hohe Priorität, da sie einen direkten Einfluss auf den Erfolg eines Projekts oder die Erfüllung wesentlicher Ziele haben. Beispiele hierfür

könnten Krisensituationen oder dringende Kundenanfragen sein.

2. **Wichtig, aber nicht dringend**: Diese Aufgaben sind entscheidend für die langfristigen Ziele und Strategien, erfordern jedoch keine sofortige Handlung. Dazu gehören strategische Planungen, Weiterbildung und Beziehungspflege. Diese Aufgaben sollten sorgfältig geplant und kontinuierlich verfolgt werden, um sicherzustellen, dass sie nicht zu dringend und wichtig werden.

3. **Dringend, aber nicht wichtig**: Diese Aufgaben müssen zwar zeitnah erledigt werden, haben jedoch keinen wesentlichen Einfluss auf die langfristigen Ziele. Häufig handelt es sich um Unterbrechungen oder Anfragen, die delegiert werden können, um die eigene Arbeitslast zu verringern.

4. **Weder dringend noch wichtig**: Diese Aufgaben tragen weder zum unmittelbaren noch zum langfristigen Erfolg bei und sollten nach Möglichkeit vermieden oder minimiert werden. Sie sind oft Zeitfresser, die es zu eliminieren gilt.

Die Anwendung der Eisenhower-Matrix hilft Führungskräften, ihre Aufgaben systematisch zu bewerten und ihre Zeit effektiv zu managen. Dadurch wird sichergestellt, dass die wichtigsten Aufgaben die verdiente Aufmerksamkeit erhalten und weniger wichtige Aufgaben entweder delegiert oder gestrichen werden.

Delegation von Aufgaben

Delegation ist eine weitere Schlüsselkompetenz für Führungskräfte und geht Hand in Hand mit der Prioritätensetzung. Eine effektive Delegation ermöglicht es Führungskräften, Verantwortung zu teilen und das volle Potenzial ihrer Teammitglieder zu nutzen. Dies ist nicht nur entscheidend für die Steigerung der Effizienz, sondern auch für die Teamentwicklung und Motivation.

Um erfolgreich zu delegieren, müssen Führungskräfte zunächst Vertrauen in die Fähigkeiten ihrer Mitarbeiter haben. Dieses Vertrauen ist die Grundlage für eine offene Kommunikation und die Bereitschaft, Kontrolle abzugeben. Es ist wichtig, die Stärken und Schwächen der Teammitglieder zu kennen, um Aufgaben entsprechend ihrer Fähigkeiten und Entwicklungsziele zuzuweisen.

Ein wesentlicher Aspekt der Delegation ist die klare und präzise Kommunikation der Erwartungen und Ziele. Führungskräfte sollten sicherstellen, dass die delegierte Aufgabe gut verstanden wird und die Mitarbeiter über die notwendigen Ressourcen und Unterstützung verfügen, um sie erfolgreich abzuschließen. Regelmäßige Check-ins und Feedback sind ebenfalls wichtig, um den Fortschritt zu überwachen und bei Bedarf Unterstützung zu bieten, ohne dabei die Autonomie des Mitarbeiters zu untergraben.

Delegation fördert nicht nur die persönliche Work-Life-Balance der Führungskraft, indem sie deren Arbeitsbelastung reduziert, sondern trägt auch zur Entwicklung und Motivation des Teams bei. Wenn Teammitglieder Verantwortung übernehmen und erfolgreich abschließen können, gewinnen sie an Selbstvertrauen und entwickeln neue Fähigkeiten. Dies führt zu einer höheren Arbeitszufriedenheit und fördert eine Kultur des Vertrauens und der Zusammenarbeit im Team.

Darüber hinaus ermöglicht die Delegation Führungskräften, sich auf strategische Aufgaben zu konzentrieren, die eine höhere Priorität haben und direkten Einfluss auf den langfristigen Erfolg des

Unternehmens haben. Durch die richtige Balance zwischen Delegation und Prioritätensetzung können Führungskräfte sicherstellen, dass sowohl die kurzfristigen als auch die langfristigen Ziele effektiv erreicht werden.

Die Beherrschung der Techniken zur Prioritätensetzung und Delegation ist entscheidend für die Effektivität einer Führungskraft. Indem sie lernen, ihre Aufgaben systematisch zu organisieren und Verantwortung effektiv zu delegieren, können Führungskräfte nicht nur ihre eigene Leistung maximieren, sondern auch das Potenzial ihres Teams voll ausschöpfen. Diese Fähigkeiten tragen nicht nur zu einem produktiven Arbeitsumfeld bei, sondern auch zu einer ausgewogenen Work-Life-Balance, die für das Wohlbefinden und den langfristigen Erfolg von Führungskräften und ihren Teams entscheidend ist.

Die Work-Life-Balance ist ein vielschichtiges und persönliches Konzept, das sich nicht einfach in einem starren Rahmen definieren lässt. Es erfordert vielmehr eine kontinuierliche Anpassung an die sich ständig verändernden Lebens- und Arbeitsbedingungen. Jeder Mensch hat unterschiedliche Bedürfnisse und Prioritäten, die sich im Laufe der Zeit wandeln können. Daher ist es wichtig, dass sowohl Individuen als auch Organisationen flexibel und anpassungsfähig bleiben, um ein ausgewogenes Verhältnis zwischen beruflichen Anforderungen und privaten Interessen zu gewährleisten.

Führungskräfte, die aktiv Strategien entwickeln, um eine Balance zwischen Beruf und Privatleben zu fördern, spielen hierbei eine entscheidende Rolle. Sie verstehen, dass ihre eigene Fähigkeit, Berufliches und Privates in Einklang zu bringen, maßgeblich dazu beiträgt, wie effektiv sie ihre Teams führen können. Diese Führungspersönlichkeiten nehmen sich bewusst Zeit für ihre eigene Erholung und achten darauf, ausreichend Schlaf zu bekommen, da dies direkte Auswirkungen auf ihre Entscheidungsfähigkeit und ihr allgemeines Wohlbefinden hat.

Darüber hinaus beherrschen sie Techniken der Prioritätensetzung und der Delegation. Indem sie lernen, welche Aufgaben wirklich wichtig sind und welche sie delegieren können, schaffen sie Raum für sich selbst und ihr Team, um sich auf die wesentlichen Aspekte der Arbeit zu konzentrieren. Das Wissen, Aufgaben effektiv zu delegieren, fördert nicht nur die eigene Entlastung, sondern stärkt auch das Vertrauen und die Kompetenz der Teammitglieder.

Insgesamt trägt diese bewusste Herangehensweise zu einer nachhaltigeren und erfolgreicheren Führungspraxis bei. Führungskräfte, die ihre eigene Work-Life-Balance aktiv gestalten und gleichzeitig die Bedürfnisse ihres Teams im Blick haben, schaffen ein Arbeitsumfeld, das sowohl produktiv als auch erfüllend ist. Dies führt nicht nur zu einer höheren Zufriedenheit und Motivation innerhalb des Teams, sondern auch zu besseren Ergebnissen und einer positiven Unternehmenskultur.

Kapitel 6:

Führung durch Vorbildfunktion

In der modernen Arbeitswelt spielt die Vorbildfunktion von Führungskräften eine immer wichtigere Rolle. Insbesondere wenn es um die Förderung einer gesunden und fitten Lebensweise geht, können Führungskräfte durch ihr eigenes Verhalten und ihre Einstellung einen enormen Einfluss auf die gesamte Unternehmenskultur ausüben. Dieses Kapitel befasst sich eingehend damit, wie Führungskräfte durch ihre Vorbildfunktion die Gesundheit und das Wohlbefinden ihrer Mitarbeiter positiv beeinflussen und ein gesundheitsförderndes Umfeld im Unternehmen schaffen können.

Wie eine fitte und gesunde Lebensweise die Unternehmenskultur beeinflusst

Die positive Wirkung einer fitten und gesunden Lebensweise von Führungskräften auf die Unternehmenskultur ist immens und erstreckt sich über verschiedene Ebenen. Wenn Führungskräfte aktiv auf ihre Gesundheit achten, indem sie regelmäßig Sport treiben, sich ausgewogen ernähren und auf ausreichend Schlaf und Erholung achten, setzen sie ein starkes Zeichen für die gesamte

Belegschaft. Sie demonstrieren damit, dass Gesundheit und Wohlbefinden keine leeren Worthülsen sind, sondern integraler Bestandteil der Unternehmensphilosophie und ebenso wichtig wie Produktivität und Erfolg. Diese Vorbildfunktion signalisiert, dass das Unternehmen in das Wohlbefinden seiner Mitarbeiter investiert und einen gesunden Lebensstil aktiv fördert.

Führungskräfte, die durch ihr eigenes Verhalten die Bedeutung von Gesundheit und Work-Life-Balance unterstreichen, wirken authentischer und gewinnen an Glaubwürdigkeit. Ihre Botschaften zur Förderung der Mitarbeitergesundheit werden nicht als leere Phrasen wahrgenommen, sondern als persönliche Überzeugung, die sie aktiv vorleben. Wenn ein Vorgesetzter beispielsweise regelmäßig Sport treibt, achtsam mit seiner Ernährung umgeht und effektive Strategien zum Stressmanagement anwendet, wirkt das inspirierend auf die Mitarbeiter. Sie erkennen, dass ein gesunder Lebensstil und beruflicher Erfolg vereinbar sind und fühlen sich ermutigt, ähnliche Gewohnheiten in ihren Alltag zu integrieren. Diese Vorbildfunktion kann einen positiven Dominoeffekt auslösen und zu einer nachhaltigen Verbesserung der Gesundheitskultur im gesamten Unternehmen führen.

Das Beispiel des Abteilungsleiters, der mit dem Fahrrad zur Arbeit kommt und in der Mittagspause joggt, verdeutlicht diesen Effekt anschaulich. Sein Verhalten wirkt motivierend und animiert die Mitarbeiter dazu, über ihren eigenen Lebensstil nachzudenken und aktiv zu werden. Einige Kollegen könnten beginnen, ebenfalls mit dem Fahrrad zur Arbeit zu fahren, während andere die Mittagspause für einen Spaziergang nutzen. Diese kleinen Veränderungen im Alltag können langfristig zu einer gesünderen und ausgeglicheneren Lebensweise führen und somit auch die Arbeitszufriedenheit und Produktivität positiv beeinflussen. Darüber hinaus stärkt eine gemeinsame Aktivität wie ein gemeinsamer Lauftreff in der Mittagspause den Teamgeist und fördert das Zusammengehörigkeitsgefühl innerhalb der Abteilung. Die gesundheitliche Vorbildfunktion von Führungskräften trägt somit nicht nur zur individuellen Gesundheit der Mitarbeiter bei, sondern stärkt auch das gesamte Unternehmensklima.

Schaffung einer gesundheitsbewussten Atmosphäre

Führungskräfte spielen eine entscheidende Rolle bei der Gestaltung einer gesundheitsförderlichen Arbeitsatmosphäre. Durch ihr Verhalten und ihre Kommunikation können sie signalisieren, dass die Gesundheit und das Wohlbefinden der Mitarbeiter*innen wertgeschätzt und aktiv gefördert werden. Dies zeigt sich nicht nur in expliziten Maßnahmen, sondern vor allem in einer gelebten Kultur der Achtsamkeit und Wertschätzung. Konkret kann sich dies in verschiedenen Aspekten des Arbeitsalltags widerspiegeln:

- **Gesunde Ernährung:** Anstatt bei Meetings und Besprechungen standardmäßig zu zuckerhaltigen Getränken und ungesunden Snacks zu greifen, können Führungskräfte durch die Bereitstellung von Obst, Gemüse, Nüssen oder Wasser ein Zeichen setzen. Dieser scheinbar kleine Schritt signalisiert Achtsamkeit und ermutigt die Mitarbeiter*innen zu einer bewussteren Ernährung.

- **Aktive Pausen und Bewegung:** Führungskräfte können aktiv Pausen fördern, indem sie selbst Pausen einlegen und Bewegung in den Arbeitsalltag integrieren. Dies kann beispielsweise durch die Ermutigung zu kurzen Spaziergängen, die Organisation von gemeinsamen Bewegungsaktivitäten oder die Bereitstellung von ergonomischen Arbeitsplätzen und Stehtischen geschehen. Vorbildliches Verhalten der Führungskräfte motiviert Mitarbeiter*innen, selbst aktiver zu werden und den positiven Effekt von Bewegung auf Konzentration und Wohlbefinden zu erfahren.

- **Offene Kommunikation über Work-Life-Balance und Stressmanagement:** Eine offene und wertschätzende Kommunikation über Work-Life-Balance und Stressmanagement ist essentiell. Führungskräfte sollten ihre Mitarbeiter*innen ermutigen, über ihre Belastungen zu sprechen und gemeinsam Lösungen zu finden. Schulungen und Workshops zum Thema Stressmanagement und Zeitmanagement können ebenfalls angeboten werden. Wichtig ist, eine Atmosphäre zu schaffen, in der

*Mitarbeiter*innen keine Angst haben müssen, über ihre Belastungen zu sprechen, ohne negative Konsequenzen fürchten zu müssen.

- **Unterstützung von Gesundheitsinitiativen und -programmen:** Führungskräfte können die Beteiligung an betrieblichen Gesundheitsinitiativen und -programmen aktiv fördern. Dies kann beispielsweise die Teilnahme an Gesundheitschecks, Rückenkursen oder Entspannungstrainings umfassen. Die aktive Unterstützung und Beteiligung der Führungskräfte stärkt die Bedeutung dieser Programme und motiviert die Mitarbeiter*innen zur Teilnahme. Darüber hinaus können Führungskräfte sich für die Implementierung neuer Gesundheitsangebote einsetzen und die Bedürfnisse ihrer Mitarbeiter*innen berücksichtigen.

Zusammenfassend lässt sich sagen, dass Führungskräfte durch ihr Vorbildverhalten, ihre Kommunikation und ihr Engagement einen entscheidenden Beitrag zu einer gesunden und leistungsfähigen Arbeitsumgebung leisten können. Eine Kultur der Wertschätzung und Achtsamkeit fördert nicht nur die Gesundheit und das

Wohlbefinden der Mitarbeiter*innen, sondern steigert auch die Motivation, die Produktivität und die Mitarbeiterbindung.

Positive Auswirkungen auf die Unternehmensleistung

Eine gesundheitsbewusste Unternehmenskultur, die aktiv von Führungskräften vorgelebt und gefördert wird, kann sich in vielfältiger Weise positiv auf die gesamte Unternehmensleistung auswirken. Die Vorteile erstrecken sich von messbaren Faktoren wie reduzierten Kosten bis hin zu weniger greifbaren, aber ebenso wichtigen Aspekten wie einer gesteigerten Mitarbeitermotivation und einem positiven Unternehmensimage.

Reduzierung von Krankheitstagen und Abwesenheiten: Die Reduzierung von Krankheitstagen und Abwesenheiten stellt einen erheblichen wirtschaftlichen Vorteil für Unternehmen dar und trägt gleichzeitig zum Wohlbefinden der Mitarbeiter bei. Gesunde Mitarbeiter sind erwiesenermaßen produktiver und fallen seltener aus. Durch die strategische Implementierung verschiedener gesundheitsfördernder Maßnahmen lässt sich die Zahl der Krankheitstage deutlich reduzieren und ein positiver Kreislauf in Gang setzen.

Ergonomische Arbeitsplätze: Ein ergonomisch gestalteter Arbeitsplatz minimiert körperliche Belastungen und beugt so typischen Beschwerden wie Rückenproblemen, Verspannungen und Sehnenscheidenentzündungen vor. Dies beinhaltet die Anpassung von Schreibtisch, Stuhl und Bildschirm an die individuellen Bedürfnisse des Mitarbeiters, die Bereitstellung von Steh-Sitz-Arbeitsplätzen sowie die Schulung der Mitarbeiter in ergonomischen Prinzipien.

Angebote für sportliche Aktivitäten: Regelmäßige Bewegung stärkt das Immunsystem, reduziert Stress und verbessert die allgemeine Fitness. Unternehmen können dies durch verschiedene Angebote fördern, z.B. durch die Bezuschussung von Fitnessstudio-Mitgliedschaften, die Organisation von Sportkursen (Yoga, Pilates, Rückenschule) im Unternehmen oder die Einrichtung von firmeneigenen Sportanlagen. Auch die Förderung von aktiven Pausengestaltungen, wie z.B. Tischtennisplatten oder kurze Bewegungseinheiten, kann einen wertvollen Beitrag leisten.

Gesunde Ernährungsmöglichkeiten in der Kantine: Eine ausgewogene Ernährung spielt eine entscheidende Rolle für die Gesundheit und das

Wohlbefinden. Das Angebot von gesunden und abwechslungsreichen Speisen in der Kantine, inklusive vegetarischer und veganer Optionen, erleichtert den Mitarbeitern die gesunde Ernährung am Arbeitsplatz. Informationsveranstaltungen und Workshops zum Thema Ernährung können das Bewusstsein für gesunde Ernährung zusätzlich schärfen. Auch die Bereitstellung von frischem Obst und Gemüse kann einen positiven Einfluss haben.

Stressmanagement-Programme: Stress ist ein häufiger Auslöser für gesundheitliche Probleme und kann zu psychischen und physischen Erkrankungen führen. Stressmanagement-Programme, wie z.B. Entspannungstechniken, Achtsamkeitstraining oder Workshops zum Umgang mit Stress, können den Mitarbeitern helfen, Stress zu bewältigen und ihre Resilienz zu stärken. Auch die Schaffung einer positiven Arbeitsatmosphäre und die Förderung einer gesunden Work-Life-Balance tragen maßgeblich zur Stressreduktion bei.

Durch die Kombination dieser Maßnahmen wird nicht nur die Gesundheit der Mitarbeiter gefördert, sondern auch die Arbeitszufriedenheit gesteigert. Die daraus resultierende höhere Motivation und Leistungsfähigkeit führt zu einer kontinuierlicheren

Arbeitsleistung, weniger Produktionsausfällen und letztendlich zu geringeren Kosten für Ersatzkräfte und krankheitsbedingten Ausfallzeiten. Die Investition in die Gesundheit der Mitarbeiter zahlt sich somit mehrfach aus.

Steigerung der Produktivität und Kreativität der Mitarbeiter: Die Gesundheit und das Wohlbefinden der Mitarbeiter sind Schlüsselfaktoren für den Erfolg eines Unternehmens. Ein gesunder und ausgeglichener Mitarbeiterstamm trägt maßgeblich zur Steigerung der Produktivität und Kreativität bei. Dieser Zusammenhang lässt sich auf verschiedene Weisen erklären:

Auswirkungen auf die Konzentration und Leistungsfähigkeit: Körperliche und mentale Fitness wirken sich direkt auf die kognitive Leistungsfähigkeit aus. Wer gesund ist, kann sich besser konzentrieren, komplexe Aufgaben effizienter bearbeiten und Informationen schneller verarbeiten. Müdigkeit, Konzentrationsschwäche und Fehleranfälligkeit, die oft mit gesundheitlichen Problemen einhergehen, werden reduziert. Dies führt zu einer spürbaren Steigerung der individuellen Produktivität und der Gesamtleistung des Teams.

Motivation und Engagement: Mitarbeiter, die sich um ihre Gesundheit kümmern, sind in der Regel motivierter und engagierter. Sie fühlen sich wertgeschätzt, wenn das Unternehmen in ihr Wohlbefinden investiert, und bringen mehr Energie und Enthusiasmus in ihre Arbeit ein. Diese positive Einstellung wirkt sich ansteckend auf das gesamte Team aus und schafft ein produktiveres Arbeitsklima.

Kreativität und Innovation: Gesundheit und Wohlbefinden fördern nicht nur die Produktivität, sondern auch die Kreativität und Innovationsfähigkeit. Ein gesunder Körper und Geist sind die Grundlage für neue Ideen und unkonventionelle Lösungsansätze. Mitarbeiter, die sich wohlfühlen, sind offener für neue Herausforderungen und bereit, über den Tellerrand hinauszuschauen. Dies führt zu innovativen Produkten, Prozessen und Dienstleistungen.

Konkrete Maßnahmen zur Förderung von Gesundheit und Wohlbefinden:

Um das volle Potenzial der Mitarbeiter zu entfalten, können Unternehmen verschiedene Maßnahmen ergreifen:

- **Förderung von Bewegung:** Angebote wie Fitnessstudio-Mitgliedschaften, Sportkurse oder ergonomische Arbeitsplätze animieren zu mehr Bewegung und beugen körperlichen Beschwerden vor.

- **Gesunde Ernährung:** Die Bereitstellung von gesundem Essen in der Kantine, Obstkorb im Büro oder Informationen zu gesunder Ernährung tragen zu einer ausgewogenen Ernährung bei.

- **Ausgewogene Arbeitszeiten:** Flexible Arbeitszeitmodelle, die Möglichkeit zur Teilzeitarbeit oder die Vermeidung von überlangen Arbeitszeiten helfen, Stress zu reduzieren und eine gesunde Work-Life-Balance zu gewährleisten.

- **Gesundheitsvorsorge:** Regelmäßige Gesundheitschecks, Impfangebote oder Workshops zu Stressbewältigung unterstützen die Mitarbeiter dabei, ihre Gesundheit proaktiv zu managen.

- **Schaffung einer positiven Arbeitsatmosphäre:** Ein wertschätzender Umgang, offene Kommunikation und Teambuilding-Maßnahmen tragen zu einem positiven Arbeitsklima bei und fördern das Wohlbefinden der Mitarbeiter.

Durch die Implementierung solcher Maßnahmen investieren Unternehmen nicht nur in die Gesundheit ihrer Mitarbeiter, sondern auch in ihren eigenen Erfolg. Eine gesunde und motivierte Belegschaft ist die Grundlage für nachhaltiges Wachstum und Wettbewerbsfähigkeit.

Verbesserung des Arbeitsklimas und der Mitarbeiterzufriedenheit: Ein gesundheitsbewusstes Unternehmen legt den Grundstein für ein deutlich verbessertes Arbeitsklima und eine höhere Mitarbeiterzufriedenheit. Dies geschieht auf mehreren Ebenen:

Schaffung eines positiven und unterstützenden Arbeitsumfelds: Anstatt rein auf Leistung und Produktivität zu fokussieren, rückt eine gesundheitsbewusste Unternehmenskultur das Wohlbefinden der Mitarbeiter in den Mittelpunkt. Dies manifestiert sich in verschiedenen Maßnahmen, wie der Bereitstellung ergonomischer Arbeitsplätze, der Förderung von Bewegung und Entspannung am Arbeitsplatz, dem Angebot gesunder Ernährungsmöglichkeiten und der Implementierung von Programmen zur Stressbewältigung. Ein solches

Umfeld signalisiert den Mitarbeitern Wertschätzung und Fürsorge, was sich positiv auf ihre Motivation und Arbeitsfreude auswirkt.

Stärkung des Gefühls von Wertschätzung und Anerkennung: Wenn ein Unternehmen aktiv in die Gesundheit und das Wohlbefinden seiner Mitarbeiter investiert, fühlen sich diese gesehen und wertgeschätzt. Das Wissen, dass der Arbeitgeber sich um ihre körperliche und mentale Gesundheit kümmert, stärkt das Vertrauen und die Loyalität zum Unternehmen. Diese Wertschätzung trägt maßgeblich zur Mitarbeiterbindung bei und reduziert die Fluktuation.

Förderung der Mitarbeiterbindung und des Teamgeists: Gemeinsame Gesundheitsaktivitäten, wie z.B. Sportgruppen, Gesundheitstage oder Workshops, fördern den Teamgeist und die soziale Interaktion zwischen den Mitarbeitern. Durch den Austausch und die gemeinsamen Erlebnisse entstehen stärkere Bindungen und ein verbessertes Zusammengehörigkeitsgefühl. Dies wirkt sich positiv auf die Kommunikation und die Zusammenarbeit im Team aus und fördert ein kollegiales und unterstützendes Arbeitsklima.

Steigerung des Engagements und der Loyalität: Zufriedene Mitarbeiter sind in der Regel engagierter und loyaler. Sie identifizieren sich stärker mit dem Unternehmen und seinen Zielen und sind bereit, sich mehr einzubringen. Eine gesundheitsbewusste Unternehmenskultur trägt somit nicht nur zum Wohlbefinden der Mitarbeiter bei, sondern auch zur Steigerung der Produktivität und des Unternehmenserfolgs.

Positive Auswirkung auf die Unternehmenskultur: Zufriedene und gesunde Mitarbeiter tragen maßgeblich zu einer positiven Unternehmenskultur bei. Sie strahlen Enthusiasmus und Motivation aus, was sich auf das gesamte Team und die Arbeitsatmosphäre überträgt. Diese positive Energie wirkt ansteckend und schafft ein Arbeitsumfeld, in dem sich Mitarbeiter wohlfühlen, motiviert sind und ihr volles Potenzial entfalten können. Dies wiederum wirkt sich positiv auf das Image des Unternehmens aus und macht es attraktiver für potenzielle neue Mitarbeiter.

Erhöhung der Attraktivität als Arbeitgeber für potenzielle neue Mitarbeiter: In Zeiten des Fachkräftemangels ist eine gesundheitsbewusste Unternehmenskultur ein entscheidender Wettbewerbsvorteil. Immer mehr Arbeitnehmer legen Wert auf ein gesundes und ausgewogenes Arbeitsumfeld. Unternehmen, die in die Gesundheit ihrer Mitarbeiter investieren, steigern ihre Attraktivität als Arbeitgeber und können qualifizierte Fachkräfte leichter gewinnen und langfristig binden. Ein positives Image als gesundheitsbewusstes Unternehmen zahlt sich somit auch im Recruiting aus.

Zusammenfassend lässt sich sagen, dass die Investition in eine gesundheitsbewusste Unternehmenskultur eine Investition in die Zukunft des Unternehmens ist. Sie führt nicht nur zu messbaren Kosteneinsparungen, sondern stärkt auch die Mitarbeiterbindung, fördert die Leistungsfähigkeit und sichert langfristig den Unternehmenserfolg.

Langfristige Veränderung der Unternehmenskultur

Eine nachhaltige Veränderung der Unternehmenskultur hin zu mehr Gesundheit und Wohlbefinden erfordert ein langfristiges Engagement und die aktive Beteiligung der Führungskräfte. Indem sie eine gesunde Lebensweise nicht nur propagieren, sondern selbst konsequent vorleben, setzen sie ein starkes Signal und etablieren Gesundheit als gelebten Wert. Dieser Wandel manifestiert sich in verschiedenen Bereichen des Unternehmens und beeinflusst sowohl strategische Entscheidungen als auch den Arbeitsalltag der Mitarbeiter.

Integration von Gesundheitszielen in die Unternehmensstrategie: Gesundheit wird nicht mehr als separates Thema betrachtet, sondern als integraler Bestandteil der Unternehmensstrategie verankert. Dies bedeutet, dass Gesundheitsziele messbar definiert, mit konkreten Maßnahmen unterlegt und regelmäßig auf ihren Erfolg hin überprüft werden. Die strategische Ausrichtung auf Gesundheit wird somit zu einem wichtigen Erfolgsfaktor für das Unternehmen und trägt zur langfristigen Sicherung der Wettbewerbsfähigkeit bei.

Berücksichtigung von Gesundheitsaspekten bei der Gestaltung von Arbeitsplätzen und - prozessen: Die Gestaltung ergonomischer Arbeitsplätze, die Förderung von Bewegung im Arbeitsalltag und die Implementierung von Maßnahmen zur Stressprävention sind konkrete Beispiele dafür, wie Gesundheitsaspekte in die Arbeitswelt integriert werden können. Dies umfasst sowohl die physische als auch die psychische Gesundheit der Mitarbeiter und zielt darauf ab, ein Arbeitsumfeld zu schaffen, das Wohlbefinden und Leistungsfähigkeit gleichermaßen fördert. Dabei werden die individuellen Bedürfnisse der Mitarbeiter berücksichtigt und flexible Arbeitsmodelle, wie z.B. Homeoffice oder flexible Arbeitszeiten, können ebenfalls dazu beitragen, die Vereinbarkeit von Beruf und Privatleben zu verbessern.

Entwicklung von Führungskräften mit Fokus auf gesundheitsorientierte Führung: Führungskräfte spielen eine Schlüsselrolle bei der Etablierung einer gesundheitsförderlichen Unternehmenskultur. Schulungen und Weiterbildungen im Bereich gesundheitsorientierte Führung vermitteln ihnen das notwendige Wissen und die Kompetenzen, um Mitarbeiter zu motivieren und zu unterstützen, ihre Gesundheit aktiv zu fördern. Ein wichtiger Aspekt ist dabei die Sensibilisierung für die Bedeutung von Work-Life-Balance und die Schaffung eines Arbeitsklimas, in dem offene Kommunikation über gesundheitliche Themen möglich ist. Führungskräfte lernen, belastende Faktoren frühzeitig zu erkennen und gemeinsam mit den Mitarbeitern Lösungen zu entwickeln.

Etablierung von Gesundheitsmanagement als fester Bestandteil der Personalentwicklung: Gesundheitsmanagement wird als fester Bestandteil der Personalentwicklung integriert und in die Personalstrategie eingebettet. Dies beinhaltet die Entwicklung und Implementierung von betrieblichen Gesundheitsförderungsmaßnahmen, die auf die spezifischen Bedürfnisse der Mitarbeiter abgestimmt sind. Angebote wie Gesundheitschecks, Sportkurse, Ernährungsberatung oder Stressmanagement-Trainings werden systematisch geplant, durchgeführt und evaluiert. Die Etablierung eines betrieblichen Gesundheitsmanagements demonstriert das langfristige Engagement des Unternehmens für die Gesundheit seiner Mitarbeiter und trägt dazu bei, eine Kultur der Gesundheit und des Wohlbefindens zu schaffen.

Herausforderungen und Widerstände

Die Implementierung einer gesundheitsbewussten Unternehmenskultur ist ein komplexer Prozess, der – trotz der potenziellen Vorteile – auf unterschiedliche Herausforderungen und Widerstände stoßen kann. Es ist wichtig, diese von Beginn an zu antizipieren und proaktiv anzugehen, um die Akzeptanz und den Erfolg der Maßnahmen zu gewährleisten.

Ein zentraler Punkt ist der potentielle Widerstand von Mitarbeitern. Manche könnten die angebotenen Programme und Initiativen als zusätzlichen Druck empfinden, in einer ohnehin schon fordernden Arbeitswelt noch mehr leisten zu müssen. Die Sorge, den Erwartungen nicht gerecht zu werden oder gar als "ungesund" stigmatisiert zu werden, kann zu Stress und Ablehnung führen. Hinzu kommt die Befürchtung, dass die Förderung eines gesunden Lebensstils als Einmischung in die Privatsphäre empfunden wird. Mitarbeiter könnten den Eindruck gewinnen, dass das Unternehmen ihnen vorschreiben will, wie sie ihre Freizeit zu gestalten und sich zu ernähren haben. Diese Wahrnehmung kann zu Misstrauen und einer generellen Ablehnung der Maßnahmen führen.

Die Gründe für diese Widerstände sind vielfältig und können von persönlichen Überzeugungen und Gewohnheiten bis hin zu negativen Erfahrungen mit früheren

Gesundheitsinitiativen reichen. Auch mangelnde Transparenz über die Ziele und die Umsetzung der Programme kann zu Skepsis und Verunsicherung führen. Besonders bei Mitarbeitern mit gesundheitlichen Einschränkungen ist Sensibilität geboten. Sie könnten die Initiativen als unpassend oder sogar diskriminierend empfinden, wenn ihre individuelle Situation nicht berücksichtigt wird.

Um diesen Herausforderungen effektiv zu begegnen, ist eine sorgfältige Planung und Kommunikation unerlässlich. Führungskräfte müssen von Anfang an transparent und offen über die Ziele und die Umsetzung der Programme informieren. Es ist entscheidend, deutlich zu machen, dass es sich um freiwillige Angebote und Möglichkeiten handelt, die die Mitarbeiter unterstützen sollen, und nicht um Zwang oder Kontrolle. Ein offener Dialog und die Möglichkeit, Feedback zu geben, sind ebenfalls wichtig, um Bedenken ernst zu nehmen und die Programme kontinuierlich zu optimieren. Die Führungskräfte müssen als Vorbilder fungieren und eine Kultur der Wertschätzung und des Respekts fördern, in der die Gesundheit aller

Mitarbeiter als wichtiges Gut angesehen wird. Durch eine sensitive und bedarfsorientierte Gestaltung der Programme können Widerstände minimiert und eine positive und gesundheitsfördernde Unternehmenskultur geschaffen werden.

Motivieren und inspirieren: Mitarbeiter durch eigenes Handeln beeinflussen

Führungskräfte haben durch ihr eigenes Handeln und Verhalten einen enormen Einfluss auf ihre Mitarbeiter. Indem sie selbst eine gesunde und fitte Lebensweise pflegen, können sie ihre Mitarbeiter motivieren und inspirieren, ähnliche positive Gewohnheiten zu entwickeln. Dies geschieht auf verschiedenen Ebenen und durch unterschiedliche Mechanismen.

Die Kraft des Vorbilds

Die Kraft des Vorbilds im Kontext Gesundheit und Fitness am Arbeitsplatz ist ein mächtiger Faktor, der das Verhalten von Mitarbeitern nachhaltig beeinflussen kann. Menschen sind soziale Wesen und lernen oft durch Beobachtung und Nachahmung, besonders von Personen, die sie respektieren oder bewundern. Wenn Führungskräfte ein aktives und gesundes Leben vorleben, senden sie starke Signale an ihre Mitarbeiter und können so einen positiven Einfluss auf deren Gesundheitsverhalten ausüben. Dieser Effekt basiert auf mehreren psychologischen Prinzipien:

Soziales Lernen: Das Prinzip des sozialen Lernens besagt, dass Menschen durch die Beobachtung anderer lernen und deren Verhalten übernehmen, insbesondere wenn sie diese als Vorbild wahrnehmen. Dieser Lernprozess findet nicht nur im Kindesalter statt, sondern prägt unser Verhalten auch im Erwachsenenleben, besonders im beruflichen Kontext. Hier spielen Führungskräfte eine entscheidende Rolle, da sie aufgrund ihrer Position oft als Respektspersonen und Autoritätsfiguren wahrgenommen werden und somit unweigerlich im Fokus der Mitarbeiter stehen. Ihre Handlungen, Entscheidungen und auch ihr Lebensstil werden genau beobachtet und analysiert – bewusst oder unbewusst.

Demonstrieren Führungskräfte einen gesundheitsbewussten Lebensstil, kann dies einen erheblichen Einfluss auf das Verhalten ihrer Mitarbeiter haben. Konkret bedeutet das: Wenn Vorgesetzte regelmäßig Sport treiben, sich gesund ernähren, auf ausreichend Schlaf achten oder

Achtsamkeitsübungen praktizieren, wird dieses Verhalten von den Mitarbeitern registriert und kann als positive Inspiration für eigenes Handeln dienen. Die Vorbildfunktion der Führungskraft tritt hierbei deutlich hervor. Sie "lebt vor", was sie von ihren Mitarbeitern in Bezug auf Gesundheit und Wohlbefinden erwartet – oder zumindest wünschenswert findet.

Die Identifikation mit dem Vorbild spielt eine entscheidende Rolle für den Erfolg des sozialen Lernens. Je stärker sich ein Mitarbeiter mit der Führungskraft identifiziert – sei es aufgrund ähnlicher Werte, persönlicher Eigenschaften, des Führungsstils oder der beruflichen Laufbahn –, desto höher ist die Wahrscheinlichkeit, dass er deren gesundheitsförderliches Verhalten nachahmt. Diese Identifikation schafft eine Verbindung und stärkt die Motivation, das beobachtete Verhalten zu adaptieren. Der Mitarbeiter verbindet das positive Verhalten der Führungskraft mit deren Erfolg und Wohlbefinden und strebt möglicherweise unbewusst danach, diese positiven Effekte ebenfalls zu erzielen.

Der Effekt des sozialen Lernens kann somit zu einer positiven Veränderung der Unternehmenskultur beitragen und ein gesundheitsförderliches Umfeld schaffen. Indem Führungskräfte mit gutem Beispiel vorangehen, können sie ihre Mitarbeiter inspirieren und motivieren, ebenfalls auf ihre Gesundheit zu achten. Dies führt langfristig zu einer gesteigerten Mitarbeiterzufriedenheit, reduzierten Krankheitsausfällen und einer verbesserten Leistungsfähigkeit des gesamten Teams.

Normalisierung: Normalisierung von gesundheitsbewusstem Verhalten im Unternehmenskontext geschieht durch die Vorbildfunktion und den aktiven Einfluss von Führungskräften. Diese haben eine entscheidende Rolle bei der Prägung der Unternehmenswerte und - normen. Indem sie selbst ein gesundheitsbewusstes Verhalten praktizieren und dieses aktiv fördern, etablieren sie neue Standards und verändern die Wahrnehmung von Gesundheit innerhalb der Organisation.

Dieser Prozess der Normalisierung wirkt auf mehreren Ebenen:

- **Vorbildfunktion:** Führungskräfte sind identifikationsstiftende Figuren im Unternehmen. Wenn sie gesundheitsbewusstes Verhalten vorleben – sei es durch die Nutzung des Fitnessangebots, die Wahl gesunder Mahlzeiten in der Kantine oder die Teilnahme an Gesundheitsprogrammen – signalisieren sie, dass Gesundheit einen hohen Stellenwert hat. Mitarbeiter orientieren sich an diesem Verhalten und übernehmen es eher, als wenn die Führungsebene Gesundheit nur theoretisch propagiert.

- **Schaffung einer unterstützenden Umgebung:** Führungskräfte können aktiv eine Umgebung gestalten, die gesundheitsförderliches Verhalten erleichtert. Dies kann beispielsweise durch die Bereitstellung von gesundem Essen in der Kantine, die Einrichtung von Fitnessräumen, die Förderung von Sportgruppen oder die flexible Gestaltung von Arbeitszeiten zur Ermöglichung sportlicher Aktivitäten geschehen. Auch die öffentliche Anerkennung und Wertschätzung von gesundheitsbewusstem Verhalten durch die Führungskräfte trägt zur positiven Verankerung in der Unternehmenskultur bei.

- **Abbau von Hemmschwellen:** Wenn Gesundheit als Teil der Unternehmenskultur etabliert ist und von der Führungsebene vorgelebt wird, sinkt die Hemmschwelle für Mitarbeiter, sich ebenfalls gesundheitsbewusst zu verhalten. Die Angst, als "anders" oder "übertrieben" wahrgenommen zu werden, verschwindet. Gesundheitsbewusstes Verhalten wird nicht mehr als zusätzliche Anstrengung oder belastende Verpflichtung, sondern als selbstverständlicher Teil des Arbeitsalltags empfunden.

- **Kulturelle Veränderung:** Durch die konsequente Förderung gesundheitsbewussten Verhaltens durch die Führungskräfte verändert sich die gesamte Unternehmenskultur. Gesundheit wird zu einem gemeinsamen Wert, der von allen getragen und aktiv gelebt wird. Dies stärkt nicht nur das Wohlbefinden und die Leistungsfähigkeit der Mitarbeiter, sondern trägt auch zu einem positiven Unternehmensimage und einer attraktiven Arbeitgebermarke bei.

Zusammenfassend lässt sich sagen, dass die Normalisierung von gesundheitsbewusstem Verhalten durch die Führungskräfte ein entscheidender Faktor für den Aufbau einer gesunden und leistungsfähigen Unternehmenskultur ist. Die aktive Vorbildfunktion in Kombination mit der Schaffung einer unterstützenden Umgebung führt zu einer nachhaltigen Veränderung der Wahrnehmung und des Umgangs mit Gesundheit im Unternehmen.

Machbarkeitsdemonstration: Ein häufiger Einwand gegen die Umsetzung eines gesunden Lebensstils, insbesondere bei Menschen in anspruchsvollen beruflichen Positionen, ist der vermeintliche Mangel an Zeit. Die langen Arbeitszeiten, der hohe Druck und die ständige Erreichbarkeit scheinen kaum Raum für regelmäßigen Sport, eine ausgewogene Ernährung und ausreichend Erholung zu lassen. Dieses Argument wird jedoch eindrucksvoll widerlegt durch Führungskräfte, die es schaffen, beruflichen Erfolg mit einem gesunden und ausgeglichenen Lebensstil zu vereinen.

Diese Führungskräfte liefern eine überzeugende Machbarkeitsdemonstration, indem sie konkret vorleben, dass die Integration von Gesundheit und

Beruf keinesfalls eine Utopie ist. Sie zeigen, dass es möglich ist, trotz eines vollen Terminkalenders Zeit für sportliche Aktivitäten zu finden, sei es durch kurze, intensive Trainingseinheiten, die Integration von Bewegung in den Arbeitsalltag (z.B. Treppensteigen statt Fahrstuhl) oder die Nutzung von Mittagspausen für einen Spaziergang oder eine Laufeinheit. Auch in Bezug auf die Ernährung demonstrieren sie praktikable Lösungen, beispielsweise durch das Mitbringen von selbst zubereiteten Mahlzeiten, die bewusste Auswahl gesunder Optionen bei Geschäftsessen oder den Verzicht auf zuckerhaltige Getränke. Darüber hinaus legen sie Wert auf ausreichend Schlaf und integrieren bewusst Erholungsphasen in ihren Alltag, um Stress abzubauen und ihre Leistungsfähigkeit zu erhalten.

Diese gelebte Praxis hat eine starke Vorbildfunktion und kann Mitarbeiter dazu motivieren, ihre eigenen Gewohnheiten kritisch zu hinterfragen und Möglichkeiten zu finden, Gesundheit und Beruf besser zu integrieren. Wenn die Führungskraft selbst den Beweis liefert, dass ein gesunder Lebensstil trotz hoher beruflicher Anforderungen machbar ist, wirkt dies inspirierend und nimmt den Mitarbeitern die vermeintliche Ausrede des Zeitmangels. Die Führungskraft wird sozusagen zum lebenden Beweis, zum "Role Model" für einen gesunden und erfolgreichen Lebensstil, der zeigt, dass sich berufliche Ambitionen und persönliches Wohlbefinden nicht ausschließen müssen, sondern sich gegenseitig positiv beeinflussen können. Dieser positive Effekt kann sich letztendlich auch positiv auf das gesamte Unternehmensklima und die Produktivität auswirken.

Beispiel: Stellen Sie sich einen Geschäftsführer vor, Herrn Müller, der nicht nur hinter seinem Schreibtisch sitzt, sondern regelmäßig die Laufschuhe schnürt und an Firmenläufen teilnimmt. Herr Müller beschränkt sich dabei nicht nur auf die bloße Teilnahme oder eine kurze Ankündigung seiner Laufaktivitäten. Stattdessen kommuniziert er offen und authentisch über seine Erfahrungen mit dem Laufen. Er erzählt beispielsweise von seinem Trainingsplan, wie er sich motiviert, früh morgens aufzustehen und seine Runden zu drehen, welche Herausforderungen er dabei bewältigt, sei es der innere Schweinehund oder ein verregneter Morgen. Er berichtet aber auch von den positiven Effekten, die das Laufen auf ihn hat: mehr Energie, gesteigerte Konzentration und Ausgeglichenheit im Alltag. Er schildert vielleicht, wie ihm ein klarer Kopf nach dem Laufen hilft, strategische Entscheidungen im Unternehmen zu treffen.

Diese Offenheit und Begeisterung wirkt inspirierend auf seine Mitarbeiter. Sie sehen, dass ihr Geschäftsführer nicht nur von Leistung spricht, sondern sie auch im sportlichen Bereich vorlebt. Dieses Engagement signalisiert, dass ihm die Gesundheit und das Wohlbefinden wichtig sind – nicht nur für ihn selbst, sondern implizit auch für seine Mitarbeiter. Herr Müller verkörpert damit, dass Sport und beruflicher Erfolg nicht im Widerspruch zueinander stehen, sondern sich sogar gegenseitig positiv beeinflussen können. Das kann Mitarbeiter motivieren, ihre eigene Work-Life-Balance zu überdenken.

Die offene Kommunikation über das Thema Laufen senkt die Hemmschwelle für die Mitarbeiter, sich selbst mit dem Thema auseinanderzusetzen. Sie sehen, dass Laufen nicht nur etwas für Profisportler ist, sondern auch in den Alltag eines vielbeschäftigten Geschäftsführers integriert werden kann. Vielleicht beginnen einige Mitarbeiter, über die Teilnahme an Firmenläufen nachzudenken oder selbst mit dem Lauftraining zu beginnen. Sie tauschen sich untereinander über Laufrouten, Trainingspläne und

Ausrüstung aus. Die persönliche Geschichte des Geschäftsführers, seine Erfolge und auch seine Herausforderungen beim Laufen, machen das Thema greifbarer und nahbarer. Es entsteht eine Identifikationsmöglichkeit, die zur Nachahmung ermutigt.

Darüber hinaus bieten gemeinsame sportliche Aktivitäten wie Firmenläufe die Möglichkeit, den Teamgeist zu stärken. Die Mitarbeiter lernen sich außerhalb des beruflichen Kontextes kennen, feuern sich gegenseitig an und erleben gemeinsam Erfolge. Dieses gemeinsame Erlebnis fördert den Zusammenhalt und schafft eine positive und dynamische Unternehmenskultur. Die informelle Atmosphäre beim gemeinsamen Sport kann auch die Kommunikation und den Austausch im Arbeitsalltag verbessern.

Authentische Kommunikation

Authentische Kommunikation ist der Schlüssel, um Mitarbeiter für Gesundheit und Fitness zu begeistern. Anstatt abstrakte Konzepte oder oberflächliche Ratschläge zu vermitteln, sollten Führungskräfte ihre eigenen Erfahrungen, Herausforderungen und Erfolge teilen und so eine ehrliche und vertrauensvolle Atmosphäre schaffen. Diese persönliche Offenheit macht die Botschaft greifbarer und inspirierender.

Konkret kann authentische Kommunikation in folgenden Formen umgesetzt werden:

- **Teilen von persönlichen Geschichten und Erfahrungen:** Führungskräfte können in Team-Meetings, Mitarbeitergesprächen oder internen Blogs von ihrem eigenen Weg zu einem gesünderen Lebensstil berichten. Dabei sollten sie nicht nur von Erfolgen, sondern auch von Schwierigkeiten und Rückschlägen erzählen. Wie haben sie es geschafft, Motivation zu finden? Welche Hürden mussten sie überwinden? Welche positiven Veränderungen haben sie durch einen gesünderen Lebensstil erlebt? Konkrete Anekdoten und persönliche Einblicke machen die Botschaft authentisch und nachvollziehbar. Beispielsweise könnte eine Führungskraft erzählen, wie sie es geschafft hat, trotz eines stressigen Arbeitsalltags regelmäßig Sport zu treiben, oder wie sie ihre Ernährung umgestellt hat und welche positiven Auswirkungen dies auf ihr Wohlbefinden hatte.

- **Offener Umgang mit eigenen Schwierigkeiten und Rückschlägen:** Niemand ist perfekt. Auch Führungskräfte erleben Rückschläge auf dem Weg zu einem gesunden Lebensstil. Indem sie offen über ihre eigenen Schwierigkeiten sprechen – z.B. mangelnde Motivation, Zeitmangel oder gesundheitliche Einschränkungen – zeigen sie Verständnis für die Herausforderungen, denen Mitarbeiter gegenüberstehen. Dieser offene Umgang schafft Vertrauen und ermutigt Mitarbeiter, sich ebenfalls mit ihren eigenen Schwierigkeiten auseinanderzusetzen und Lösungen zu finden. Wichtig dabei ist, die Rückschläge nicht als Scheitern zu präsentieren, sondern als Lernprozess, aus dem man gestärkt hervorgehen kann.

- **Ehrliches Feedback zu den Vorteilen eines gesunden Lebensstils:** Führungskräfte können authentisch darüber berichten, wie sich ein gesunder Lebensstil positiv auf ihre eigene Leistungsfähigkeit, Konzentration, Stressresistenz und allgemeine Zufriedenheit auswirkt. Anstatt allgemeine Phrasen zu verwenden, sollten sie konkrete Beispiele nennen. Hat sich ihre Konzentration im Meeting verbessert, seit sie regelmäßig Sport treiben? Fühlen sie sich weniger gestresst, seit sie auf eine ausgewogene Ernährung achten? Diese persönlichen Erfahrungsberichte haben eine viel stärkere Wirkung als abstrakte Gesundheitsratschläge.

Durch diese authentische Kommunikation wirken Führungskräfte nicht belehrend, sondern vorbildhaft. Sie bauen eine Verbindung zu ihren Mitarbeitern auf und schaffen ein Klima des Vertrauens und der gegenseitigen Unterstützung. Mitarbeiter fühlen sich ernst genommen und ermutigt, selbst Verantwortung für ihre Gesundheit zu übernehmen und eigene Schritte in Richtung eines gesünderen Lebensstils zu unternehmen.

Aktive Ermutigung und Unterstützung

Aktive Ermutigung und Unterstützung durch Führungskräfte spielt eine entscheidende Rolle bei der Förderung eines gesunden Lebensstils im Unternehmen. Neben dem eigenen guten Beispiel können Führungskräfte ihre Mitarbeiter durch verschiedene Maßnahmen motivieren und ihnen die notwendigen Mittel an die Hand geben, um ihre Gesundheit zu verbessern. Dies stärkt nicht nur das individuelle Wohlbefinden, sondern trägt auch zu einer positiven und produktiven Arbeitsatmosphäre bei.

Individuelle Gespräche über Gesundheitsziele und -herausforderungen:

Regelmäßige, vertrauliche Gespräche zwischen Führungskraft und Mitarbeiter bieten die Möglichkeit, individuelle Gesundheitsziele zu definieren und bestehende Herausforderungen offen anzusprechen. Dabei sollten die Führungskräfte einfühlsam und unterstützend agieren, ohne Druck auszuüben. Die Gespräche dienen dazu, gemeinsam realistische Ziele zu formulieren, mögliche Hindernisse zu identifizieren und Lösungsstrategien zu entwickeln. Die Mitarbeiter fühlen sich ernst genommen und wertgeschätzt, was die Motivation zur Veränderung steigert. Wichtig ist, dass diese Gespräche regelmäßig stattfinden, um den Fortschritt zu verfolgen und die Ziele gegebenenfalls anzupassen.

Anerkennung und Lob für gesundheitsbezogene Fortschritte und Erfolge:

Positive Verstärkung ist ein wichtiger Motivator. Führungskräfte sollten die Bemühungen und Erfolge ihrer Mitarbeiter im Bereich Gesundheit anerkennen und wertschätzen. Dies kann durch Lob im persönlichen Gespräch, positive Erwähnung im Teammeeting oder auch durch kleine, symbolische Gesten erfolgen. Wichtig ist, dass die Anerkennung authentisch und spezifisch ist, um die Motivation der Mitarbeiter zu erhalten und weitere positive Verhaltensänderungen zu fördern.

Bereitstellung von Ressourcen und Informationen zu Gesundheitsthemen:

Um die Mitarbeiter bei der Umsetzung ihrer Gesundheitsziele zu unterstützen, sollten Führungskräfte Zugang zu relevanten Ressourcen und Informationen bieten. Dies kann beispielsweise durch die Bereitstellung von Broschüren, Zugang zu Online-Plattformen mit Gesundheitsthemen, die Organisation von Workshops oder die Vermittlung von Kontakten zu Gesundheitsexperten erfolgen. Die Informationen sollten verständlich und zielgruppengerecht aufbereitet sein und ein breites Spektrum an Gesundheitsthemen abdecken, wie z.B. Ernährung, Bewegung, Stressmanagement und Suchtprävention.

Schaffung von Möglichkeiten für gemeinsame gesundheitsfördernde Aktivitäten im Team:

Gemeinsame Aktivitäten stärken den Teamgeist und machen Gesundheitsförderung zum gemeinsamen Erlebnis. Führungskräfte können beispielsweise gemeinsame Sportaktivitäten organisieren, wie z.B. Lauftreffs, Yoga-Kurse oder die Teilnahme an Firmenläufen. Auch gemeinsame Kochkurse oder die Etablierung einer "Gesunden Pause" mit Obst und Gemüse können dazu beitragen, ein gesundheitsbewusstes Verhalten im Team zu fördern. Wichtig ist, dass die Aktivitäten freiwillig sind und den Interessen der Mitarbeiter entsprechen.

Förderung einer gesunden Work-Life-Balance

Eine gesunde Work-Life-Balance ist essenziell für das Wohlbefinden und die Leistungsfähigkeit der Mitarbeiter. Führungskräfte spielen dabei eine entscheidende Rolle, indem sie nicht nur entsprechende Rahmenbedingungen schaffen, sondern vor allem durch ihr eigenes Verhalten als Vorbild fungieren und eine Kultur der Ausgeglichenheit prägen. Hier sind einige konkrete Maßnahmen, wie Führungskräfte eine gesunde Work-Life-Balance fördern können:

Vorbildfunktion durch Einhaltung von Arbeitszeiten und Nutzung von Urlaub:

- **Respektierung von Arbeitszeiten:** Führungskräfte sollten ihre regulären Arbeitszeiten einhalten und vermeiden, Mitarbeiter außerhalb dieser Zeiten, also abends, nachts oder am Wochenende, per E-Mail oder Telefon zu kontaktieren. Ausnahmen sollten die absolute Ausnahme bleiben und klar begründet sein. Dieses Verhalten signalisiert den Mitarbeitern, dass auch sie ihre Freizeit respektieren und schützen dürfen.

- **Vorbildliche Urlaubsnutzung:** Führungskräfte sollten ihren Urlaubsanspruch vollständig ausschöpfen und während dieser Zeit wirklich abschalten. Sie sollten ihre Abwesenheit klar kommunizieren und Verfügbarkeit auf dringende Notfälle beschränken. Dies zeigt den Mitarbeitern, dass Urlaub wichtig für Erholung und Regeneration ist und nicht als Zeichen mangelnden Engagements gewertet wird.

Offener Umgang mit Stress und Förderung flexibler Arbeitsmodelle:

Ein gesundes und produktives Arbeitsumfeld basiert auf zwei zentralen Säulen: einem offenen Umgang mit Stress und der Förderung flexibler Arbeitsmodelle. Beide Aspekte tragen maßgeblich zur Mitarbeiterzufriedenheit bei und wirken sich positiv auf den Unternehmenserfolg aus.

Stress ist im modernen Arbeitsleben allgegenwärtig. Ihn zu ignorieren oder gar zu tabuisieren, führt langfristig zu gesundheitlichen Problemen, sinkender Motivation und verminderter Produktivität. Ein offener Umgang mit Stress hingegen ermöglicht es, frühzeitig gegenzusteuern und präventive Maßnahmen zu ergreifen. Führungskräfte spielen hierbei eine entscheidende Rolle. Indem sie selbst offen über ihre Erfahrungen mit Stress sprechen und ihren persönlichen Umgang mit Stresssituationen transparent machen, schaffen sie eine Atmosphäre der Akzeptanz und des Vertrauens. Sie demonstrieren damit, dass Stress kein Zeichen von Schwäche ist, sondern eine natürliche Reaktion auf Herausforderungen.

Konkret bedeutet dies, dass Führungskräfte aktiv Stressmanagement-Techniken wie kurze Pausen,

Atemübungen oder Achtsamkeitsübungen vorleben und im Arbeitsalltag integrieren sollten. Darüber hinaus sollten sie proaktiv offene Gespräche über mögliche Stressursachen im Team initiieren. Mitarbeiter müssen ermutigt werden, über ihre Belastungen zu sprechen, ohne Angst vor negativen Konsequenzen haben zu müssen. Führungskräfte sollten aktiv nachfragen, emphatisch zuhören und ausreichend Raum für diese Gespräche schaffen.

Ergänzend können Schulungen und Workshops zu Stressbewältigungsstrategien angeboten werden, um den Mitarbeitern konkrete Werkzeuge und Techniken an die Hand zu geben. Eine positive Fehlerkultur, die Fehler als Lernmöglichkeiten versteht und nicht als persönliches Versagen wertet, trägt ebenfalls maßgeblich zur Entlastung der Mitarbeiter bei und reduziert den Druck, perfekt sein zu müssen.

Flexible Arbeitsmodelle sind ein weiterer essentieller Baustein für ein gesundes und produktives Arbeitsumfeld. Sie ermöglichen eine bessere Vereinbarkeit von Beruf und Privatleben, was sich positiv auf die Motivation, die Produktivität und das allgemeine Wohlbefinden der Mitarbeiter auswirkt.

Führungskräfte sollten verschiedene Optionen wie Gleitzeit, Teilzeit, Homeoffice, Telearbeit, komprimierte Arbeitswoche oder Sabbaticals anbieten und die jeweiligen Vorteile – verbesserte Work-Life-Balance, höhere Mitarbeiterzufriedenheit, gesteigerte Motivation und reduzierte Fehlzeiten – klar kommunizieren.

Die erfolgreiche Implementierung flexibler Arbeitsmodelle erfordert jedoch klare Regeln und Strukturen. Dies betrifft insbesondere die Erreichbarkeit, die Arbeitszeitdokumentation und die Teamkommunikation. Die individuellen Bedürfnisse der Mitarbeiter sollten dabei berücksichtigt werden, um maßgeschneiderte Lösungen zu finden. Regelmäßige Evaluierungen helfen dabei, die Modelle an veränderte Bedürfnisse anzupassen und kontinuierlich zu optimieren.

Die Kombination aus einem transparenten Umgang mit Stress und der aktiven Förderung flexibler Arbeitsmodelle schafft ein Arbeitsumfeld, das die Gesundheit, das Wohlbefinden und die Leistungsfähigkeit der Mitarbeiter nachhaltig fördert. Mitarbeiter, die sich in einem unterstützenden und flexiblen Umfeld bewegen, sind motivierter, engagierter und widerstandsfähiger gegenüber Stress. Dies führt letztendlich zu einer höheren Produktivität, geringeren Fehlzeiten und einem insgesamt positiven

Unternehmensklima, was sich wiederum positiv auf den Unternehmenserfolg auswirkt.

Zusätzliche Maßnahmen:

Regelmäßige Gespräche: Führungskräfte spielen eine entscheidende Rolle bei der Unterstützung ihrer Mitarbeiter in Bezug auf die Work-Life-Balance. Regelmäßige, strukturierte Gespräche, die über reine Leistungsbeurteilungen hinausgehen, bieten die Möglichkeit, die aktuelle Situation der Mitarbeiter zu erfassen. Dabei sollten Führungskräfte aktiv nachfragen, wie es den Mitarbeitern geht, ob sie sich überlastet fühlen und wo sie Unterstützung benötigen. Wichtig ist dabei eine vertrauensvolle Atmosphäre zu schaffen, in der Mitarbeiter offen über ihre Herausforderungen sprechen können, ohne Angst vor negativen Konsequenzen haben zu müssen. Diese Gespräche sollten nicht nur einmal im Jahr stattfinden, sondern idealerweise in kürzeren Intervallen, z.B. monatlich oder quartalsweise, um frühzeitig auf Probleme reagieren zu können. Die Führungskraft kann in diesen Gesprächen konkrete Hilfestellungen anbieten, wie z.B. flexible Arbeitszeiten, Unterstützung bei der

Aufgabenpriorisierung oder die Delegation von Aufgaben.

Schulungen und Workshops: Die Bereitstellung von Schulungen und Workshops zu Themen wie Stressmanagement, Zeitmanagement, Selbstorganisation und Resilienz kann Mitarbeitern wertvolle Werkzeuge an die Hand geben, um ihren Arbeitsalltag besser zu bewältigen und eine gesunde Work-Life-Balance zu erreichen. In Stressmanagement-Schulungen lernen Mitarbeiter beispielsweise, Stressoren zu identifizieren, Bewältigungsstrategien zu entwickeln und Entspannungstechniken anzuwenden. Zeitmanagement-Workshops vermitteln Methoden zur effektiven Planung, Priorisierung und Organisation von Aufgaben, um die Arbeitszeit optimal zu nutzen und Überstunden zu vermeiden. Die Schulungen sollten praxisnah gestaltet sein und den Teilnehmern die Möglichkeit bieten, die erlernten Techniken direkt im Arbeitsalltag umzusetzen.

Gesundheitsfördernde Maßnahmen: Neben den oben genannten Maßnahmen können auch gesundheitsfördernde Angebote am Arbeitsplatz zu einer ausgewogenen Work-Life-Balance beitragen. Dies kann beispielsweise die Förderung von sportlichen Aktivitäten durch Kooperationen mit Fitnessstudios oder die Organisation von Sportgruppen innerhalb des Unternehmens umfassen. Auch die Bereitstellung von Entspannungsmöglichkeiten am Arbeitsplatz, wie z.B. Ruheräume, Massagesessel oder die Durchführung von Yoga- oder Meditationskursen, kann dazu beitragen, Stress abzubauen und die Mitarbeitergesundheit zu fördern. Ergonomische Arbeitsplätze und die Förderung einer gesunden Ernährung, z.B. durch die Bereitstellung von Obst und gesundem Essen in der Kantine, sind weitere wichtige Aspekte. Die Implementierung solcher Maßnahmen signalisiert den Mitarbeitern die Wertschätzung des Unternehmens für ihre Gesundheit und ihr Wohlbefinden und trägt zu einem positiven Arbeitsklima bei.

Durch die konsequente Umsetzung dieser Maßnahmen können Führungskräfte eine Unternehmenskultur schaffen, in der eine gesunde Work-Life-Balance nicht nur erwünscht, sondern aktiv gefördert und vorgelebt wird. Dies führt zu motivierten, leistungsfähigen und gesunden Mitarbeitern, was letztlich auch dem Unternehmenserfolg zugutekommt.

Integration von Gesundheitsaspekten in den Arbeitsalltag

Die Integration von Gesundheitsaspekten in den Arbeitsalltag ist weit mehr als nur ein Trend – sie ist eine essentielle Investition in die Zukunft von Unternehmen und ihren Mitarbeitern. Sie trägt nicht nur zum individuellen Wohlbefinden der Beschäftigten bei, sondern wirkt sich auch positiv auf die Produktivität, die Motivation und das gesamte Betriebsklima aus. Ein gesundes Arbeitsumfeld führt zu reduzierten Fehlzeiten, einer höheren Mitarbeiterbindung und letztlich zu einem nachhaltigen Unternehmenserfolg.

Die Rolle der Führungskräfte ist in diesem Prozess entscheidend. Sie sind Vorbilder und prägen die Unternehmenskultur maßgeblich. Indem sie selbst gesundheitsbewusstes Verhalten vorleben, senden sie ein klares Signal an ihre Teams und schaffen eine Atmosphäre, in der Gesundheit und Wohlbefinden wertgeschätzt werden. Dies kann beispielsweise durch die aktive Teilnahme an Gesundheitsangeboten, die Förderung einer ausgewogenen Work-Life-Balance oder die Gestaltung ergonomischer Arbeitsplätze demonstriert werden.

Konkret lässt sich die Integration von Gesundheitsaspekten in den Arbeitsalltag durch verschiedene Maßnahmen umsetzen:

- **Bewegung fördern:** Anbieten von Sportkursen, Bereitstellung von ergonomischen Arbeitsplätzen (z.B. höhenverstellbare Schreibtische, ergonomische Stühle), Aktive Pausen fördern, "Walking Meetings" etablieren, JobRad-Angebote.

- **Gesunde Ernährung unterstützen:** Bereitstellung von frischem Obst und Gemüse, gesunde Optionen in der Kantine anbieten, Workshops zu gesunder Ernährung durchführen, Trinkwasserspender aufstellen.

- **Stressmanagement und psychische Gesundheit:** Schulungen zu Stressbewältigungstechniken anbieten, Entspannungskurse fördern, Vertrauenspersonen benennen, offene Kommunikation über psychische Belastungen ermöglichen, flexible Arbeitszeitmodelle anbieten, um die Vereinbarkeit von Beruf und Familie zu erleichtern.

- **Suchtprävention:** Informationsveranstaltunge n zu Suchtgefahren anbieten, Beratungsstellen vermitteln.

- **Ergonomie am Arbeitsplatz:** Regelmäßige Überprüfung der Arbeitsplätze auf ergonomische Gesichtspunkte, individuelle Anpassung der Arbeitsplätze an die Bedürfnisse der Mitarbeiter, Schulungen zur richtigen Körperhaltung und zum ergonomischen Arbeiten.

- **Betriebliches Gesundheitsmanagement (BGM):** Etablierung eines umfassenden BGM-Systems, das alle relevanten Gesundheitsaspekte berücksichtigt und die Mitarbeiter aktiv einbindet.

- **Gesundheitsfördernde Kommunikation:** Regelmäßige Informationen zu Gesundheitsthemen im Intranet oder per E-Mail, Aushänge mit Gesundheitstipps, Veranstaltung von Gesundheitstagen.

Die erfolgreiche Integration von Gesundheitsaspekten erfordert eine kontinuierliche Auseinandersetzung mit den Bedürfnissen der Mitarbeiter und eine Anpassung der Maßnahmen an die individuellen Gegebenheiten des Unternehmens. Regelmäßige Evaluationen und Feedback-Schleifen sind unerlässlich, um die Wirksamkeit der Maßnahmen zu überprüfen und gegebenenfalls anzupassen. Letztendlich profitieren sowohl die Mitarbeiter als auch das Unternehmen von einem gesundheitsförderlichen Arbeitsumfeld, das Wohlbefinden, Motivation und Leistungsfähigkeit nachhaltig steigert.

Durchführung von Walking-Meetings oder Besprechungen im Stehen

Walking-Meetings und Steh-Besprechungen bieten dynamische und gesundheitsfördernde Alternativen zu herkömmlichen Sitzungen. Sie steigern die Effizienz und verbessern das Mitarbeiterwohlbefinden. Walking-Meetings finden idealerweise im Freien statt, etwa in Parks oder auf einer Runde ums Gebäude. Frische Luft und eine stimulierende Umgebung fördern die Kreativität und Innovation. Die Bewegung regt die Durchblutung und damit die geistige Leistungsfähigkeit an. Die informelle Atmosphäre stärkt die Kommunikation und das Teambuilding. Durch die Konzentration auf den Weg wird die Aufmerksamkeit fokussiert und Ablenkungen minimiert. Herausforderungen sind die Wetterabhängigkeit, die erschwerte Dokumentation und die eingeschränkte Teilnehmerzahl. Sensible Themen und die körperliche Verfassung der Teilnehmer müssen ebenfalls berücksichtigt werden. Bei schlechtem Wetter kann ein Rundgang im Gebäude eine Alternative sein.

Steh-Besprechungen benötigen lediglich einen Raum mit ausreichend Platz. Ein Stehtisch kann hilfreich sein, ist aber nicht zwingend. Sie fördern die Effizienz, da der Wunsch nach einem baldigen Ende die Konzentration auf das Wesentliche lenkt. Das Stehen fördert die Aufmerksamkeit und reduziert Abschweifungen. Auch im Stehen wird die Durchblutung verbessert und Bewegungsmangel entgegengewirkt. Steh-Besprechungen sind spontan und unkompliziert zu organisieren. Längere Stehphasen können jedoch anstrengend sein, daher sollten Hocker oder Sitzgelegenheiten zur Verfügung stehen. Wie bei Walking-Meetings kann die Dokumentation erschwert sein.

Zusammenfassend bieten sowohl Walking-Meetings als auch Steh-Besprechungen wertvolle Alternativen zu traditionellen Sitzungen. Sie steigern Effizienz, Kreativität und Wohlbefinden. Die Wahl der passenden Methode hängt von den individuellen Bedürfnissen, dem Thema und den

Rahmenbedingungen ab. Ein abwechslungsreicher Einsatz beider Varianten ist optimal.

Nutzung von Treppen statt Aufzügen

Die bewusste Entscheidung, Treppen zu steigen anstatt den Aufzug oder die Rolltreppe zu benutzen, stellt eine einfache, aber äußerst effektive Möglichkeit dar, die tägliche Bewegung zu fördern und somit die Gesundheit positiv zu beeinflussen. Gerade im beruflichen Umfeld, wo lange Sitzphasen oft unvermeidbar sind, bietet das Treppensteigen eine willkommene und leicht integrierbare Möglichkeit, körperlich aktiv zu werden. Führungskräfte können hier eine wichtige Vorbildfunktion übernehmen, indem sie selbst regelmäßig die Treppe nutzen und ihre Teams aktiv dazu motivieren, es ihnen gleichzutun.

Der positive Effekt des Treppensteigens auf den Körper ist vielfältig. Schon wenige Treppenstufen am Tag regen das Herz-Kreislauf-System an und stärken die Bein- und Gesäßmuskulatur. Regelmäßiges Treppensteigen erhöht den Kalorienverbrauch und kann somit einen Beitrag zur Gewichtskontrolle leisten. Darüber hinaus wirkt sich die körperliche Aktivität positiv auf das allgemeine Wohlbefinden aus. Treppensteigen kann helfen, Stress abzubauen, den Kopf frei zu bekommen und neue Energie für anstehende Aufgaben zu tanken. Der kurze, aber intensive Bewegungsablauf fördert die Durchblutung und sorgt für eine bessere Sauerstoffversorgung des Gehirns, was die Konzentration und Leistungsfähigkeit steigern kann.

Zusammenfassend lässt sich sagen, dass die Integration des Treppensteigens in den Alltag, und sei es nur für ein paar Stockwerke, eine wertvolle und unkomplizierte Maßnahme darstellt, um die Gesundheit nachhaltig zu fördern. Diese kleinen Veränderungen im täglichen Verhalten können langfristig große gesundheitliche Vorteile mit sich bringen und zu einem gesteigerten Wohlbefinden beitragen.

Einplanung von kurzen Bewegungspausen während langer Sitzungen

Lange Sitzungen und Workshops, insbesondere solche, die mehrere Stunden dauern, können sowohl körperlich als auch geistig anstrengend sein. Langes Sitzen führt zu einer verminderten Durchblutung, was Müdigkeit, Verspannungen, Rückenschmerzen und einen allgemeinen Konzentrationsverlust zur Folge haben kann. Die Produktivität und die Qualität der Ergebnisse leiden darunter. Um dem entgegenzuwirken und die Leistungsfähigkeit der Teilnehmer über die gesamte Dauer der Sitzung aufrechtzuerhalten, sollten Führungskräfte und Organisatoren proaktiv kurze Bewegungspausen in den Ablauf einplanen.

Diese Pausen müssen nicht lang sein, um effektiv zu sein. Bereits kurze Unterbrechungen von 5-10 Minuten alle 60-90 Minuten können einen erheblichen positiven Effekt haben. Sie bieten den Teilnehmern die Möglichkeit, sich zu bewegen, die Muskeln zu lockern und den Kreislauf wieder in Schwung zu bringen.

Hier sind einige Beispiele für Aktivitäten, die während der Bewegungspausen durchgeführt werden können:

- **Leichte Dehnübungen:** Einfache Dehnübungen für Nacken, Schultern, Rücken und Beine können helfen, Verspannungen zu lösen und die Beweglichkeit zu verbessern. Anleitungen für solche Übungen können im Voraus vorbereitet oder von einem Teilnehmer angeleitet werden.

- **Aufstehen und Strecken:** Schon das einfache Aufstehen, Strecken der Arme und Beine und

tiefes Durchatmen kann die Durchblutung
fördern und neue Energie geben.

- **Kurzer Spaziergang:** Wenn möglich, sollten
die Teilnehmer ermutigt werden, einen kurzen
Spaziergang im Raum, im Flur oder –
idealerweise – an der frischen Luft zu machen.
Das bringt den Kreislauf in Schwung und sorgt
für eine bessere Sauerstoffversorgung des
Gehirns.

- **"Energizer"-Aktivitäten:** Kurze, spielerische
Aktivitäten, die Bewegung und Interaktion
fördern, können die Stimmung auflockern und
die Energie steigern. Beispiele hierfür sind
kurze Bewegungsspiele, gemeinsames
Klatschen oder rhythmisches Stampfen.

Die Integration von Bewegungspausen signalisiert den
Teilnehmern, dass ihre Gesundheit und ihr
Wohlbefinden wertgeschätzt werden. Dies fördert ein
positives Arbeitsklima und trägt zu einer nachhaltigen
Leistungsfähigkeit bei. Darüber hinaus können
regelmäßige Pausen die Konzentration und die
Aufnahmefähigkeit der Teilnehmer verbessern, was
letztendlich zu besseren Ergebnissen der Sitzung
führt. Führungskräfte sollten die Pausen daher nicht
als Zeitverlust, sondern als Investition in die

Produktivität und das Wohlbefinden ihrer Mitarbeiter betrachten. Es empfiehlt sich, die Pausen von Anfang an in die Agenda einzuplanen und sie ebenso ernst zu nehmen wie die anderen Programmpunkte.

Bevorzugung von gesunden Snacks und Getränken bei Meetings und Veranstaltungen

Die Bereitstellung von gesunden Snacks und Getränken bei Meetings und Veranstaltungen spielt eine entscheidende Rolle für das Wohlbefinden und die Leistungsfähigkeit der Mitarbeiter. Anstatt auf kalorienreiche und zuckerhaltige Optionen zurückzugreifen, die oft zu einem Energietief und Konzentrationsschwierigkeiten führen, können Führungskräfte durch ein bewusstes Catering einen wertvollen Beitrag zur Gesundheit ihrer Teams leisten und gleichzeitig eine positive Unternehmenskultur fördern.

Gesunde Snacks: Nährstoffreich und energieliefernd

Der Fokus sollte auf natürlichen, unverarbeiteten Lebensmitteln liegen, die den Körper mit wichtigen Vitaminen, Mineralstoffen und Ballaststoffen versorgen. Hier bieten sich vielfältige Alternativen an:

- **Frisches Obst:** Äpfel, Bananen, Orangen, Beeren oder Trauben sind nicht nur erfrischend, sondern liefern auch schnell verfügbare Energie und wichtige Vitamine. Eine ansprechende Präsentation, z.B. in Form eines Obstsalates oder geschnittener Obstspieße, steigert zusätzlich die Attraktivität.

- **Gemüsesticks mit Dip:** Karotten, Gurken, Paprika oder Selleriestangen in Kombination mit einem leichten Joghurt-Dip, Hummus oder Guacamole bieten eine knackige und gesunde Alternative zu Chips oder Knabbergebäck.

- **Nüsse und Samen:** Eine kleine Portion Nüsse, Mandeln, Cashewkerne oder Sonnenblumenkerne liefert wertvolle ungesättigte Fettsäuren, Proteine und Ballaststoffe, die lange satt halten und die Konzentration fördern. Man sollte jedoch auf gesalzene und geröstete Varianten verzichten und stattdessen auf die natürliche Form zurückgreifen.

- **Vollkornprodukte:** Vollkorncracker, -brot oder -sandwiches mit fettarmem Belag wie Hüttenkäse, Putenbrust oder vegetarischen

Aufstrichen stellen eine sättigende und ballaststoffreiche Option dar.

Gesunde Getränke: Erfrischend und kalorienarm

Auch bei den Getränken sollte auf zuckerhaltige Limonaden und Säfte verzichtet werden. Stattdessen bieten sich folgende Alternativen an:

- **Wasser:** Wasser ist das beste und wichtigste Getränk. Es sollte stets in ausreichender Menge und gut zugänglich bereitgestellt werden. Karaffen mit Gurken- oder Zitronenscheiben verleihen dem Wasser eine erfrischende Note.

- **Ungesüßter Tee:** Kräuter- oder Früchtetees bieten eine geschmackvolle Alternative zu Wasser und können sowohl warm als auch kalt serviert werden.

- **Verdünnte Fruchtsäfte:** Fruchtsäfte sollten nur in kleinen Mengen und mit Wasser verdünnt angeboten werden, um den Zuckergehalt zu reduzieren.

Positive Auswirkungen einer bewussten Verpflegung:

Durch die bewusste Auswahl von gesunden Snacks und Getränken demonstrieren Führungskräfte ihre Wertschätzung für die Gesundheit ihrer Mitarbeiter und fördern gleichzeitig eine positive Ernährungskultur im Unternehmen. Dies kann dazu beitragen, dass Mitarbeiter auch in ihrem persönlichen Umfeld verstärkt auf eine ausgewogene Ernährung achten und so langfristig ihre Gesundheit und ihr Wohlbefinden verbessern. Darüber hinaus können gesunde Snacks und Getränke die Konzentration und Leistungsfähigkeit während Meetings und Veranstaltungen steigern und so zu einem produktiveren Arbeitsumfeld beitragen. Die Investition in gesunde Verpflegung ist somit eine Investition in die Gesundheit und das Wohlbefinden der Mitarbeiter und letztendlich auch in den Erfolg des Unternehmens.

Durch die Umsetzung dieser Maßnahmen setzen Führungskräfte ein deutliches Zeichen für die Bedeutung von Gesundheit im Arbeitsumfeld. Sie fördern nicht nur ihr eigenes Wohlbefinden, sondern schaffen auch ein Umfeld, in dem Mitarbeiter sich wertgeschätzt fühlen und motiviert sind, ebenfalls auf ihre Gesundheit zu achten. Dies kann zu einer gesteigerten Zufriedenheit, geringeren Krankheitsausfällen und insgesamt zu einer positiveren Arbeitsatmosphäre führen, von der alle im Unternehmen profitieren.

Berücksichtigung individueller Bedürfnisse und Präferenzen

In einer vielfältigen Belegschaft ist es essentiell, die individuellen Bedürfnisse und Präferenzen jedes Mitarbeiters zu erkennen und zu würdigen. Die Motivation der Mitarbeiter hängt maßgeblich davon ab, wie gut ihre persönlichen Interessen und Werte in den Arbeitsalltag integriert werden können. Nicht jeder Mitarbeiter zeigt dieselbe Begeisterung für bestimmte Aktivitäten oder Aspekte der Gesundheitsförderung. Während manche vielleicht an teamorientierten Sportveranstaltungen teilnehmen möchten, bevorzugen andere möglicherweise individuelle Wellnessangebote oder mentale Entspannungstechniken. Deshalb ist es für Führungskräfte von großer Bedeutung, diese Unterschiede zu berücksichtigen und eine Umgebung zu schaffen, in der sich jeder Mitarbeiter angesprochen und wertgeschätzt fühlt.

Führungskräfte sollten daher:

- **Verschiedene Optionen und Angebote zur Gesundheitsförderung bereitstellen:** Ein breites Spektrum an Gesundheitsangeboten ermöglicht es den Mitarbeitern, diejenigen Aktivitäten auszuwählen, die am besten zu ihren persönlichen Interessen und Lebensstilen passen. Dies kann Fitnesskurse, Yoga, Meditation, Ernährungsworkshops, Stressmanagement-Seminare oder sogar kreative Aktivitäten wie Mal- oder Musiktherapie umfassen. Durch die Bereitstellung vielfältiger Angebote erhöhen Führungskräfte die Wahrscheinlichkeit, dass mehr Mitarbeiter teilnehmen und von den Programmen profitieren.

- **Offen für Vorschläge und Ideen der Mitarbeiter sein:** Die Einbindung der Mitarbeiter in die Gestaltung von Gesundheitsinitiativen fördert nicht nur deren Engagement, sondern stellt auch sicher, dass die angebotenen Programme den tatsächlichen Bedürfnissen der Belegschaft entsprechen. Regelmäßige Feedback-Runden, Umfragen oder Mitarbeitergespräche können wertvolle Einblicke liefern. Wenn Mitarbeiter sehen, dass ihre Meinungen geschätzt und umgesetzt werden, erhöht dies ihre Zufriedenheit und ihr Vertrauen in die Führung.

- **Flexibilität in der Umsetzung von Gesundheitsinitiativen zeigen:** Flexibilität ist der Schlüssel, um den unterschiedlichen Arbeitszeiten, Verpflichtungen und persönlichen Situationen der Mitarbeiter gerecht zu werden. Dies kann bedeuten, dass Gesundheitsangebote zu verschiedenen Tageszeiten oder sogar online verfügbar sind, sodass Mitarbeiter sie in ihren individuellen Zeitplänen integrieren können. Flexible Ansätze berücksichtigen auch unterschiedliche Fitnessniveaus und Fähigkeiten, indem sie Anpassungen oder alternative Optionen anbieten.

- **Respekt für persönliche Grenzen und Entscheidungen der Mitarbeiter haben:** Nicht alle Mitarbeiter möchten oder können an Gesundheitsprogrammen teilnehmen, und das sollte respektiert werden. Druck oder Zwang können zu Unwohlsein führen und das Arbeitsklima negativ beeinflussen. Führungskräfte sollten daher ein Umfeld fördern, in dem die Teilnahme freiwillig ist und persönliche Entscheidungen akzeptiert werden. Dies zeigt den Mitarbeitern, dass ihre Autonomie und ihr Wohlbefinden ernst genommen werden.

Indem Führungskräfte auf die individuellen Bedürfnisse und Präferenzen ihrer Mitarbeiter eingehen, schaffen sie eine inklusive und unterstützende Arbeitsumgebung. Dies fördert nicht nur das körperliche und geistige Wohlbefinden der Belegschaft, sondern steigert auch die Motivation, Produktivität und Loyalität der Mitarbeiter gegenüber dem Unternehmen. Eine solche menschenzentrierte Führungsstrategie trägt langfristig zum Erfolg und zur positiven Kultur des Unternehmens bei.

Langfristige Perspektive und Geduld

Gesundheitliche Veränderungen sind ein Prozess, der Zeit, Engagement und vor allem Geduld erfordert. Es ist vergleichbar mit einem Marathon, der Ausdauer und strategisches Vorgehen benötigt, im Gegensatz zu einem Sprint, der auf schnelle, aber kurzlebige Ergebnisse abzielt. Die Entwicklung eines gesünderen Lebensstils ist kein Wettrennen, sondern eine Reise, die mit Höhen und Tiefen verbunden ist. Es geht darum, nachhaltige Gewohnheiten zu etablieren, die langfristig zu einem verbesserten Wohlbefinden führen. Dies geschieht nicht von heute auf morgen, sondern erfordert kontinuierliche Anstrengungen und die Bereitschaft, sich immer wieder neu zu motivieren.

Führungskräfte, die ihre Mitarbeiter bei diesem Prozess unterstützen möchten, müssen diese langfristige Perspektive verinnerlichen und vor allem Geduld mitbringen. Schnelle Erfolge sind zwar motivierend, aber oft nicht von Dauer. Stattdessen sollte der Fokus auf kontinuierlicher Verbesserung und kleinen, aber stetigen Schritten liegen. Jeder Fortschritt, egal wie klein er erscheinen mag, ist ein Erfolg und sollte als solcher gewürdigt werden. Rückfälle gehören zum Prozess dazu und sollten nicht als Scheitern, sondern als Lernmöglichkeit betrachtet werden.

Ein unterstützendes Umfeld ist entscheidend für den Erfolg. Dies bedeutet, die individuellen Bedürfnisse der Mitarbeiter zu berücksichtigen und ihnen die Ressourcen zur Verfügung zu stellen, die sie benötigen, um ihre Ziele zu erreichen. Dazu können flexible Arbeitszeiten, Zugang zu gesundheitsfördernden Angeboten wie Fitnessstudios oder Ernährungsberatung, sowie regelmäßige Gesundheitschecks gehören. Ebenso wichtig ist eine

offene und positive Kommunikationskultur, in der
Mitarbeiter ihre Herausforderungen und Erfolge teilen
können, ohne Angst vor Stigmatisierung oder Druck.

Geduld zeigt sich auch darin, den Mitarbeitern die Zeit
zu geben, die sie brauchen, um Veränderungen zu
implementieren und neue Gewohnheiten zu
entwickeln. Es ist ein Prozess des Ausprobierens,
Anpassens und Optimierens. Führungskräfte sollten
Verständnis zeigen, wenn der Fortschritt nicht immer
linear verläuft und ihre Mitarbeiter ermutigen, den
eingeschlagenen Weg weiterzugehen. Langfristige
Erfolge im Bereich der Gesundheit entstehen durch
kontinuierliche Bemühungen, unterstützt durch eine
Kultur der Akzeptanz, Geduld und individueller
Förderung.

Realistische Erwartungen setzen: Das Setzen
realistischer Erwartungen ist ein entscheidender
Faktor für den Erfolg von Veränderungsprozessen und
für das Wohlbefinden der Mitarbeiter. Unrealistisch
hohe Erwartungen führen schnell zu Frustration,
Demotivation und letztendlich zum Scheitern der
angestrebten Veränderungen. Anstatt radikale und
schwer umsetzbare Ziele zu fordern, sollten
Führungskräfte einen anderen Weg einschlagen:

Gemeinsam Ziele definieren: Die Definition von Zielen sollte in einem gemeinsamen Dialog zwischen Führungskraft und Mitarbeiter erfolgen. Dieser partizipative Ansatz fördert die Akzeptanz der Ziele und stärkt die Eigenverantwortung der Mitarbeiter. Im Gespräch können individuelle Stärken, Schwächen und Entwicklungspotenziale offen diskutiert und berücksichtigt werden.

Individualisierte und realistische Ziele: Ziele sollten nicht pauschal für alle Mitarbeiter gleich sein, sondern individuell angepasst werden. Dabei müssen die persönlichen Voraussetzungen, wie beispielsweise die vorhandenen Fähigkeiten, Erfahrungen und Ressourcen, unbedingt berücksichtigt werden. Genauso wichtig ist es, den aktuellen Gesundheitszustand und die damit verbundenen Möglichkeiten und Grenzen des Mitarbeiters zu beachten. Nur so können realistische und erreichbare Ziele formuliert werden, die den Mitarbeiter weder überfordern noch unterfordern.

Schrittweise Veränderungen statt radikaler Umbrüche: Kleinere, schrittweise Veränderungen sind langfristig deutlich effektiver als drastische Maßnahmen. Radikale Umbrüche können zwar kurzfristig beeindruckende Ergebnisse liefern, sind aber oft nicht nachhaltig umsetzbar. Sie überfordern die Mitarbeiter und führen schnell zu Widerstand und Demotivation. Schrittweise Veränderungen hingegen ermöglichen es den Mitarbeitern, sich an die neuen Gegebenheiten anzupassen und die Veränderungen in ihren Arbeitsalltag zu integrieren. Erfolge, die auf kleinen Schritten basieren, stärken das Selbstvertrauen und motivieren zu weiteren Veränderungen.

Kontinuierliche Anpassung und Feedback: Der Prozess der Zielsetzung sollte nicht statisch sein. Führungskräfte sollten regelmäßig mit ihren Mitarbeitern in Kontakt treten, um den Fortschritt zu überprüfen und die Ziele gegebenenfalls anzupassen. Dabei ist konstruktives Feedback unerlässlich, um die Mitarbeiter zu unterstützen und ihre Motivation zu fördern. Auch unerwartete Herausforderungen oder Veränderungen im Arbeitsumfeld können eine Anpassung der Ziele erforderlich machen. Flexibilität und Offenheit für Veränderungen sind hier entscheidend.

Zusammenfassend lässt sich sagen, dass realistische Erwartungen die Grundlage für erfolgreiche und nachhaltige Veränderungen bilden. Durch die gemeinsame Definition von individuellen, erreichbaren Zielen und die Umsetzung von schrittweisen Veränderungen schaffen Führungskräfte ein motivierendes Arbeitsumfeld, in dem Mitarbeiter ihr volles Potenzial entfalten können.

Kleine Fortschritte anerkennen und würdigen: Die Anerkennung und Würdigung kleiner Fortschritte spielt eine entscheidende Rolle bei der Förderung eines gesünderen Lebensstils. Jeder Schritt, den Mitarbeiter in diese Richtung unternehmen, unabhängig davon, wie unbedeutend er erscheinen mag, ist ein Sieg und verdient entsprechende Anerkennung. Dies liegt daran, dass selbst kleine Veränderungen im Laufe der Zeit zu signifikanten Verbesserungen der Gesundheit und des Wohlbefindens führen können. Das Ignorieren dieser kleinen Erfolge kann dazu führen, dass die Motivation nachlässt und der Fortschritt stagniert.

Lob und Anerkennung stärken das Selbstvertrauen der Mitarbeiter und bestärken sie darin, dass sie auf dem richtigen Weg sind. Diese positive Verstärkung motiviert sie, ihre Bemühungen fortzusetzen und am Ball zu bleiben, auch wenn es schwierig wird. Ein positives Selbstbild und das Gefühl, etwas erreicht zu haben, sind wichtige Triebfedern für langfristige Verhaltensänderungen.

Es gibt verschiedene Möglichkeiten, die Fortschritte der Mitarbeiter anzuerkennen und zu würdigen:

- **Persönliches Feedback:** Ein kurzes, individuelles Gespräch, in dem die Leistungen des Mitarbeiters hervorgehoben werden, kann sehr motivierend sein. Dabei sollte man konkret auf die beobachteten Veränderungen eingehen und die positive Wirkung betonen.

- **Kleine Incentives:** Symbolische Belohnungen, wie z.b. ein Gutschein für einen gesunden Snack, ein kleines Geschenk oder zusätzliche Freizeit, können als zusätzliche Motivation dienen. Wichtig ist, dass die Incentives zum Gesundheitsziel passen und nicht kontraproduktiv wirken (z.B. keine Süßigkeiten als Belohnung für Gewichtsreduktion).

- **Öffentliche Anerkennung im Team:** Wenn es zum Unternehmen und der jeweiligen Situation passt, kann die Anerkennung auch im Team ausgesprochen werden. Dies kann beispielsweise im Rahmen eines Teammeetings oder über einen internen Newsletter geschehen. Dabei sollte jedoch immer die Privatsphäre des Mitarbeiters respektiert und vorher seine Zustimmung eingeholt werden.

- **Regelmäßiges Feedback:** Anstatt nur auf große Meilensteine zu warten, sollte die Anerkennung regelmäßig erfolgen, um die Motivation konstant zu halten. Auch kleine Schritte sollten hervorgehoben werden, um den Mitarbeitern das Gefühl zu geben, dass ihre Anstrengungen gesehen und geschätzt werden.

- **Spezifisches Lob:** Anstatt allgemein zu loben ("Gut gemacht!"), sollte das Lob spezifisch und beschreibend sein ("Ich finde es toll, dass du jetzt regelmäßig die Treppe nimmst!"). Dadurch wird dem Mitarbeiter verdeutlicht, welches Verhalten positiv bewertet wird.

Die Authentizität und Wertschätzung der Anerkennung sind entscheidend für ihre Wirkung. Leere Floskeln oder übertriebenes Lob wirken unglaubwürdig und demotivierend. Die Anerkennung sollte ehrlich und von Herzen kommen, um die Mitarbeiter nachhaltig zu motivieren und zu inspirieren. Es geht darum, eine positive und unterstützende Atmosphäre zu schaffen, in der sich die Mitarbeiter wohlfühlen und ermutigt werden, ihren Weg zu einem gesünderen Lebensstil fortzusetzen.

Kontinuierliche Unterstützung und Ermutigung bieten, auch bei Rückschlägen: Ein gesunder Lebensstil ist ein Marathon, kein Sprint. Der Weg dorthin ist gepflastert mit guten Absichten, aber auch mit Stolpersteinen und Umwegen. Rückschläge und Herausforderungen sind unvermeidlich, sei es durch Stress, Krankheit, private Verpflichtungen oder schlichtweg durch die Schwierigkeit, alte Gewohnheiten abzulegen. Führungskräfte spielen eine entscheidende Rolle dabei, ihre Mitarbeiter auf diesem Weg zu begleiten und ihnen auch in schwierigen Phasen den Rücken zu stärken. Kontinuierliche Unterstützung und Ermutigung sind hierbei die Schlüsselwörter.

Das bedeutet konkret:

- **Verständnisvolle Kommunikation:** Ein offenes Ohr für die Schwierigkeiten der Mitarbeiter ist essentiell. Führungskräfte sollten aktiv den Dialog suchen und ein Klima schaffen, in dem Mitarbeiter ihre Herausforderungen offen ansprechen können, ohne Angst vor negativen Konsequenzen. Aktives Zuhören, Empathie und die Vermittlung von Verständnis sind hierbei entscheidend.

- **Flexible und individuelle Lösungen:** Die Bedürfnisse und Herausforderungen jedes Mitarbeiters sind einzigartig. Starre Vorgaben und "One-size-fits-all"-Lösungen sind daher oft kontraproduktiv. Stattdessen sollten Führungskräfte gemeinsam mit dem Mitarbeiter individuelle Strategien entwickeln, die den jeweiligen Umständen gerecht werden. Das kann beispielsweise bedeuten, Arbeitszeiten flexibler zu gestalten, Ziele anzupassen oder alternative Wege zur Zielerreichung zu finden.

- **Zugang zu Ressourcen:** Unternehmen können ihren Mitarbeitern eine Reihe von Ressourcen zur Verfügung stellen, die ihnen helfen, gesundheitliche Herausforderungen zu meistern und ihre Ziele zu erreichen. Dazu gehören beispielsweise:

  - **Coaching:** Professionelle Coaches können Mitarbeitern dabei helfen, ihre Motivation zu stärken, Stressbewältigungsstrategien zu entwickeln und ihre Ziele effektiv zu verfolgen.

o **Beratungsangebote:** Bei persönlichen oder psychischen Problemen können Beratungsangebote wertvolle Unterstützung bieten.

o **Workshops und Seminare:** Zu Themen wie gesunde Ernährung, Stressmanagement, Bewegung oder Work-Life-Balance können das Wissen und die Fähigkeiten der Mitarbeiter erweitern.

o **Zugang zu Sport- und Gesundheitseinrichtungen:** Kooperationen mit Fitnessstudios oder die Bereitstellung von Räumlichkeiten für sportliche Aktivitäten können die Mitarbeiter motivieren, sich mehr zu bewegen.

• **Positive Fehlerkultur:** Ein entscheidender Faktor für den langfristigen Erfolg ist die Vermittlung einer positiven Fehlerkultur. Rückschläge sollten nicht als persönliches Versagen, sondern als wertvolle

Lernerfahrungen betrachtet werden. Führungskräfte sollten ihre Mitarbeiter ermutigen, aus Fehlern zu lernen und ihre Strategien entsprechend anzupassen. Das stärkt die Resilienz und fördert die Motivation, den Weg zu einem gesunden Lebensstil weiter zu verfolgen.

Indem Führungskräfte diese Prinzipien umsetzen, schaffen sie ein unterstützendes Umfeld, in dem Mitarbeiter ihre Gesundheit und ihr Wohlbefinden langfristig verbessern können. Dies kommt nicht nur den einzelnen Mitarbeitern zugute, sondern steigert auch die Motivation, Produktivität und das gesamte Arbeitsklima im Unternehmen.

Regelmäßige Reflexion und Anpassung der Gesundheitsinitiativen: Die kontinuierliche Verbesserung von Gesundheitsinitiativen im Unternehmen erfordert einen zyklischen Prozess der Reflexion und Anpassung. Es reicht nicht aus, Programme einfach nur anzubieten; vielmehr müssen diese regelmäßig auf ihre Wirksamkeit und Relevanz überprüft und gegebenenfalls modifiziert werden. Dieser iterative Prozess stellt sicher, dass die Initiativen den tatsächlichen Bedürfnissen der Mitarbeiter entsprechen und den gewünschten positiven Effekt auf deren Gesundheit und Wohlbefinden erzielen.

Evaluation der bestehenden Maßnahmen: Die Evaluation sollte sowohl qualitative als auch quantitative Methoden umfassen.

- **Qualitative Daten:** Umfassendes Mitarbeiterfeedback ist essentiell. Dies kann durch verschiedene Kanäle gesammelt werden, z.B. durch anonyme Umfragen, Fokusgruppen, Einzelgespräche oder auch informelle Feedbackrunden. Dabei sollten gezielt Fragen nach der Zufriedenheit mit den Angeboten, deren Nutzbarkeit im Alltag, Vorschlägen für Verbesserungen und ungestillten Bedürfnissen gestellt werden. Wichtig ist eine offene Feedbackkultur, in der Mitarbeiter ihre Meinung frei äußern können, ohne negative Konsequenzen befürchten zu müssen.

- **Quantitative Daten:** Die Analyse von Kennzahlen liefert objektive Einblicke in die Effektivität der Maßnahmen. Je nach Initiative können unterschiedliche Kennzahlen relevant sein, z.B. die Teilnahmequoten an Programmen, die Nutzung bestimmter

Angebote, Veränderungen im Krankenstand, die Entwicklung von Gesundheitsindikatoren (z.B. Blutdruck, BMI) oder die Mitarbeiterzufriedenheit im Bereich Gesundheit. Diese Daten helfen, den Erfolg der Initiativen messbar zu machen und Bereiche mit Verbesserungspotenzial zu identifizieren.

Anpassung der Gesundheitsinitiativen: Basierend auf den Ergebnissen der Evaluation sollten die Gesundheitsinitiativen angepasst werden. Dies kann verschiedene Formen annehmen:

- **Optimierung bestehender Angebote:** Möglicherweise müssen bestehende Programme nur geringfügig angepasst werden, z.B. durch veränderte Kurszeiten, die Integration neuer Inhalte oder die Anpassung an spezifische Bedürfnisse bestimmter Mitarbeitergruppen.

- **Einführung neuer Initiativen:** Die Evaluation kann auch den Bedarf an gänzlich neuen Angeboten aufzeigen, z.B. im Bereich Stressmanagement, Ernährung oder Ergonomie.

- **Einstellung ineffektiver Maßnahmen:** Manchmal zeigt die Evaluation, dass bestimmte Programme nicht den gewünschten Erfolg erzielen oder von den Mitarbeitern nicht angenommen werden. In solchen Fällen ist es sinnvoll, diese Angebote einzustellen und die Ressourcen in effektivere Maßnahmen zu investieren.

Flexibilität und kontinuierliche Verbesserung: Die Bedürfnisse der Mitarbeiter und die Rahmenbedingungen im Unternehmen ändern sich ständig. Daher ist es entscheidend, die Gesundheitsinitiativen flexibel zu gestalten und kontinuierlich an die neuen Gegebenheiten anzupassen. Ein regelmäßiger Zyklus aus Evaluation, Anpassung und erneuter Evaluation ist unerlässlich, um langfristig eine positive Wirkung auf die Gesundheit und das Wohlbefinden der Mitarbeiter zu erzielen und somit auch zum Unternehmenserfolg beizutragen. Die Bereitschaft der Führungskräfte, auf Feedback zu reagieren und Ressourcen für die Gesundheitsförderung bereitzustellen, ist dabei ein entscheidender Erfolgsfaktor.

Authentisches Vorbild: Die authentische Vorbildfunktion einer Führungskraft ist ein entscheidender Faktor für die Motivation der Mitarbeiter, einen gesunden Lebensstil zu führen. Viel wirkungsvoller als reine Appelle oder gar Druck von oben ist es, wenn die Führungskräfte die gewünschten Werte und Verhaltensweisen selbst glaubwürdig verkörpern. Das bedeutet nicht, dass sie in jeder Hinsicht perfekt sein müssen und einen makellosen, gesunden Lebensstil vorleben müssen. Im Gegenteil: Authentizität entsteht gerade dadurch, dass Führungskräfte auch ihre eigenen Herausforderungen offen ansprechen und zeigen, dass der Weg zu einem gesunden Lebensstil ein kontinuierlicher Prozess mit Höhen und Tiefen ist.

Wenn eine Führungskraft beispielsweise selbst regelmäßig Sport treibt und sich gesund ernährt, signalisiert sie ihren Mitarbeitern, dass ihr diese Themen wichtig sind und nicht nur leere Worthülsen darstellen. Noch stärker wird diese Botschaft, wenn die Führungskraft auch über ihre eigenen Schwierigkeiten spricht, etwa die Motivation für Sport nach einem langen Arbeitstag zu finden oder die Verlockung ungesunder Snacks zu widerstehen. Diese Offenheit schafft Vertrauen und zeigt den Mitarbeitern, dass sie mit ihren eigenen

Herausforderungen nicht alleine sind. Es entsteht eine Kultur des gemeinsamen Lernens und der gegenseitigen Unterstützung.

Die Vorbildfunktion der Führungskraft ist somit ein integraler Bestandteil eines umfassenden Ansatzes zur Förderung eines gesunden Lebensstils im Unternehmen. Dieser Ansatz sollte neben der authentischen Vorbildfunktion auch realistische Zielsetzungen, kontinuierliche Unterstützung und individuelle Förderung der Mitarbeiter umfassen. Indem Führungskräfte ein solches positives und motivierendes Umfeld schaffen, tragen sie maßgeblich dazu bei, dass ihre Mitarbeiter langfristig eine gesündere und fittere Lebensweise entwickeln und ihre Gesundheit und ihr Wohlbefinden nachhaltig verbessern können. Dies wiederum wirkt sich positiv auf die Arbeitszufriedenheit, die Motivation und letztlich auch auf den Erfolg des Unternehmens aus.

Aufbau eines gesundheitsfördernden Umfelds im Unternehmen

Neben der persönlichen Vorbildfunktion und der direkten Motivation der Mitarbeiter spielen Führungskräfte eine entscheidende Rolle beim Aufbau eines gesundheitsfördernden Umfelds im Unternlds im Unternehmen. Dies umfasst sowohl die physische Gestaltung des Arbeitsplatzes als auch die Schaffung von Strukturen und Prozessen, die eine gesunde Lebensweise unterstützen.

Gestaltung einer gesundheitsfördernden Arbeitsumgebung

Die Gestaltung einer gesundheitsfördernden Arbeitsumgebung ist ein essentieller Bestandteil moderner Führung und trägt maßgeblich zur Mitarbeiterzufriedenheit, -motivation und -gesundheit bei. Führungskräfte spielen dabei eine Schlüsselrolle, indem sie aktiv Maßnahmen initiieren und fördern, die das physische Arbeitsumfeld optimieren. Dies geht über die reine Erfüllung gesetzlicher Vorgaben hinaus und zeigt Wertschätzung gegenüber den Mitarbeitern.

Ergonomische Arbeitsplatzgestaltung: Ergonomie am Arbeitsplatz zielt darauf ab, die Arbeitsbedingungen an die physischen Bedürfnisse der Mitarbeiter anzupassen. Investitionen in höhenverstellbare Schreibtische ermöglichen ein dynamisches Arbeiten im Sitzen und Stehen, was Rückenproblemen vorbeugt und die Durchblutung fördert. Ergonomische Stühle, die individuell an die Körpergröße und -haltung angepasst werden können, unterstützen eine gesunde Sitzhaltung und entlasten die Wirbelsäule. Anpassbare Monitore, die in Höhe und Neigung verstellt werden können, beugen Nacken- und Augenbeschwerden vor. Die Bereitstellung von ergonomischen Eingabegeräten wie Mäusen und Tastaturen vervollständigt das Konzept.

Bewegungsfördernde Raumkonzepte: Um Bewegungsmangel entgegenzuwirken, sollten Arbeitsumgebungen aktiv zu mehr Bewegung motivieren. Die Einrichtung von Steharbeitsplätzen bietet die Möglichkeit, die Arbeitshaltung regelmäßig zu wechseln. Bewegungszonen, die beispielsweise mit Gymnastikbällen, Balance-Boards oder kleinen Sportgeräten ausgestattet sind, laden zu kurzen Bewegungspausen und aktiven Erholungssequenzen ein. Attraktiv gestaltete Treppenhäuser animieren dazu, die Treppe anstelle des Aufzugs zu benutzen. Auch die Platzierung von Druckern oder

Kaffeemaschinen in einem gewissen Abstand zum Arbeitsplatz fördert die Bewegung im Büroalltag.

Schaffung von Ruhe- und Entspannungsbereichen: Ruhephasen und Möglichkeiten zum Rückzug sind wichtig, um Stress abzubauen und neue Energie zu tanken. Die Einrichtung von Rückzugsräumen oder gemütlich gestalteten Loungebereichen bietet Mitarbeitern die Möglichkeit, sich für kurze Pausen zurückzuziehen, in Ruhe zu telefonieren oder einfach nur zu entspannen. Diese Bereiche sollten möglichst ruhig gelegen und mit bequemen Sitzgelegenheiten ausgestattet sein. Auch die Bereitstellung von Möglichkeiten zur Entspannung, wie z.B. Massagesessel oder Entspannungsmusik, kann sinnvoll sein.

Optimierung der Beleuchtung und Raumakustik: Eine angemessene Beleuchtung und eine angenehme Raumakustik tragen wesentlich zum Wohlbefinden bei. Tageslichtähnliche Beleuchtung fördert die Konzentration und reduziert Müdigkeit. Wo natürliches Tageslicht nicht ausreichend vorhanden ist, sollten hochwertige Beleuchtungssysteme eingesetzt werden. Lärmbelastungen durch Telefonate, Gespräche oder Maschinen sollten so weit wie möglich reduziert werden. Dies kann durch schallabsorbierende Materialien an Wänden und Decken, Raumteiler oder die Bereitstellung von Telefonkabinen erreicht werden.

Verbesserung der Luftqualität: Eine gute Luftqualität ist essentiell für die Gesundheit und das Wohlbefinden. Regelmäßiges Lüften und die Installation von Luftreinigungssystemen sorgen für frische und saubere Luft. Grünpflanzen im Büro tragen nicht nur zur Verbesserung der Luftqualität bei, sondern schaffen auch eine angenehmere Atmosphäre. Sie filtern Schadstoffe aus der Luft und erhöhen die Luftfeuchtigkeit.

Beispiel: Ein Abteilungsleiter erkennt den Bedarf an mehr Bewegungsmöglichkeiten und ergonomischeren Arbeitsplätzen in seinem Team. Er setzt sich dafür ein, dass höhenverstellbare Schreibtische angeschafft werden, damit die Mitarbeiter zwischen Sitzen und Stehen wechseln können. Zusätzlich richtet er eine "aktive Ecke" ein, die mit Gymnastikbällen, Therabändern und einer kleinen Bibliothek mit Übungsanleitungen ausgestattet ist. Diese Maßnahmen fördern die Gesundheit und das Wohlbefinden seiner Mitarbeiter und tragen zu einem positiven Arbeitsklima bei. Er organisiert außerdem Workshops zur richtigen Nutzung der höhenverstellbaren Schreibtische und zur Durchführung von kurzen Bewegungsübungen, um die Mitarbeiter für das Thema Gesundheit am Arbeitsplatz zu sensibilisieren und die Akzeptanz der neuen Angebote zu erhöhen.

Implementierung von Gesundheitsprogrammen und -initiativen

Die Implementierung von Gesundheitsprogrammen und -initiativen im Unternehmen erfordert einen strategischen und umfassenden Ansatz. Führungskräfte spielen eine entscheidende Rolle, indem sie die Entwicklung, Umsetzung und nachhaltige Integration solcher Programme fördern. Im Folgenden werden die genannten Punkte detaillierter ausgeführt:

1. Betriebliches Gesundheitsmanagement (BGM):

Ein strukturiertes BGM bildet das Fundament für alle weiteren gesundheitsfördernden Maßnahmen. Es geht über einzelne Angebote hinaus und umfasst eine ganzheitliche Betrachtung der Mitarbeitergesundheit. Dies beinhaltet:

- **Bedarfsanalyse:** Eine systematische Erhebung der gesundheitlichen Bedürfnisse und Belastungen der Mitarbeiter durch

Befragungen, Krankenstandsanalysen oder Workshops.

- **Zielsetzung:** Formulierung konkreter, messbarer, erreichbarer, relevanter und zeitgebundener (SMART) Ziele für das Gesundheitsprogramm.

- **Maßnahmenplanung:** Entwicklung eines Maßnahmenkatalogs, der auf die identifizierten Bedürfnisse abgestimmt ist und verschiedene Bereiche abdeckt (z.B. Bewegung, Ernährung, Stressmanagement).

- **Integration in die Unternehmensstruktur:** Verankerung des BGM in der Unternehmenskultur und -strategie, um langfristige Wirksamkeit zu gewährleisten.

- **Evaluation:** Regelmäßige Überprüfung der Wirksamkeit der Maßnahmen und Anpassung an veränderte Bedürfnisse.

- **Kommunikation:** Transparente und zielgruppenorientierte Kommunikation über das Programm und seine Vorteile, um die Mitarbeitermotivation und -partizipation zu fördern.

2. Gesundheitschecks und Vorsorgeuntersuchungen:

Regelmäßige Gesundheitschecks und Vorsorgeuntersuchungen ermöglichen die frühzeitige Erkennung von gesundheitlichen Risiken und Erkrankungen.

- **Kooperation mit Ärzten und Gesundheitsdienstleistern:** Organisation von Vorsorgeuntersuchungen im Unternehmen oder die Bezuschussung externer Angebote.

- **Individuelle Beratung:** Möglichkeit für Mitarbeiter, die Ergebnisse ihrer Gesundheitschecks mit einem Arzt oder Gesundheitsberater zu besprechen.

- **Sensibilisierung für Prävention:** Information der Mitarbeiter über die Bedeutung von Vorsorgeuntersuchungen und gesundheitsbewusstem Verhalten.

- **Datenschutz:** Sicherstellung des Datenschutzes und der Vertraulichkeit der medizinischen Informationen.

3. Sportangebote und Fitnessaktivitäten:

Die Förderung von Bewegung und sportlicher Aktivität trägt zur Verbesserung der körperlichen und mentalen Gesundheit bei.

- **Vielfältige Angebote:** Bereitstellung eines breiten Spektrums an Sportmöglichkeiten, um unterschiedliche Interessen und Fitnesslevel anzusprechen (z.B. Firmenläufe, Yogakurse, Teamsportarten, Fitnessstudio-Kooperationen).

- **Flexible Teilnahme:** Berücksichtigung der Arbeitszeiten und individuellen Bedürfnisse der Mitarbeiter bei der Gestaltung der Angebote.

- **Förderung der Teambildung:** Nutzung von Sportangeboten zur Stärkung des Teamgeists und der Mitarbeitermotivation.

- **Bezuschussung von Fitnessstudio-Mitgliedschaften oder Sportkursen:** Finanzielle Unterstützung für Mitarbeiter, die sich sportlich betätigen möchten.

4. Ernährungsberatung und gesunde Kantinenangebote:

Eine ausgewogene Ernährung spielt eine wichtige Rolle für die Gesundheit und das Wohlbefinden.

- **Gesunde Mahlzeiten und Snacks in der Kantine:** Angebot von ausgewogenen, nährstoffreichen und abwechslungsreichen Speisen, die auch vegetarische und vegane Optionen beinhalten.

- **Ernährungsworkshops und -seminare:** Vermittlung von Wissen über gesunde Ernährung und praktische Tipps für die Umsetzung im Alltag.

- **Kennzeichnung von gesunden Produkten:** Erleichterung der Auswahl gesunder Lebensmittel durch klare Kennzeichnung in der Kantine.

- **Bereitstellung von Obst und Gemüse:** Kostenlose oder vergünstigte Bereitstellung von frischem Obst und Gemüse im Unternehmen.

5. Stressmanagement und Resilienztraining:

Stress ist ein weit verbreitetes Problem am Arbeitsplatz und kann negative Auswirkungen auf die Gesundheit haben.

- **Kurse zu Entspannungstechniken:** Angebot von Kursen zu verschiedenen Entspannungstechniken wie Meditation, Yoga, Autogenes Training oder Progressive Muskelentspannung.

- **Resilienztrainings:** Stärkung der psychischen Widerstandsfähigkeit der Mitarbeiter durch gezielte Trainings, die den Umgang mit Stress und Herausforderungen verbessern.

- **Workshops zum Thema Zeitmanagement und Arbeitsorganisation:** Vermittlung von Strategien zur effektiven Bewältigung von Arbeitsbelastungen und zur Vermeidung von Stress.

- **Schaffung einer gesundheitsförderlichen Arbeitsumgebung:** Identifizierung und Reduzierung von Stressfaktoren am Arbeitsplatz durch Maßnahmen wie flexible Arbeitszeiten, ergonomische Arbeitsplätze und eine positive Führungskultur.

Durch die Implementierung dieser Maßnahmen können Unternehmen die Gesundheit und das Wohlbefinden ihrer Mitarbeiter nachhaltig fördern, die Mitarbeitermotivation und -produktivität steigern und gleichzeitig den Krankenstand reduzieren. Es ist wichtig, die Maßnahmen individuell auf die Bedürfnisse des Unternehmens und seiner Mitarbeiter abzustimmen und die Programme regelmäßig zu evaluieren und anzupassen.

Förderung einer gesunden Work-Life-Balance

Die Förderung einer gesunden Work-Life-Balance ist essentiell für das Wohlbefinden der Mitarbeiter und die langfristige Leistungsfähigkeit des Unternehmens. Wie bereits an verschiedenen Stellen in diesem Buch ausführlich dargelegt, spielen Führungskräfte eine entscheidende Rolle bei der Etablierung von Strukturen und Prozessen, die eine solche Balance unterstützen. Es reicht nicht aus, die Bedeutung einer Work-Life-Balance lediglich zu betonen; konkrete Maßnahmen sind erforderlich, um sie im Arbeitsalltag zu verankern. Hierzu zählen unter anderem folgende Punkte:

- **Flexible Arbeitszeitmodelle:** Die Einführung von Gleitzeit ermöglicht Mitarbeitern, ihre Arbeitszeiten an ihre individuellen Bedürfnisse anzupassen. Teilzeitoptionen bieten die Möglichkeit, die Arbeitszeit zu reduzieren und so mehr Raum für private Verpflichtungen oder Interessen zu schaffen. Homeoffice-Möglichkeiten erlauben es, von zu Hause aus zu arbeiten und so beispielsweise Pendelzeiten zu sparen und die Vereinbarkeit von Familie und Beruf zu verbessern. Die Implementierung solcher flexiblen Arbeitsmodelle signalisiert Wertschätzung und Vertrauen gegenüber den Mitarbeitern und kann die Motivation und Produktivität steigern.

- **Klare Regelungen zur Erreichbarkeit:** In einer zunehmend digitalisierten Arbeitswelt verschwimmen die Grenzen zwischen Arbeits- und Privatleben immer mehr. Daher ist es unerlässlich, klare Regeln zur Erreichbarkeit zu definieren. Festlegung von Zeiten, in denen keine dienstlichen Anfragen erwartet werden – beispielsweise abends, am Wochenende oder im Urlaub – schützt die Regenerationszeit der Mitarbeiter und beugt Burnout vor. Diese

Regelungen müssen von den Führungskräften aktiv vorgelebt und respektiert werden.

- **Förderung von Auszeiten:** Urlaubszeiten und Sabbaticals sind essentiell für die Erholung und die langfristige Gesundheit der Mitarbeiter. Führungskräfte sollten die Planung und Nutzung von Auszeiten aktiv unterstützen und sicherstellen, dass Mitarbeiter ihren Urlaub tatsächlich antreten können, ohne durch ständige Anfragen belastet zu werden. Eine positive Einstellung gegenüber Auszeiten und eine entsprechende Unternehmenskultur tragen maßgeblich zur Mitarbeiterzufriedenheit bei.

- **Familienfreundliche Maßnahmen:** Die Vereinbarkeit von Familie und Beruf stellt für viele Mitarbeiter eine große Herausforderung dar. Unternehmen können hier durch gezielte Maßnahmen unterstützen, beispielsweise durch die Einrichtung von Eltern-Kind-Büros oder die Bereitstellung von Informationen und Unterstützung bei der Kinderbetreuung. Solche Maßnahmen zeigen, dass das Unternehmen die Bedürfnisse von Familien

ernst nimmt und fördern ein positives
Arbeitsklima.

Die genannten Punkte sind nur einige Beispiele für
mögliche Maßnahmen zur Förderung einer gesunden
Work-Life-Balance. Wie bereits in den vorherigen
Kapiteln dieses Buches ausführlich diskutiert, ist es
wichtig, individuell passende Lösungen zu finden, die
den spezifischen Bedürfnissen der Mitarbeiter und
den Anforderungen des Unternehmens gerecht
werden. Ein offener Dialog zwischen Führungskräften
und Mitarbeitern ist dabei unerlässlich.

**Integration von Gesundheitsaspekten in
Unternehmensprozesse**

Die Integration von Gesundheitsaspekten in
Unternehmensprozesse ist kein isoliertes Projekt,
sondern ein kontinuierlicher Prozess, der in die
Unternehmensstrategie eingebettet sein sollte.
Führungskräfte spielen dabei eine entscheidende
Rolle, indem sie die Verantwortung für die Gesundheit
ihrer Mitarbeiter übernehmen und die notwendigen
Rahmenbedingungen schaffen. Dies umfasst weit
mehr als nur die Einhaltung gesetzlicher Vorgaben,
sondern zielt auf die Schaffung einer
gesundheitsförderlichen Arbeitsumgebung und die
Stärkung der individuellen Gesundheitskompetenz

der Mitarbeiter. Konkret können Führungskräfte auf verschiedenen Ebenen aktiv werden:

1. Personalentwicklung:

- **Integration von Gesundheitskompetenzen in Weiterbildungsprogramme:** Hier geht es nicht nur um Schulungen zu Ergonomie oder Stressmanagement, sondern auch um die Vermittlung von Wissen über gesunde Ernährung, Bewegung, Work-Life-Balance und psychische Gesundheit. Angebote können Workshops, Seminare, Online-Kurse oder auch Coaching-Sessions sein.

- **Berücksichtigung von Gesundheitsaspekten in Karriereplanungen:** Gesundheit sollte als wichtiger Faktor bei der Karriereentwicklung berücksichtigt werden. Dies beinhaltet die Förderung individueller Stärken und Ressourcen, die Vermeidung von Überforderung und die Schaffung von Entwicklungsmöglichkeiten, die die Gesundheit der Mitarbeiter unterstützen. Flexible Arbeitsmodelle, Sabbaticals oder Teilzeitoptionen können hier eine wichtige Rolle spielen.

2. Leistungsbeurteilung:

- **Integration von Gesundheitszielen in Zielvereinbarungen:** Gesundheitsziele können sowohl auf individueller als auch auf Teamebene vereinbart werden. Beispiele hierfür sind die Teilnahme an Gesundheitsprogrammen, die Reduzierung von Überstunden oder die Verbesserung der Arbeitsorganisation. Wichtig ist, dass die Ziele realistisch und messbar sind und dass die Mitarbeiter in die Zielsetzung einbezogen werden.

- **Berücksichtigung von Gesundheitsaspekten in Leistungsbewertungen:** Die Leistung eines Mitarbeiters sollte nicht nur anhand quantitativer Kennzahlen, sondern auch unter Berücksichtigung seines Gesundheitszustandes bewertet werden. Ein Mitarbeiter, der trotz gesundheitlicher Herausforderungen gute Leistungen erbringt, sollte entsprechend gewürdigt werden. Gleichzeitig sollte die Leistungsbewertung als Anlass dienen, um über gesundheitsförderliche Maßnahmen zu sprechen und gegebenenfalls Unterstützung anzubieten.

3. Projektmanagement:

- **Berücksichtigung von Gesundheitsaspekten bei der Planung und Durchführung von Projekten:** Bereits in der Planungsphase von Projekten sollten potenzielle Belastungen für die Mitarbeiter identifiziert und entsprechende Maßnahmen zur Gesundheitsförderung ergriffen werden. Dies umfasst beispielsweise realistische Zeitpläne, klare Rollenverteilungen, regelmäßige Pausen und die Förderung der Zusammenarbeit im Team. Auch die ergonomische Gestaltung des Arbeitsplatzes und die Bereitstellung von Ressourcen spielen eine wichtige Rolle.

4. Arbeitszeiterfassung:

- **Implementierung von Systemen, die übermäßige Arbeitszeiten und fehlende Pausen sichtbar machen:** Moderne Zeiterfassungssysteme können helfen, Überlastung frühzeitig zu erkennen und gegenzusteuern. Die Daten können genutzt werden, um Arbeitsabläufe zu optimieren,

Ressourcen besser zu verteilen und die Einhaltung von Ruhezeiten sicherzustellen. Transparente Arbeitszeitmodelle und eine offene Kommunikation über Arbeitsbelastung sind ebenfalls wichtig.

Zusätzliche Aspekte:

- **Führungskräfte als Vorbilder:** Führungskräfte sollten selbst ein gesundheitsbewusstes Verhalten vorleben und die Bedeutung von Gesundheit im Unternehmen aktiv kommunizieren.

- **Partizipation der Mitarbeiter:** Die Mitarbeiter sollten in die Entwicklung und Umsetzung von Gesundheitsmaßnahmen einbezogen werden, um Akzeptanz und Wirksamkeit zu gewährleisten.

- **Evaluation der Maßnahmen:** Die Wirksamkeit der implementierten Maßnahmen sollte regelmäßig überprüft und gegebenenfalls angepasst werden.

Durch die Integration von Gesundheitsaspekten in die Unternehmensprozesse können Unternehmen nicht nur die Gesundheit und das Wohlbefinden ihrer Mitarbeiter fördern, sondern auch von positiven

Effekten wie gesteigerter Produktivität, reduzierten Fehlzeiten und einer verbesserten Mitarbeiterbindung profitieren. Eine Investition in die Gesundheit der Mitarbeiter ist somit auch eine Investition in den Erfolg des Unternehmens.

Förderung einer offenen Kommunikationskultur

Eine offene und vertrauensvolle Kommunikationskultur ist essentiell für ein gesundheitsförderndes Arbeitsumfeld. Sie ermöglicht den Mitarbeitenden, ihre Bedürfnisse und Anliegen im Bezug auf ihre Gesundheit offen anzusprechen, ohne Angst vor negativen Konsequenzen. Führungskräfte spielen eine entscheidende Rolle bei der Etablierung und Förderung einer solchen Kultur. Hier sind einige konkrete Maßnahmen, die sie ergreifen können:

1. Regelmäßige Gesundheits-Feedbackgespräche mit Mitarbeitenden führen:

- Diese Gespräche sollten nicht nur auf die Arbeitsleistung, sondern auch auf das gesundheitliche Wohlbefinden der Mitarbeitenden eingehen.

- Führungskräfte sollten aktiv nachfragen, wie es den Mitarbeitenden geht, ob sie Belastungen erleben und welche Unterstützung sie benötigen.

- Wichtig ist dabei eine empathische und wertschätzende Haltung, die den Mitarbeitenden signalisiert, dass ihre Gesundheit ernst genommen wird.

- Die Gespräche sollten in einem geschützten Rahmen stattfinden und die Vertraulichkeit gewährleisten.

- Konkrete Maßnahmen und Vereinbarungen, die aus den Gesprächen resultieren, sollten dokumentiert und nachverfolgt werden.

2. Anonyme Feedbackmöglichkeiten zu Gesundheitsthemen einrichten:

- Anonyme Befragungen, Vorschlagskästen (physisch oder digital) oder eine interne Gesundheits-Hotline ermöglichen es Mitarbeitenden, auch sensible Themen anzusprechen, ohne ihre Identität preisgeben zu müssen.

- Dieses Vorgehen kann helfen, Hemmschwellen abzubauen und ein ehrlicheres Bild der gesundheitlichen Situation im Unternehmen zu erhalten.

- Die Ergebnisse der anonymen Feedbackmöglichkeiten sollten transparent kommuniziert und für die Entwicklung von Maßnahmen genutzt werden. Dabei ist darauf zu achten, die Anonymität der Teilnehmenden zu wahren.

3. Gesundheitsbezogene Themen in Team-Meetings und Abteilungsbesprechungen integrieren:

- Die regelmäßige Thematisierung von Gesundheit im Arbeitsalltag trägt dazu bei, das Bewusstsein für gesundheitsfördernde Maßnahmen zu schärfen und die Akzeptanz für diese zu erhöhen.

- Mögliche Themen sind beispielsweise Stressmanagement, gesunde Ernährung, Bewegung am Arbeitsplatz, Ergonomie oder die Vereinbarkeit von Beruf und Privatleben.

- Es können auch externe Expert*innen eingeladen werden, um Vorträge zu halten oder Workshops anzubieten.

- Wichtig ist, dass die Themen relevant für die Mitarbeitenden sind und ein offener Austausch ermöglicht wird.

4. Erfolgsgeschichten und Best Practices im Bereich Gesundheit im Unternehmen teilen:

- Positive Beispiele und Erfolgsgeschichten aus dem Unternehmen können andere Mitarbeitende motivieren, sich ebenfalls mit dem Thema Gesundheit auseinanderzusetzen und gesundheitsfördernde Maßnahmen zu nutzen.

- Dies kann beispielsweise durch interne Newsletter, Intranet-Artikel oder Präsentationen in Teammeetings geschehen.

- Die Erfolge können auch in Form von Auszeichnungen oder Anerkennungen gewürdigt werden.

- Die Transparenz und der Austausch von Best Practices fördern das Lernen voneinander und die kontinuierliche Verbesserung der Gesundheitsförderung im Unternehmen.

Durch die konsequente Umsetzung dieser Maßnahmen können Führungskräfte eine offene und vertrauensvolle Kommunikationskultur schaffen, die die Grundlage für ein gesundheitsförderndes Arbeitsumfeld bildet und zum Wohlbefinden der Mitarbeitenden beiträgt.

Kooperationen und Netzwerke

Führungskräfte spielen eine entscheidende Rolle bei der Förderung der Gesundheit ihrer Mitarbeiter. Der Aufbau von Kooperationen und Netzwerken erweitert die Möglichkeiten und Ressourcen, die Unternehmen zur Verfügung stehen, und kann die Wirksamkeit von Gesundheitsmaßnahmen deutlich erhöhen. Hier eine detailliertere Betrachtung der genannten Punkte:

1. Zusammenarbeit mit externen Gesundheitsexperten und -dienstleistern:

- **Vorteile:** Zugang zu spezialisiertem Wissen und professioneller Unterstützung in Bereichen wie Ernährungsberatung, Stressmanagement, Suchtprävention, Ergonomie am Arbeitsplatz oder Gesundheitschecks. Externe Dienstleister können maßgeschneiderte Programme und Workshops entwickeln und durchführen, die auf die spezifischen Bedürfnisse der Mitarbeiter abgestimmt sind.

- **Beispiele:** Zusammenarbeit mit Physiotherapeuten für Rückenschulungen, Verträge mit Fitnessstudios für vergünstigte Mitgliedschaften, Beauftragung von Ernährungsberatern für Workshops zu gesunder Ernährung am Arbeitsplatz, Einbindung von Psychologen für Stressbewältigungstrainings oder Coachings.

- **Umsetzung:** Klare Bedarfsanalyse im Unternehmen, Auswahl geeigneter Experten und Dienstleister, Festlegung von Zielen und Erfolgskriterien, transparente Kommunikation mit den Mitarbeitern.

2. Austausch mit anderen Unternehmen zu Best Practices im Gesundheitsmanagement:

- **Vorteile:** Lernen von erfolgreichen Beispielen anderer Unternehmen, Identifizierung von innovativen Ansätzen und Vermeidung von Fehlern. Der Austausch kann Inspiration für neue Ideen liefern und die Motivation zur Umsetzung eigener Gesundheitsmaßnahmen steigern.

- **Beispiele:** Teilnahme an Best-Practice-Sharing-Veranstaltungen, Besuch von

Unternehmen mit vorbildlichen
Gesundheitsmanagement-Systemen,
Austausch in regionalen oder
branchenbezogenen Netzwerken.

- **Umsetzung:** Aktive Suche nach geeigneten
  Austauschpartnern, offene Kommunikation
  und Bereitschaft zum Teilen von Erfahrungen,
  regelmäßiger Austausch und gemeinsame
  Reflexion.

**3. Teilnahme an branchenübergreifenden
Gesundheitsinitiativen und -netzwerken:**

- **Vorteile:** Zugriff auf umfangreiche Ressourcen
  und Expertenwissen, Vernetzung mit anderen
  Unternehmen und Organisationen, die sich für
  die Gesundheit ihrer Mitarbeiter engagieren.
  Teilnahme an gemeinsamen Projekten und
  Förderprogrammen.

- **Beispiele:** Initiativen von
  Gesundheitsorganisationen, Kampagnen zur
  Förderung der gesunden Ernährung oder
  Bewegung, Netzwerke für betriebliches
  Gesundheitsmanagement.

- **Umsetzung:** Recherche nach relevanten
  Initiativen und Netzwerken, aktive Teilnahme

an Veranstaltungen und Arbeitsgruppen, Nutzung der angebotenen Ressourcen.

4. Kooperationen mit lokalen Sportvereinen oder Gesundheitseinrichtungen:

- **Vorteile:** Förderung der körperlichen Aktivität der Mitarbeiter, Zugang zu qualifizierten Trainern und Sportangeboten, Vergünstigte Mitgliedschaften oder Kurse. Stärkung der regionalen Verbundenheit und des Unternehmensimages.

- **Beispiele:** Kooperation mit Fitnessstudios, Schwimmbädern, Yoga-Studios, Sportvereinen, Physiotherapiepraxen oder Rehabilitationszentren.

- **Umsetzung:** Kontaktaufnahme mit potenziellen Partnern, Aushandeln von Vertragskonditionen, Information der Mitarbeiter über die Angebote, ggf. finanzielle Unterstützung oder Zuschüsse.

Zusammenfassend lässt sich sagen, dass der Aufbau von Kooperationen und Netzwerken ein wichtiger Bestandteil eines erfolgreichen Gesundheitsmanagements ist. Durch die strategische Nutzung externer Ressourcen und den Austausch mit anderen Akteuren können Unternehmen die Gesundheit ihrer Mitarbeiter nachhaltig fördern und gleichzeitig von Synergieeffekten profitieren. Wichtig ist dabei eine klare Zielsetzung, eine sorgfältige Auswahl der Partner und eine transparente Kommunikation mit den Mitarbeitern.

Kontinuierliche Evaluation und Anpassung

verwende nicht das wort zusammenfassend: Kontinuierliche Evaluation und Anpassung sind essentiell für ein nachhaltig gesundheitsförderndes Umfeld im Unternehmen. Es reicht nicht aus, einmalig Maßnahmen zu implementieren. Vielmehr muss ein fortlaufender Prozess etabliert werden, der sicherstellt, dass die Angebote den Bedürfnissen der Mitarbeiter entsprechen und ihre Wirkung entfalten. Führungskräfte spielen dabei eine entscheidende Rolle und sollten folgende Punkte beachten:

1. **Regelmäßige Befragungen zur Mitarbeiterzufriedenheit und zum Gesundheitszustand:**

   Um die Bedürfnisse der Mitarbeiter zu erfassen und die Wirksamkeit der Maßnahmen zu evaluieren, sind regelmäßige Befragungen unerlässlich. Diese sollten sowohl die

Zufriedenheit mit den bestehenden Angeboten als auch den allgemeinen Gesundheitszustand und das Wohlbefinden der Mitarbeiter abfragen. Dabei können verschiedene Methoden zum Einsatz kommen, wie z.B. anonyme Online-Umfragen, Mitarbeitergespräche oder Fokusgruppen. Wichtig ist, dass die Befragungen regelmäßig, z.B. jährlich oder halbjährlich, durchgeführt werden, um Veränderungen frühzeitig zu erkennen und entsprechend reagieren zu können. Die Ergebnisse sollten transparent kommuniziert und als Grundlage für Anpassungen genutzt werden.

2. **Erhebung und Auswertung relevanter Kennzahlen:**

Neben den Befragungen sollten auch objektive Kennzahlen erhoben und analysiert werden, um den Erfolg der Gesundheitsförderung zu messen. Dazu gehören beispielsweise:

Krankenstand: Ein sinkender Krankenstand kann ein Indikator für verbesserte Mitarbeitergesundheit sein. Allerdings sollten auch die Gründe für den Krankenstand analysiert werden, um gezielte Maßnahmen ableiten zu können. Fluktuation: Eine hohe Fluktuation kann auf Unzufriedenheit und mangelndes Wohlbefinden hindeuten. Teilnahmequoten an Gesundheitsangeboten: Die Teilnahmequoten geben Aufschluss darüber, wie gut die Angebote angenommen werden und ob sie den Bedürfnissen der Mitarbeiter entsprechen. Produktivität und Arbeitsleistung: Auch wenn die Messung komplex ist, kann ein Zusammenhang zwischen Mitarbeitergesundheit und Produktivität hergestellt werden. Stresslevel und psychische Belastungen: Durch spezielle Messinstrumente und Befragungen können Stresslevel und psychische Belastungen erfasst und im Zeitverlauf beobachtet werden. 3. Regelmäßige Überprüfung der Wirksamkeit von Gesundheitsinitiativen und -programmen:

Bestehende Gesundheitsinitiativen und -programme sollten regelmäßig auf ihre Wirksamkeit überprüft werden. Hierbei gilt es zu analysieren, ob die gesetzten Ziele erreicht wurden und welche Auswirkungen die Maßnahmen auf die Mitarbeitergesundheit und das Unternehmen haben. Ineffektive Programme sollten angepasst oder durch neue

Angebote ersetzt werden. Die Evaluation kann durch interne oder externe Experten durchgeführt werden.

4. **Offenheit für neue Ideen und Ansätze:**

Die betriebliche Gesundheitsförderung ist ein dynamisches Feld. Neue Erkenntnisse und Trends sollten regelmäßig verfolgt und in die Gestaltung des gesundheitsfördernden Umfelds integriert werden. Führungskräfte sollten offen für neue Ideen und Ansätze sein und die Mitarbeiter aktiv in die Entwicklung und Umsetzung von Maßnahmen einbeziehen. Der Austausch mit anderen Unternehmen und Experten kann ebenfalls wertvolle Impulse liefern.

Kontinuierliche Evaluation und Anpassung sind Schlüsselfaktoren für eine erfolgreiche betriebliche Gesundheitsförderung. Ein gesundheitsförderndes und nachhaltig erfolgreiches Umfeld entsteht nur durch regelmäßiges Monitoring, Kennzahlenanalyse und die Bereitschaft zur Veränderung. So können die Bedürfnisse der Mitarbeiter erfüllt und der Unternehmenserfolg unterstützt werden.

Berücksichtigung rechtlicher und ethischer Aspekte

Die Schaffung eines gesundheitsfördernden Arbeitsumfelds ist eine wichtige Führungsaufgabe, die neben den praktischen Aspekten auch eine sorgfältige Berücksichtigung rechtlicher und ethischer Implikationen erfordert. Ein respektvoller und sensibler Umgang mit den Mitarbeiterdaten und ihrer Gesundheit ist unerlässlich, um Vertrauen zu schaffen und die Wirksamkeit der Maßnahmen zu gewährleisten. Folgende Punkte sind dabei von besonderer Bedeutung:

1. Einhaltung von Datenschutzbestimmungen bei der Erhebung gesundheitsbezogener Daten:

Gesundheitsdaten sind besonders sensible personenbezogene Daten und unterliegen strengen Datenschutzbestimmungen, insbesondere der Datenschutzgrundverordnung (DSGVO). Die Erhebung, Verarbeitung und Speicherung von Gesundheitsdaten muss auf einer rechtmäßigen Grundlage erfolgen, z.B. der Einwilligung des Mitarbeiters oder einer gesetzlichen Verpflichtung. Die Daten müssen zweckgebunden verwendet werden und dürfen nur den Personen zugänglich sein, die diese für die Erfüllung ihrer Aufgaben benötigen.

Eine transparente Informationspolitik gegenüber den Mitarbeitern über die Art der erhobenen Daten, den Zweck der Erhebung und die Sicherheitsmaßnahmen ist unerlässlich. Zudem müssen angemessene technische und organisatorische Maßnahmen zum Schutz der Daten vor unbefugtem Zugriff, Verlust oder Veränderung getroffen werden.

2. Respektierung der Privatsphäre und der persönlichen Grenzen der Mitarbeiter:

Gesundheitsfragen sind privat und sensibel. Führungskräfte müssen die Privatsphäre ihrer Mitarbeiter respektieren und dürfen keinen Druck auf sie ausüben, gesundheitsbezogene Informationen preiszugeben. Die Teilnahme an Gesundheitsprogrammen muss stets freiwillig sein und darf nicht mit negativen Konsequenzen für die Mitarbeiter verbunden sein, die nicht teilnehmen möchten. Auch die Art der angebotenen Maßnahmen sollte die persönlichen Grenzen der Mitarbeiter respektieren und darf nicht als übergriffig empfunden werden.

3. Vermeidung von Diskriminierung oder Benachteiligung aufgrund des Gesundheitszustands:

Der Gesundheitszustand eines Mitarbeiters darf niemals zu Diskriminierung oder Benachteiligung führen. Führungskräfte müssen sicherstellen, dass alle Mitarbeiter gleichberechtigt behandelt werden, unabhängig von ihrer Gesundheit. Dies gilt insbesondere für den Zugang zu Weiterbildungsmaßnahmen, Beförderungen und anderen Karrierechancen. Auch im Umgang mit Krankheit und Arbeitsunfähigkeit müssen Führungskräfte sensibel und respektvoll agieren und die gesetzlichen Vorgaben beachten.

4. Sicherstellung der Freiwilligkeit bei der Teilnahme an Gesundheitsprogrammen:

Die Teilnahme an Gesundheitsprogrammen muss für alle Mitarbeiter freiwillig sein. Es darf kein Druck auf die Mitarbeiter ausgeübt werden, an solchen Programmen teilzunehmen. Die Freiwilligkeit muss auch in der Kommunikation über die Programme deutlich gemacht werden. Mitarbeiter, die nicht teilnehmen möchten, dürfen keine Nachteile erfahren. Ebenso darf die Nichtteilnahme keine

Auswirkungen auf die Beurteilung oder die Karriereentwicklung haben.

Ein gesundheitsförderndes Arbeitsumfeld trägt maßgeblich zur Mitarbeiterzufriedenheit und - motivation bei und kann langfristig zu einer höheren Produktivität und geringeren Fehlzeiten führen. Die Umsetzung dieser Maßnahmen erfordert jedoch ein sensibles und verantwortungsvolles Vorgehen der Führungskräfte, das die rechtlichen und ethischen Aspekte in den Mittelpunkt stellt. Nur so kann ein vertrauensvolles Klima geschaffen werden, das die Gesundheit und das Wohlbefinden aller Mitarbeiter fördert.

Zusammenfassung und Ausblick

Die Führung durch Vorbildfunktion im Bereich Gesundheit und Fitness ist ein mächtiges Instrument, um eine positive Veränderung in Unternehmen zu bewirken. Führungskräfte, die selbst eine gesunde und fitte Lebensweise pflegen, können ihre Mitarbeiter inspirieren, motivieren und ein Umfeld schaffen, das die Gesundheit und das Wohlbefinden aller fördert.

Die Vorbildfunktion von Führungskräften wirkt sich auf verschiedenen Ebenen aus:

1. Beeinflussung der Unternehmenskultur: Durch ihr eigenes Verhalten setzen Führungskräfte Standards und prägen die Werte des Unternehmens in Bezug auf Gesundheit und Wohlbefinden.

2. Motivation und Inspiration der Mitarbeiter: Durch authentisches Vorleben und aktive Unterstützung können Führungskräfte ihre Mitarbeiter dazu ermutigen, selbst gesündere Gewohnheiten zu entwickeln.

3. Gestaltung eines gesundheitsfördernden Umfelds: Führungskräfte spielen eine Schlüsselro Schlüsselrolle bei der Implementierung von Strukturen, Prozessen und Programmen, die die Gesundheit der Mitarbeiter unterstützen.

Um diese Vorbildfunktion erfolgreich auszuüben, sollten Führungskräfte:

- Authentisch und konsistent in ihrem eigenen gesundheitsbewussten Verhalten sein

- Offen über ihre eigenen Erfahrungen, Herausforderungen und Erfolge kommunizieren

- Aktiv Gesundheitsinitiativen im Unternehmen vorantreiben und unterstützen

- Individuelle Bedürfnisse und Präferenzen der Mitarbeiter berücksichtigen

- Langfristig denken und Geduld bei der Umsetzung von Veränderungen zeigen

Die Schaffung eines gesundheitsfördernden Umfelds im Unternehmen erfordert einen ganzheitlichen Ansatz, der verschiedene Aspekte berücksichtigt:

- Physische Gestaltung des Arbeitsplatzes

- Implementierung von Gesundheitsprogrammen und -initiativen

- Förderung einer gesunden Work-Life-Balance

- Integration von Gesundheitsaspekten in Unternehmensprozesse

- Förderung einer offenen Kommunikationskultur

- Aufbau von Kooperationen und Netzwerken

- Kontinuierliche Evaluation und Anpassung der Maßnahmen

Für die Zukunft ist zu erwarten, dass die Bedeutung der Führung durch Vorbildfunktion im Bereich Gesundheit und Fitness weiter zunehmen wird. Angesichts steigender gesundheitlicher Herausforderungen in der Arbeitswelt und eines wachsenden Bewusstseins für die Wichtigkeit von Prävention und Wohlbefinden werden Unternehmen verstärkt auf Führungskräfte setzen, die in diesem Bereich eine Vorreiterrolle einnehmen können.

Gleichzeitig werden sich neue Herausforderungen ergeben, wie etwa:

- Die Integration von Gesundheitsaspekten in zunehmend digitale und flexible Arbeitsumgebungen

- Der Umgang mit einer alternden Belegschaft und generationenübergreifenden Gesundheitsbedürfnissen

- Die Berücksichtigung von Diversität und Inklusion in Gesundheitsprogrammen

- Die Balance zwischen Förderung der Mitarbeitergesundheit und Respektierung der Privatsphäre

Führungskräfte, die diese Herausforderungen annehmen und durch ihr eigenes Beispiel eine gesunde und fitte Lebensweise vorleben, werden einen entscheidenden Beitrag zum Erfolg und zur Nachhaltigkeit ihrer Unternehmen leisten. Sie schaffen nicht nur ein gesünderes und produktiveres Arbeitsumfeld, sondern tragen auch zur persönlichen Entwicklung un und Zufriedenheit ihrer Mitarbeiter bei.

Letztendlich geht es darum, eine Unternehmenskultur zu etablieren, in der Gesundheit und Wohlbefinden als zentrale Werte verankert sind und in der jeder Einzelne - von der Führungskraft bis zum Mitarbeiter - die Möglichkeit und Unterstützung erhält, sein volles Potenzial zu entfalten. Dies erfordert Engagement, Ausdauer und die Bereitschaft, als Vorbild voranzugehen und andere zu inspirieren.

Kapitel 7:

Nachhaltigkeit und langfristige Planung

Fitness und Gesundheit sind keine kurzfristigen Ziele, sondern ein lebenslanger Prozess. Nachhaltigkeit ist der Schlüssel, um die Früchte Ihrer Bemühungen langfristig zu ernten und Ihre neu gewonnene Vitalität in Ihren Führungsalltag zu integrieren. Dieses Kapitel befasst sich mit der Erstellung eines langfristigen Plans, der Bedeutung der Selbstreflexion und Anpassungsfähigkeit sowie inspirierenden Erfolgsgeschichten von Führungskräften, die durch Fitness und Gesundheit ihre Führungsqualitäten verbessert haben.

7.1 Einen Langfristigen Fitness- und Gesundheitsplan Erstellen:

Ein nachhaltiger Fitness- und Gesundheitsplan ist der Schlüssel zu einem vitaleren, gesünderen und erfüllteren Leben. Er ist kein kurzfristiges Projekt, sondern eine langfristige Investition in Ihr Wohlbefinden. Der Aufbau eines solchen Plans erfordert eine realistische Selbsteinschätzung, klare Zielsetzung und vor allem die Bereitschaft, Ihre

Gewohnheiten nachhaltig zu verändern. Vermeiden Sie unrealistische Erwartungen und den Druck, alles auf einmal zu ändern. Konzentrieren Sie sich stattdessen auf schrittweise Verbesserungen und feiern Sie jeden einzelnen Erfolg. Die folgenden Schritte bieten einen umfassenden Leitfaden zur Erstellung eines individuellen Plans, der zu Ihnen passt und Sie langfristig unterstützt:

1. Bestandsaufnahme: Kennen Sie Ihren Ausgangspunkt

Bevor Sie mit der Planung Ihrer Gesundheitsreise beginnen, ist eine gründliche Bestandsaufnahme Ihres aktuellen Zustands unerlässlich. Dieser Schritt dient als Fundament für Ihren individuellen Plan und hilft Ihnen, Bereiche zu identifizieren, in denen Verbesserungen möglich und wünschenswert sind. Nur wer seinen Ausgangspunkt kennt, kann den Weg zum Ziel effektiv planen und seinen Fortschritt messen. Im Folgenden werden die vier Schlüsselbereiche Fitness, Ernährung, Stress und Schlaf detailliert beleuchtet:

Fitness ist mehr als nur sportliche Höchstleistungen. Es geht darum, sich in seinem Körper wohlzufühlen, gesund zu bleiben und die Lebensqualität zu steigern. Der erste Schritt zu einem erfolgreichen

Fitnessprogramm ist eine ehrliche
Bestandsaufnahme Ihrer aktuellen Situation, die
sowohl subjektive Einschätzungen als auch objektive
Daten berücksichtigt und Ihre individuellen
Bedürfnisse in den Mittelpunkt stellt.

1. Aktuelles Fitnesslevel ermitteln: Eine ehrliche Selbsteinschätzung

Bevor Sie mit einem Trainingsprogramm beginnen, ist
es wichtig, Ihr aktuelles Fitnesslevel realistisch
einzuschätzen. Stellen Sie sich folgende Fragen und
beantworten Sie diese ehrlich, ohne sich selbst zu
über- oder unterfordern:

- **Alltagstauglichkeit:** Wie leicht fallen Ihnen
  alltägliche Bewegungen? Können Sie mehrere
  Treppenstufen hinaufsteigen, ohne außer Atem
  zu geraten oder Ihre Beine stark zu belasten?
  Wie lange können Sie zügig gehen, ohne zu
  ermüden? Fällt es Ihnen schwer, sich zu
  bücken oder Gegenstände zu heben?

- **Sportliche Aktivitäten:** Welche sportlichen
  Aktivitäten fallen Ihnen leicht, welche schwer?
  Können Sie eine kurze Strecke joggen, ohne
  Seitenstechen oder Atemnot zu bekommen?
  Wie lange können Sie schwimmen, Rad fahren

oder andere Sportarten ausüben, bevor Sie erschöpft sind?

- **Vorherige Erfahrungen:** Haben Sie bereits Erfahrung mit bestimmten Sportarten? Gibt es Sportarten, die Ihnen früher Spaß gemacht haben und die Sie gerne wieder aufnehmen oder intensivieren möchten? Welche Art von Training (Ausdauer, Kraft, Flexibilität) haben Sie in der Vergangenheit bevorzugt?

- **Schwierigkeiten und Einschränkungen:** Gibt es Bewegungen oder Aktivitäten, die Ihnen Schmerzen bereiten? Haben Sie gesundheitliche Einschränkungen, die bestimmte Sportarten ausschließen? Fühlen Sie sich schnell erschöpft oder demotiviert?

Diese ehrliche Selbsteinschätzung gibt Ihnen einen ersten Überblick über Ihre körperliche Verfassung und hilft Ihnen, realistische Ziele zu setzen.

2. Objektive Daten sammeln: Professionelle Unterstützung nutzen

Neben der subjektiven Einschätzung ist es ratsam, objektive Daten über Ihre körperliche Verfassung zu sammeln. Ein Fitness-Test, durchgeführt von einem Arzt, Sportwissenschaftler oder in einem qualifizierten Fitnessstudio, kann Ihnen wertvolle Informationen liefern. Ein solcher Test kann folgende Bereiche abdecken:

- **Ausdauer:** Messung der kardiovaskulären Fitness, z.B. durch einen Belastungstest auf dem Fahrrad oder Laufband.

- **Kraft:** Bestimmung der Maximalkraft und Kraftausdauer verschiedener Muskelgruppen.

- **Flexibilität:** Bewertung der Beweglichkeit der Gelenke und Muskeln.

- **Körperzusammensetzung:** Ermittlung des Körperfettanteils, der Muskelmasse und des Wassergehalts.

- **Ruhepuls und Blutdruck:** Wichtige Indikatoren für die Herz-Kreislauf-Gesundheit.

Diese objektiven Daten bieten eine solide Grundlage für die Planung Ihres individuellen Trainingsprogramms. Sie helfen Ihnen, Ihre Stärken und Schwächen zu identifizieren und Ihr Training gezielt darauf auszurichten.

3. Vorlieben und Einschränkungen berücksichtigen: Training mit Freude und Sicherheit

Ein erfolgreiches Trainingsprogramm berücksichtigt nicht nur Ihre körperliche Verfassung, sondern auch Ihre persönlichen Vorlieben und eventuelle Einschränkungen. Die Integration dieser Faktoren erhöht die Motivation und die Wahrscheinlichkeit, dass Sie langfristig am Ball bleiben.

- **Spaßfaktor:** Wählen Sie Sportarten und Aktivitäten, die Ihnen Spaß machen! Wenn Sie Ihr Training genießen, werden Sie es mit größerer Wahrscheinlichkeit regelmäßig durchführen.

- **Zeitliche Ressourcen:** Berücksichtigen Sie Ihren Alltag und planen Sie Ihr Training so, dass es sich gut in Ihren Zeitplan integrieren lässt.

- **Körperliche Einschränkungen:** Achten Sie auf Ihre Gesundheit und wählen Sie Trainingsformen, die Ihren körperlichen Möglichkeiten entsprechen. Besprechen Sie eventuelle gesundheitliche Probleme oder Einschränkungen mit Ihrem Arzt oder Physiotherapeuten.

- **Soziale Komponente:** Trainieren Sie gerne alleine oder in der Gruppe? Die soziale Interaktion kann die Motivation steigern und das Training angenehmer gestalten.

Indem Sie Ihre persönlichen Vorlieben und Einschränkungen in Ihr Trainingsprogramm integrieren, schaffen Sie die besten Voraussetzungen für ein nachhaltiges und gesundes Fitnessprogramm, das Ihnen Freude bereitet und Ihre Lebensqualität verbessert.

Ernährung optimieren: Ein detaillierter Blick auf Ihre Essgewohnheiten

Eine gesunde und ausgewogene Ernährung ist der Grundstein für körperliches und geistiges Wohlbefinden. Um Ihre Ernährungsgewohnheiten zu verbessern und potenzielle Schwachstellen zu identifizieren, ist eine gründliche Analyse Ihres aktuellen Essverhaltens unerlässlich. Ein Ernährungstagebuch bietet hierfür die ideale Grundlage.

1. Ernährungstagebuch führen: Transparenz schaffen

Ein detailliertes Ernährungstagebuch ist das wichtigste Werkzeug, um Ihre Essgewohnheiten sichtbar zu machen und ein Bewusstsein für Ihre tägliche Nahrungsaufnahme zu entwickeln. Dokumentieren Sie über einen Zeitraum von mindestens einer, idealerweise zwei Wochen, alles, was Sie konsumieren – jede Mahlzeit, jeden Snack und jedes Getränk. Je genauer Ihre Aufzeichnungen, desto aussagekräftiger die spätere Analyse. Achten Sie dabei auf folgende Punkte:

- **Lebensmittel:** Notieren Sie die Art der Lebensmittel so präzise wie möglich. Statt einfach "Brot" zu schreiben, notieren Sie beispielsweise "Vollkornbrot" oder "Weißbrot". Bei Fertiggerichten notieren Sie den genauen Produktnamen.

- **Mengen:** Die Mengenangabe ist entscheidend, um ein realistisches Bild Ihrer Kalorienzufuhr zu erhalten. Verwenden Sie hierfür gängige Maßeinheiten wie Gramm, Milliliter, Esslöffel oder Stückzahlen. Eine Küchenwaage kann Ihnen dabei helfen, die Mengen präzise zu bestimmen.

- **Zubereitungsart:** Die Zubereitungsart beeinflusst den Nährstoffgehalt und die Kalorienzufuhr. Notieren Sie daher, ob die Lebensmittel gekocht, gebraten, gedünstet,

gebacken oder roh verzehrt wurden.
Verwenden Sie beispielsweise "gegrilltes
Hähnchenbrustfilet" anstatt nur "Hähnchen".

- **Uhrzeiten:** Die Uhrzeiten Ihrer Mahlzeiten und
  Snacks geben Aufschluss über Ihr
  Essverhalten und können helfen, ungünstige
  Muster zu erkennen. Notieren Sie daher die
  genaue Uhrzeit jeder Nahrungsaufnahme.

- **Ort:** Wo essen Sie? Zu Hause, im Büro, im
  Restaurant oder unterwegs? Der Ort kann
  Einfluss auf Ihre Essensauswahl haben.

- **Gefühle/Stimmung:** Optional können Sie
  auch Ihre Gefühle und Stimmungen vor,
  während und nach dem Essen notieren. Dies
  kann helfen, emotionales Essen zu
  identifizieren.

2. Essverhalten analysieren: Schwachstellen erkennen

Nach der Dokumentationsphase beginnt die
eigentliche Analyse Ihres Ernährungstagebuchs.
Betrachten Sie Ihre Aufzeichnungen kritisch und
stellen Sie sich folgende Fragen:

- **Ausgewogenheit:** Wie ausgewogen ist Ihre Ernährung? Nehmen Sie ausreichend Obst, Gemüse, Vollkornprodukte, Proteine und gesunde Fette zu sich? Orientieren Sie sich an den Empfehlungen der Ernährungspyramide.

- **Fertiggerichte:** Wie oft greifen Sie zu Fertiggerichten? Diese enthalten oft hohe Mengen an Zucker, Fett und Salz. Versuchen Sie, den Konsum von Fertiggerichten zu reduzieren und stattdessen frische Lebensmittel zu verwenden.

- **Mikronährstoffe:** Versorgen Sie sich ausreichend mit Vitaminen und Mineralstoffen? Ein Blick auf die Nährwertangaben der Lebensmittel kann Ihnen dabei helfen.

- **Ballaststoffe:** Nehmen Sie genügend Ballaststoffe zu sich? Ballaststoffe fördern die Verdauung und tragen zu einem längeren Sättigungsgefühl bei. Gute Ballaststoffquellen sind Vollkornprodukte, Obst, Gemüse und Hülsenfrüchte.

- **Proteine:** Ist Ihre Proteinzufuhr ausreichend? Proteine sind wichtig für den Aufbau und Erhalt von Muskelmasse. Gute Proteinquellen sind Fleisch, Fisch, Eier, Milchprodukte, Hülsenfrüchte und Nüsse.

- **Essensmuster:** Erkennen Sie Muster in Ihrem Essverhalten? Essen Sie regelmäßig zu den gleichen Uhrzeiten? Haben Sie Heißhungerattacken zu bestimmten Tageszeiten oder in bestimmten Situationen? Identifizieren Sie Auslöser für ungesundes Essverhalten.

- **Portionsgrößen:** Sind Ihre Portionsgrößen angemessen? Achten Sie darauf, nicht zu große Portionen zu essen.

3. Flüssigkeitszufuhr beachten: Wasser ist essentiell

Die Flüssigkeitszufuhr ist ein wichtiger Bestandteil einer gesunden Ernährung und sollte ebenfalls in Ihrem Ernährungstagebuch dokumentiert werden. Stellen Sie sich folgende Fragen:

- **Menge:** Trinken Sie ausreichend Flüssigkeit über den Tag verteilt? Die empfohlene Menge liegt bei etwa 1,5 bis 2 Litern pro Tag.

- **Getränkewahl:** Welche Getränke konsumieren Sie hauptsächlich? Greifen Sie häufig zu zuckerhaltigen Getränken wie Limonaden oder Säften? Versuchen Sie, Ihren Konsum dieser Getränke zu reduzieren und stattdessen Wasser, ungesüßten Tee oder Mineralwasser zu trinken.

Durch die detaillierte Führung und Analyse Ihres Ernährungstagebuchs gewinnen Sie wertvolle Erkenntnisse über Ihre Essgewohnheiten und können gezielt Maßnahmen ergreifen, um Ihre Ernährung zu optimieren und Ihre Gesundheit zu fördern. Konsultieren Sie bei Bedarf einen Ernährungsberater oder Arzt, um individuelle Empfehlungen zu erhalten.

Stress:

Stress ist eine natürliche Reaktion des Körpers auf Herausforderungen und Veränderungen in unserer Umgebung. Während kurzfristiger Stress uns helfen kann, konzentriert und leistungsfähig zu bleiben, kann anhaltender oder chronischer Stress schwerwiegende Folgen für unsere körperliche und geistige Gesundheit haben. Um Stress effektiv zu bewältigen, ist es wichtig, die individuellen Auslöser, das eigene Stresslevel und die damit verbundenen Muster zu verstehen.

Stressauslöser identifizieren:

Stress entsteht nicht im Vakuum. Bestimmte
Ereignisse, Situationen oder auch Gedankenmuster
können als Trigger fungieren und die Stressreaktion
auslösen. Die Identifizierung dieser persönlichen
Stressauslöser ist der erste Schritt zur effektiven
Stressbewältigung. Dies erfordert eine ehrliche
Selbstreflexion und die Bereitschaft, sich mit den
eigenen Emotionen und Reaktionen
auseinanderzusetzen.

- **Berufliche
  Herausforderungen:** Überforderung im Job,
  Termindruck, Konflikte mit Kollegen,
  mangelnde Anerkennung oder die Angst vor
  dem Jobverlust können erhebliche Stressoren
  sein. Auch die ständige Erreichbarkeit durch
  moderne Kommunikationsmittel kann zu
  einem Gefühl der Überforderung führen.

- **Familiäre Probleme:** Konflikte innerhalb der
  Familie, finanzielle Sorgen, Krankheit eines
  Angehörigen oder die Pflegebedürftigkeit von
  Familienmitgliedern können ebenfalls starken
  Stress verursachen.

- **Situationen im Alltag:** Staus im Berufsverkehr, lange Warteschlangen, Lärm, soziale Verpflichtungen oder auch der Druck, den eigenen Ansprüchen gerecht zu werden, können im Alltag zu Stress führen.

- **Persönliche Faktoren:** Perfektionismus, negative Gedankenmuster, geringes Selbstwertgefühl oder die Schwierigkeit, "Nein" zu sagen, können die Anfälligkeit für Stress erhöhen.

Es ist wichtig, sich die Zeit zu nehmen, die individuellen Stressauslöser systematisch zu erforschen. Fragen Sie sich: "Was genau löst in mir Stress aus? Welche Situationen, Personen oder Gedankenmuster führen dazu, dass ich mich angespannt und überfordert fühle?"

Stresslevel bewerten:

Die Bewertung des eigenen Stresslevels hilft dabei, das Ausmaß der Belastung einzuschätzen und die Notwendigkeit von Maßnahmen zur Stressbewältigung zu erkennen. Dabei geht es nicht nur darum, akuten Stress zu identifizieren, sondern auch um die Erkennung von chronischem Stress, der oft schleichend einsetzt und lange unbemerkt bleibt.

- **Häufigkeit:** Wie oft fühlen Sie sich gestresst? Ist Stress ein ständiger Begleiter oder tritt er nur in bestimmten Situationen auf?

- **Intensität:** Wie stark ist der Stress, den Sie empfinden? Fühlen Sie sich leicht angespannt, überfordert oder gar völlig blockiert?

- **Dauer:** Wie lange halten die Stressphasen an? Sind es kurze Episoden oder hält der Stress über einen längeren Zeitraum an?

- **Körperliche Symptome:** Achten Sie auf körperliche Anzeichen von Stress wie Kopfschmerzen, Schlafstörungen, Magen-Darm-Probleme, Muskelverspannungen oder erhöhten Blutdruck.

- **Emotionale Symptome:** Beobachten Sie auch emotionale Reaktionen wie Reizbarkeit, Angst, Niedergeschlagenheit, Konzentrationsschwierigkeiten oder ein Gefühl der inneren Unruhe.

Stress-Tagebuch führen:

Ein Stress-Tagebuch kann ein wertvolles Instrument sein, um die eigenen Stressmuster zu analysieren und die Verbindung zwischen Stressauslösern,

Stressreaktionen und Bewältigungsstrategien zu verstehen. Ähnlich wie bei einem Ernährungstagebuch werden hier regelmäßig und detailliert die Stresserfahrungen dokumentiert.

- **Datum und Uhrzeit:** Notieren Sie, wann der Stress aufgetreten ist.

- **Situation/Auslöser:** Beschreiben Sie die Situation, die den Stress ausgelöst hat. Was genau ist passiert? Welche Personen waren beteiligt?

- **Gedanken und Gefühle:** Welche Gedanken und Gefühle hatten Sie in der Stresssituation?

- **Körperliche Reaktionen:** Welche körperlichen Symptome haben Sie wahrgenommen?

- **Intensität des Stresses:** Bewerten Sie die Stärke des Stresses auf einer Skala (z.B. von 1 bis 10).

- **Bewältigungsstrategien:** Welche Strategien haben Sie angewendet, um mit dem Stress umzugehen? Waren diese Strategien hilfreich?

Durch die regelmäßige Dokumentation der Stresserfahrungen werden Muster und Zusammenhänge sichtbar. Sie erkennen, welche

Situationen, Personen oder Gedankenmuster typischerweise Stress auslösen und welche Bewältigungsstrategien sich in der Vergangenheit als hilfreich erwiesen haben. Diese Erkenntnisse bilden die Grundlage für die Entwicklung individueller und effektiver Strategien zur Stressbewältigung.

Schlaf: Ein essentieller Bestandteil für Gesundheit und Wohlbefinden

Schlaf ist weit mehr als nur eine Ruhepause. Er ist ein fundamentaler Prozess, der für unsere körperliche und geistige Regeneration unerlässlich ist. Ausreichend und qualitativ hochwertiger Schlaf beeinflusst unsere Leistungsfähigkeit, unser Immunsystem, unsere Stimmung und sogar unser Langzeitgedächtnis. Um die bestmögliche Erholung zu gewährleisten, ist es wichtig, die eigenen Schlafgewohnheiten zu analysieren, die Schlafqualität zu bewerten und mögliche schlafstörende Faktoren zu identifizieren.

1. Schlafgewohnheiten analysieren:

Gesunder Schlaf ist essentiell für unser körperliches und geistiges Wohlbefinden. Er beeinflusst unsere Konzentration, unsere Stimmung, unser Immunsystem und viele weitere wichtige

Körperfunktionen. Die Basis für gesunden Schlaf bilden regelmäßige Schlafgewohnheiten. Eine gründliche Analyse des eigenen Schlafverhaltens ist daher der erste und wichtigste Schritt, um Schlafprobleme zu identifizieren und die Schlafqualität zu optimieren. Dabei sollten Sie folgende Aspekte kritisch hinterfragen:

1. Schlafdauer:

Ein erholsamer Schlaf ist fundamental für unsere körperliche und geistige Gesundheit. Die Frage, wie viele Stunden Sie durchschnittlich pro Nacht schlafen, ist daher von entscheidender Bedeutung. Es gibt keine allgemeingültige Antwort auf die optimale Schlafdauer, da diese individuell variiert und von einer Reihe von Faktoren abhängt. Alter, genetische Veranlagung, persönlicher Lebensstil und der Grad der körperlichen Aktivität spielen dabei eine wichtige Rolle.

Während Neugeborene deutlich mehr Schlaf benötigen, reduziert sich der Bedarf im Laufe des Lebens. Die meisten Erwachsenen benötigen jedoch zwischen 7 und 9 Stunden Schlaf pro Nacht, um sich am nächsten Tag ausgeruht, leistungsfähig und konzentriert zu fühlen. Es gibt jedoch auch sogenannte "Kurzschläfer" und "Langschläfer", die genetisch bedingt mit weniger bzw. mehr Schlaf auskommen. Wichtig ist, auf die Signale des eigenen Körpers zu achten und die individuell benötigte Schlafdauer zu ermitteln.

Achten Sie auf Anzeichen, die auf einen möglichen Schlafmangel hindeuten können. Dazu gehören:

- **Tagesmüdigkeit:** Fühlen Sie sich tagsüber oft müde und erschöpft, obwohl Sie vermeintlich ausreichend geschlafen haben?

- **Konzentrationsschwierigkeiten:** Fällt es Ihnen schwer, sich zu konzentrieren, und machen Sie vermehrt Fehler?

- **Reizbarkeit und Stimmungsschwankungen:** Sind Sie schneller gereizt, fühlen sich emotional unausgeglichen oder leiden unter Stimmungsschwankungen?

- **Geschwächtes Immunsystem:** Erkälten Sie sich häufiger oder dauert es länger, bis Sie sich von Krankheiten erholen?

- **Verminderte Leistungsfähigkeit:** Spüren Sie einen Rückgang Ihrer körperlichen und geistigen Leistungsfähigkeit?

- **Erhöhtes Hungergefühl und Heißhunger:** Schlafmangel kann den Hormonhaushalt beeinflussen und zu einem gesteigerten Appetit, insbesondere auf süße und fettreiche Lebensmittel, führen.

- **Mikroschlaf:** Kurzzeitiges "Abschalten" im Wachzustand, besonders gefährlich im Straßenverkehr.

Chronischer Schlafmangel, definiert als weniger als 6 Stunden Schlaf pro Nacht über einen längeren Zeitraum, kann schwerwiegende gesundheitliche Folgen haben. Studien belegen einen Zusammenhang zwischen chronischem Schlafmangel und einem erhöhten Risiko für:

- **Herz-Kreislauf-Erkrankungen:** Bluthochdruck, Herzinfarkt, Schlaganfall

- **Diabetes Typ 2:** Insulinresistenz und gestörter Glukosestoffwechsel

- **Depressionen und Angststörungen:** Psychische Erkrankungen und emotionale Instabilität

- **Übergewicht und Adipositas:** Gestörter Hormonhaushalt und vermehrte Kalorienzufuhr

- **Verminderte kognitive Funktionen:** Beeinträchtigung von Gedächtnis, Konzentration und Lernfähigkeit

Um ein realistisches Bild Ihrer Schlafgewohnheiten zu erhalten und Ihren individuellen Schlafbedarf zu ermitteln, empfiehlt es sich, Ihre Schlafdauer über einen Zeitraum von mindestens einer Woche zu dokumentieren. Notieren Sie dabei die Uhrzeit des Zubettgehens und des Aufwachens sowie eventuelle Unterbrechungen des Schlafs. Auf Basis dieser Daten können Sie Ihre Schlafgewohnheiten analysieren und gegebenenfalls Maßnahmen ergreifen, um Ihre Schlafqualität und -dauer zu verbessern. Konsultieren Sie bei anhaltendem Schlafmangel oder Verdacht auf eine Schlafstörung einen Arzt oder Schlafmediziner.

2. Schlafrhythmus:

Ihr Schlafrhythmus spielt eine entscheidende Rolle für Ihre Schlafqualität und Ihr allgemeines Wohlbefinden. Unter Schlafrhythmus versteht man die Regelmäßigkeit Ihrer Schlaf- und Wachzeiten. Ein konstanter Rhythmus, also jeden Tag etwa zur gleichen Zeit ins Bett gehen und aufstehen, ist der Schlüssel zu einem gesunden Schlaf. Dies gilt auch für Wochenenden und Feiertage, auch wenn die Versuchung groß ist, auszuschlafen.

Unser Körper funktioniert nach einer inneren biologischen Uhr, dem sogenannten zirkadianen Rhythmus. Diese innere Uhr steuert verschiedene Körperfunktionen, darunter auch den Schlaf-Wach-Zyklus. Indem Sie regelmäßig zu ähnlichen Zeiten schlafen gehen und aufwachen, geben Sie Ihrer inneren Uhr ein klares Signal und unterstützen so deren natürliche Funktion. Diese Synchronisation fördert einen erholsamen Schlaf und erleichtert das Einschlafen und Aufwachen.

Unregelmäßige Schlafzeiten, insbesondere starke Schwankungen zwischen Wochentagen und Wochenenden, können Ihre innere Uhr aus dem Takt bringen. Das Ergebnis sind oft Schlafstörungen, Tagesmüdigkeit, Konzentrationsprobleme und ein allgemeines Gefühl des Unwohlseins. Vergleichen Sie es mit einem Jetlag – auch hier kommt die innere Uhr durch die Zeitverschiebung durcheinander.

Daher ist es wichtig, auch am Wochenende und an Feiertagen einen möglichst regelmäßigen Schlafrhythmus beizubehalten. Das bedeutet nicht, dass Sie am Wochenende nicht etwas länger schlafen dürfen. Versuchen Sie jedoch, die Abweichung von Ihrer gewohnten Aufstehzeit auf maximal ein bis zwei Stunden zu begrenzen. So können Sie den positiven Effekt des Ausschlafens genießen, ohne Ihren Schlafrhythmus nachhaltig zu stören. Wenn Sie beispielsweise unter der Woche um 7 Uhr aufstehen, versuchen Sie, am Wochenende nicht später als 9 Uhr aufzustehen.

Konkret heißt das: Notieren Sie sich, wann Sie üblicherweise ins Bett gehen und aufstehen. Reflektieren Sie, ob diese Zeiten für Sie ideal sind und einen erholsamen Schlaf ermöglichen. Streben Sie an, diese Zeiten so gut es geht einzuhalten, auch an freien Tagen. Kleine Anpassungen sind natürlich erlaubt, aber vermeiden Sie extreme Verschiebungen. Ein regelmäßiger Schlafrhythmus ist eine wichtige Investition in Ihre Gesundheit und Ihr Wohlbefinden.

3. Schlafhygiene:

Welche Rituale und Gewohnheiten pflegen Sie vor dem Schlafengehen? Eine entspannende Abendroutine, auch Schlafhygiene genannt, kann das Einschlafen erleichtern und die Schlafqualität verbessern. Finden Sie heraus, welche Aktivitäten Ihnen helfen, zur Ruhe zu kommen und sich auf den

Schlaf vorzubereiten. Beispiele für eine gute Schlafhygiene sind:

- **Warmes Bad:** Ein warmes Bad vor dem Schlafengehen entspannt die Muskulatur und bereitet den Körper auf die Nachtruhe vor.

- **Lesen:** Das Lesen eines Buches (gedruckt, nicht auf einem Bildschirm) kann helfen, den Geist zu beruhigen und vom Alltagsstress abzuschalten.

- **Beruhigende Musik:** Sanfte Musik oder Naturgeräusche können eine entspannende Atmosphäre schaffen und das Einschlafen fördern.

- **Entspannungstechniken:** Atemübungen, Meditation oder progressive Muskelentspannung können helfen, Stress abzubauen und den Körper zu entspannen.

Gleichzeitig sollten Sie bestimmte Aktivitäten vor dem Schlafengehen vermeiden, die das Einschlafen erschweren können:

- **Intensive körperliche Aktivität:** Sport treiben kurz vor dem Zubettgehen kann den Körper aufputschen und das Einschlafen verzögern.

- **Anregende Bildschirmmedien:** Das blaue Licht von Smartphones, Tablets und Computern unterdrückt die Produktion des Schlafhormons Melatonin und kann den Schlafrhythmus stören. Vermeiden Sie daher die Nutzung von Bildschirmmedien mindestens eine Stunde vor dem Schlafengehen.

- **Koffein und Alkohol:** Koffeinhaltige Getränke wie Kaffee oder Cola wirken stimulierend und können das Einschlafen erschweren. Alkohol kann zwar müde machen, stört aber den natürlichen Schlafverlauf und führt oft zu einem unruhigen Schlaf.

- **Schwere Mahlzeiten:** Ein voller Magen kann das Einschlafen behindern. Vermeiden Sie daher schwere Mahlzeiten kurz vor dem Zubettgehen.

Indem Sie Ihre Schlafgewohnheiten in Bezug auf Schlafdauer, Schlafrhythmus und Schlafhygiene kritisch analysieren und gegebenenfalls anpassen, können Sie die Grundlage für einen gesunden und erholsamen Schlaf schaffen. Wenn Sie trotz der Optimierung Ihrer Schlafgewohnheiten weiterhin unter Schlafproblemen leiden, sollten Sie einen Arzt oder Schlafmediziner konsultieren, um mögliche medizinische Ursachen auszuschließen und eine geeignete Therapie zu finden.

2. Schlafqualität bewerten:

Die Schlafqualität ist ebenso wichtig wie die Schlafdauer. Selbst wenn Sie die empfohlene Stundenzahl schlafen, können Sie sich unausgeruht und erschöpft fühlen, wenn Ihr Schlaf nicht erholsam war. Eine schlechte Schlafqualität kann sich negativ auf Ihre körperliche und geistige Gesundheit auswirken und zu verminderter Leistungsfähigkeit, Konzentrationsschwierigkeiten und Stimmungsschwankungen führen. Um Ihre Schlafqualität zu bewerten, sollten Sie folgende Aspekte genauer betrachten:

Einschlafprobleme: Schlafprobleme, insbesondere Einschlafprobleme, können sehr belastend sein. Um die Ursachen zu identifizieren und passende Lösungen zu finden, ist es wichtig, den eigenen Einschlafprozess genau zu analysieren. Beginnen Sie damit, die Zeit vom Zubettgehen bis zum tatsächlichen Einschlafen zu beobachten. Stoppen Sie die Uhr nicht direkt nach dem Ausschalten des Lichts, sondern erst, wenn Sie das Gefühl haben, eingeschlafen zu sein.

Dauert es länger als 30 Minuten, bis Sie einschlafen? Diese Zeitspanne gilt als kritische Schwelle und kann auf eine Schlafstörung hindeuten. Wenn Sie regelmäßig länger als 30 Minuten wachliegen, sollten Sie die Gründe dafür genauer untersuchen.

Ein häufiger Faktor für Einschlafprobleme ist das Grübeln. Liegen Sie im Bett und denken über Probleme des Tages nach? Kreisen Ihre Gedanken um anstehende Aufgaben, Sorgen oder Konflikte? Dieses Gedankenkarussell kann Sie vom Einschlafen abhalten, da Ihr Geist aktiv und beschäftigt bleibt. Versuchen Sie zu erkennen, welche Art von Gedanken Sie vom Schlafen abhalten. Sind es berufliche Sorgen, familiäre Probleme oder ganz allgemeine Ängste? Die Identifikation der Grübelthemen ist der erste Schritt, um diese gezielt anzugehen.

Neben den Gedanken spielt auch Ihr körperlicher Zustand eine Rolle. Fühlen Sie sich innerlich unruhig? Spüren Sie eine Anspannung in Ihren Muskeln? Diese körperlichen Symptome können ebenfalls das Einschlafen erschweren. Achten Sie auf Anzeichen wie ein schneller Herzschlag, flache Atmung oder ein Kribbeln in den Gliedmaßen.

Ein effektiver Ansatz zur Verbesserung des Schlafs ist die Etablierung eines regelmäßigen Einschlafrituals.

Dieses Ritual signalisiert Ihrem Körper, dass die Zeit zum Schlafen gekommen ist. Es kann verschiedene Elemente beinhalten, wie zum Beispiel:

- **Ein warmes Bad:** Die Wärme entspannt die Muskulatur und bereitet den Körper auf die Ruhephase vor.

- **Entspannungsübungen:** Progressive Muskelentspannung, autogenes Training oder Meditation können helfen, körperliche und geistige Anspannung abzubauen.

- **Leichte Lektüre:** Vermeiden Sie jedoch spannende oder aufwühlende Bücher.

- **Beruhigende Musik:** Sanfte Klänge können beruhigend wirken und das Einschlafen fördern.

- **Eine Tasse Kräutertee:** Kamille, Melisse oder Baldrian haben eine beruhigende Wirkung.

- **Vermeiden Sie Bildschirme:** Das blaue Licht von Smartphones, Tablets und Computern hemmt die Melatoninproduktion, ein wichtiges Schlafhormon.

- **Regelmäßige Schlafenszeiten:** Gehen Sie möglichst jeden Tag zur gleichen Zeit ins Bett und stehen Sie auch am Wochenende zu ähnlichen Zeiten auf, um Ihren Schlafrhythmus zu stabilisieren.

Ein individuelles Einschlafritual, das auf Ihre Bedürfnisse abgestimmt ist, kann Ihnen helfen, zur Ruhe zu kommen, Grübeln zu reduzieren und schneller einzuschlafen.

Durchschlafstörungen: Schlafstörungen, insbesondere Durchschlafstörungen, können Ihre Lebensqualität erheblich beeinträchtigen. Um die Ursachen und den Umfang Ihrer Schlafprobleme besser zu verstehen, ist es wichtig, detaillierte Informationen zu sammeln. Dieser Fragebogen hilft Ihnen dabei:

Wachen Sie nachts häufig auf?

- Ja / Nein

Falls Ja, beantworten Sie bitte die folgenden Fragen so präzise wie möglich:

Wie oft wachen Sie pro Nacht auf?

- Versuchen Sie die Anzahl der Aufwachphasen pro Nacht zu schätzen (z.B. einmal, zweimal, dreimal, mehr als dreimal).

- Wenn möglich, notieren Sie die Uhrzeiten, zu denen Sie aufwachen. Ein Schlaftagebuch kann hierbei hilfreich sein.

Wie lange bleiben Sie nach dem Aufwachen wach?

- Schätzen Sie die Dauer der Wachphasen (z.B. weniger als 5 Minuten, 5-15 Minuten, 15-30 Minuten, länger als 30 Minuten).

- Versuchen Sie auch hier, die Dauer so genau wie möglich anzugeben, um ein klares Bild Ihrer Schlafunterbrechungen zu erhalten.

Fallen Ihnen das Wiedereinschlafen schwer?

- Gar nicht / Leicht / Mittel / Schwer / Sehr schwer

- Beschreiben Sie, wie Sie sich beim Versuch, wieder einzuschlafen, fühlen (z.B. unruhig, angespannt, frustriert).

Liegen Sie wach und grübeln oder machen Sie sich Sorgen?

- Ja / Nein

- Falls Ja, beschreiben Sie die Art Ihrer Gedanken und Sorgen. Sind sie spezifisch oder eher allgemein? Beziehen sie sich auf bestimmte Ereignisse oder Situationen?

Welche Faktoren könnten Ihr Durchschlafen beeinträchtigen? Bitte kreuzen Sie alle zutreffenden Punkte an und ergänzen Sie gegebenenfalls weitere Details:

- **Lärm:** (z.B. Straßenlärm, Schnarchen des Partners, Geräusche von Haushaltsgeräten) Wie laut sind die Geräusche? Treten sie regelmäßig auf?

- **Temperatur:** Ist Ihnen zu warm oder zu kalt? Schwankt die Temperatur im Schlafzimmer stark?

- **Körperliche Beschwerden:**

  - ○ **Schmerzen:** Wo befinden sich die Schmerzen? Wie stark sind sie? Sind sie stechend, dumpf, pochend? Treten sie nur nachts auf oder auch tagsüber?

  - ○ **Harndrang:** Wie oft müssen Sie nachts auf die Toilette? Trinken Sie viel Flüssigkeit vor dem Schlafengehen?

- **Andere Faktoren:** (z.B. unregelmäßige Schlafenszeiten, Koffein- oder Alkoholkonsum,

Stress, Medikamente, Atemprobleme (z.B. Schnarchen, Schlafapnoe), Restless-Legs-Syndrom) Bitte beschreiben Sie diese Faktoren so genau wie möglich.

Durch die detaillierte Beantwortung dieser Fragen können Sie und Ihr Arzt die Ursachen Ihrer Durchschlafstörungen besser verstehen und geeignete Maßnahmen ergreifen, um Ihren Schlaf zu verbessern.

Morgendliche Erholung: Die Art und Weise, wie Sie morgens aufwachen, gibt Aufschluss über die Qualität Ihres Schlafes und kann Ihren gesamten Tag beeinflussen. Ein erholsamer Schlaf sollte dazu führen, dass Sie sich erfrischt, ausgeruht und voller Energie fühlen, bereit, die Herausforderungen des Tages anzugehen. Stellen Sie sich die folgenden Fragen, um Ihre morgendliche Erholung zu bewerten:

- **Fühlen Sie sich tatsächlich ausgeruht?** Geht die Müdigkeit nach dem Aufstehen schnell vorüber oder begleitet sie Sie hartnäckig durch den Vormittag? Ein anhaltendes Gefühl der Erschöpfung kann ein Zeichen für Schlafmangel oder andere Schlafstörungen sein.

- **Wie steht es um Ihr Energielevel?** Fühlen Sie sich energiegeladen und motiviert oder eher träge und antriebslos? Ein niedriger Energielevel am Morgen kann darauf hindeuten, dass Ihr Körper während des Schlafes nicht ausreichend regenerieren konnte.

- **Sind Sie emotional ausgeglichen?** Wachen Sie gut gelaunt auf oder neigen Sie zu Reizbarkeit, Stimmungsschwankungen oder gar Angstzuständen? Schlafprobleme können sich negativ auf die emotionale Stabilität auswirken und zu einer erhöhten Empfindlichkeit führen.

- **Leiden Sie unter körperlichen Beschwerden?** Treten nach dem Aufwachen häufig Kopfschmerzen, Muskelverspannungen oder andere Schmerzen auf? Auch diese Symptome können auf eine unzureichende Schlafqualität hinweisen, beispielsweise durch eine ungünstige Schlafposition oder nächtliches Zähneknirschen.

- **Beeinflusst Ihr Schlaf Ihre Stimmung und Motivation?** Fällt es Ihnen schwer, morgens in die Gänge zu kommen und sich für anstehende

Aufgaben zu motivieren? Ein Zusammenhang zwischen Schlafqualität und Motivation ist gut dokumentiert. Schlechter Schlaf kann zu Konzentrationsschwierigkeiten, verminderter Leistungsfähigkeit und einem allgemeinen Mangel an Motivation führen.

Die morgendliche Verfassung ist ein wichtiger Indikator für die Qualität Ihres Schlafes. Wenn Sie regelmäßig mit Müdigkeit, Abgeschlagenheit, Reizbarkeit oder anderen Beschwerden aufwachen, sollten Sie Ihre Schlafgewohnheiten genauer betrachten und gegebenenfalls ärztlichen Rat einholen, um die Ursachen für Ihre Schlafprobleme zu identifizieren und geeignete Maßnahmen zu ergreifen. Ein gesunder Schlaf ist essentiell für Ihre körperliche und mentale Gesundheit und trägt maßgeblich zu Ihrem allgemeinen Wohlbefinden bei.

Tagesmüdigkeit: Fühlen Sie sich tagsüber ständig müde und erschöpft, obwohl Sie vermeintlich ausreichend geschlafen haben? Beeinträchtigt diese Tagesmüdigkeit Ihre Konzentration und Leistungsfähigkeit? Haben Sie Schwierigkeiten, sich auf Ihre Arbeit, Ihr Studium oder alltägliche Aufgaben zu fokussieren? Wandern Ihre Gedanken ab und fühlen Sie sich geistig benebelt? Verspüren Sie immer wieder den überwältigenden Drang, sich hinzulegen und ein Nickerchen zu machen, selbst in unpassenden Situationen, um dieser bleiernen Müdigkeit entgegenzuwirken? Wachen Sie morgens möglicherweise schon erschöpft auf und schleppen sich durch den Tag, anstatt sich erfrischt und energiegeladen zu fühlen? Dieses anhaltende Gefühl von Schläfrigkeit und Energielosigkeit, das über eine normale, gelegentliche Müdigkeit hinausgeht, kann ein Hinweis auf eine zugrunde liegende Schlafstörung sein. Exzessive Tagesmüdigkeit kann Ihre Lebensqualität erheblich beeinträchtigen und sollte daher ernst genommen und ärztlich abgeklärt werden. Es gibt verschiedene mögliche Ursachen, von harmlosen Faktoren bis hin zu ernsthaften Erkrankungen. Ein Arzt kann Ihnen helfen, die Ursache Ihrer Tagesmüdigkeit zu identifizieren und eine geeignete Behandlung zu finden.

Eine ehrliche und gründliche Auseinandersetzung mit diesen Fragen gibt Ihnen einen guten Überblick über Ihre Schlafqualität. Wenn Sie über einen längeren Zeitraum unter Schlafproblemen leiden oder eine signifikante Beeinträchtigung Ihrer Lebensqualität feststellen, sollten Sie dies unbedingt ernst nehmen. Zögern Sie nicht, einen Arzt oder Schlafmediziner zu konsultieren. Dieser kann die Ursachen Ihrer

Schlafprobleme abklären und Ihnen geeignete Behandlungsmöglichkeiten empfehlen. Ignorieren Sie anhaltenden Schlafmangel oder eine schlechte Schlafqualität nicht, da dies langfristig negative Auswirkungen auf Ihre Gesundheit haben kann.

3. Schlafstörende Faktoren identifizieren:

Schlaf ist essentiell für unsere körperliche und geistige Gesundheit. Um erholsamen Schlaf zu finden und Schlafstörungen zu bekämpfen, ist es entscheidend, die individuellen Störfaktoren zu identifizieren und gezielt anzugehen. Eine umfassende Analyse der eigenen Schlafgewohnheiten und der Schlafumgebung ist der erste Schritt zu einer Verbesserung der Schlafqualität. Im Folgenden werden häufige schlafstörende Faktoren detailliert beschrieben:

Lärm: Unerwünschte Geräusche, egal ob von außen oder innen, können den Schlafzyklus empfindlich stören. Straßenlärm, Baustellenlärm, das Schnarchen des Partners, laute Nachbarn oder auch nur ein tropfender Wasserhahn können das Einschlafen erschweren und zu häufigem Aufwachen führen. Besonders störend sind Geräusche, die plötzlich auftreten und den Schlafenden aus dem Tiefschlaf reißen.

Licht: Licht, insbesondere blaues Licht, welches von elektronischen Geräten wie Smartphones, Tablets und Computern ausgestrahlt wird, unterdrückt die Melatoninproduktion. Melatonin ist das Hormon, das unseren Schlaf-Wach-Rhythmus reguliert. Bereits geringe Lichtmengen können die Melatoninproduktion beeinflussen und den Schlaf stören. Auch künstliches Licht von Straßenlaternen oder die Morgensonne, die zu früh durchs Fenster scheint, können problematisch sein.

Koffein und Alkohol: Koffein ist ein Stimulans, das die Nervenaktivität erhöht und das Einschlafen verzögern kann. Die Wirkung von Koffein kann mehrere Stunden anhalten. Alkohol hingegen kann zwar das Einschlafen erleichtern, jedoch stört er den natürlichen Schlafzyklus und führt zu einem weniger erholsamen Schlaf. Der Tiefschlaf wird reduziert und man wacht häufiger auf.

Stress und Sorgen: Psychische Belastungen wie Stress, Ängste, Sorgen und Grübeln sind häufige Ursachen für Schlafstörungen. Sie aktivieren das Nervensystem und machen es schwierig, zur Ruhe zu kommen und einzuschlafen. Auch

Durchschlafstörungen sind oft die Folge von Stress und Sorgen.

Ungünstige Schlafbedingungen: Die Schlafumgebung spielt eine entscheidende Rolle für die Schlafqualität. Eine zu hohe oder zu niedrige Raumtemperatur, eine unbequeme Matratze, ein ungeeignetes Kissen, eine schlechte Belüftung oder eine zu hohe Luftfeuchtigkeit können den Schlaf negativ beeinflussen.

Medikamente: Bestimmte Medikamente, wie zum Beispiel einige Antidepressiva, Asthmamittel oder blutdrucksenkende Medikamente, können als Nebenwirkung Schlafstörungen verursachen. Wenn Sie den Verdacht haben, dass Ihre Medikamente Ihre Schlafprobleme verursachen, sprechen Sie unbedingt mit Ihrem Arzt. Er kann Ihnen möglicherweise ein alternatives Medikament verschreiben oder die Dosierung anpassen.

Krankheiten: Schlafstörungen können auch ein Symptom verschiedener Erkrankungen sein, wie zum Beispiel Schilddrüsenüberfunktion, Schlafapnoe, Restless-Legs-Syndrom oder chronische Schmerzen. Bei anhaltenden Schlafproblemen ist es wichtig, einen Arzt zu konsultieren, um die Ursache abzuklären.

Indem Sie diese potenziellen Störfaktoren identifizieren und gezielt angehen, können Sie Ihre Schlafqualität deutlich verbessern. Beginnen Sie mit einer ehrlichen Bestandsaufnahme Ihrer Schlafgewohnheiten und Ihrer Schlafumgebung. Führen Sie ggf. ein Schlaftagebuch, um Muster und Auslöser für Ihre Schlafprobleme zu erkennen. Basierend auf dieser Analyse können Sie einen individuellen Plan entwickeln, um die Störfaktoren zu eliminieren oder zumindest zu minimieren und so Ihren Schlaf und damit Ihre Gesundheit und Ihr Wohlbefinden nachhaltig zu verbessern. Dieser Plan kann Veränderungen im Lebensstil, Entspannungstechniken und im Bedarfsfall auch medizinische Unterstützung umfassen. Die kontinuierliche Beobachtung Ihrer Fortschritte und die Anpassung Ihrer Strategie sind entscheidend für den langfristigen Erfolg.

7.1.2. Zielsetzung: SMARTe Ziele für messbaren Erfolg

Nachdem Sie Ihren aktuellen Zustand gründlich analysiert und Ihre Ausgangslage erfasst haben, ist der nächste Schritt, sich realistische und erreichbare Ziele zu setzen. Ziele geben Ihnen Richtung und Motivation, und die SMART-Methode bietet einen bewährten Rahmen, um Ihre Ziele so zu formulieren, dass Sie Ihre Erfolgschancen maximieren. SMART steht für **Spezifisch, Messbar, Attraktiv, Realistisch und Terminiert.** Jedes dieser Kriterien spielt eine entscheidende Rolle bei der effektiven Zielsetzung:

S – Spezifisch: Das "S" in der SMART-Formel steht für **Spezifisch.** Vage und allgemeine Ziele wie "gesünder leben" oder "mehr Sport treiben" bieten keine klare Richtung und lassen viel Interpretationsspielraum. Sie sind eher Wünsche als konkrete Ziele und erschweren die Planung und Umsetzung. Es fehlt die notwendige Klarheit, um effektiv darauf hinzuarbeiten und den Fortschritt zu messen. Daher ist es entscheidend, Ziele so spezifisch wie möglich zu formulieren. Das bedeutet, die zentralen W-Fragen zu beantworten:

- **Was genau möchten Sie erreichen?** Definieren Sie das gewünschte Ergebnis präzise. Anstatt "gesünder leben" könnten Sie beispielsweise "5 kg abnehmen" oder "meinen Blutdruck senken" anstreben. Bei "mehr Sport treiben" wäre eine Konkretisierung "regelmäßig joggen", "Krafttraining machen" oder "an einem Yoga-Kurs teilnehmen".

- **Wie wollen Sie es erreichen?** Beschreiben Sie die Methoden und Strategien, die Sie einsetzen werden. Geht es beim Abnehmen um eine Ernährungsumstellung? Welche Art von Sport wollen Sie treiben? Welche Übungen werden Sie im Krafttraining absolvieren?

- **Wo wird es stattfinden?** Legen Sie den Ort fest, an dem Sie Ihre Aktivitäten durchführen werden. Werden Sie im Fitnessstudio trainieren, im Park joggen, zu Hause Yoga machen oder an einem Online-Kurs teilnehmen? Die Festlegung eines Ortes hilft, die Umsetzung zu erleichtern und Routinen zu etablieren.

- **Wer ist beteiligt?** Sind andere Personen an der Zielerreichung beteiligt? Trainieren Sie mit einem Freund, nehmen Sie an einem Gruppenkurs teil oder lassen Sie sich von einem Coach beraten? Die Einbeziehung anderer kann die Motivation steigern und die Erfolgschancen erhöhen. Auch wenn Sie das Ziel alleine verfolgen, kann es hilfreich sein, jemanden einzuweihen, der Sie unterstützt und motiviert.

- **Wann wollen Sie es erreichen?** (Obwohl "Zeitgebunden" ein separates Kriterium der SMART-Formel ist, ist die zeitliche Komponente auch für die Spezifizierung relevant.) Ein Zeitrahmen gibt Ihrem Ziel eine zusätzliche Struktur. "Dreimal pro Woche für 30 Minuten im Park joggen" ist spezifischer, wenn Sie hinzufügen: "...für die nächsten drei Monate".

Anstatt des unspezifischen Ziels "mehr Sport treiben" könnten Sie Ihr Ziel beispielsweise so formulieren: "Ich möchte dreimal pro Woche für 30 Minuten im Park an der Eichenallee joggen, beginnend am nächsten Montag." Oder noch detaillierter: "Ich möchte jeden Montag, Mittwoch und Freitag um 18:00 Uhr für 30 Minuten im Park an der Eichenallee joggen, beginnend am nächsten Montag, und dabei mindestens 5 Kilometer zurücklegen. Ich werde mir eine Jogging-App herunterladen, um meine Fortschritte zu tracken."

Je präziser und eindeutiger Ihr Ziel formuliert ist, desto besser können Sie Ihren Fortschritt verfolgen, Ihre Motivation aufrechterhalten und letztendlich Ihre Ziele erreichen. Ein spezifisches Ziel gibt Ihnen eine klare Richtung vor und hilft Ihnen, fokussiert zu bleiben.

M – Messbar: Messbarkeit (M) ist ein Eckpfeiler für effektives Zielsetzen und trägt maßgeblich dazu bei, Ihren Fortschritt objektiv zu bewerten, Ihren Erfolg zu quantifizieren und motiviert zu bleiben. Anstatt vage und unkonkrete Ziele zu formulieren, wie beispielsweise "gesünder leben" oder "mehr Sport treiben", erfordert Messbarkeit die Definition klarer, quantifizierbarer Messgrößen und Indikatoren. Diese dienen als Wegweiser und ermöglichen es Ihnen, Ihren Fortschritt präzise zu verfolgen und zu überprüfen, ob Sie sich in die richtige Richtung bewegen.

Die Festlegung messbarer Ziele bedeutet, konkrete Zahlen, Daten und Fakten zu verwenden. Sie definieren einen Ausgangswert, einen Zielwert und idealerweise auch Zwischenziele, um den Fortschritt in Etappen zu kontrollieren. Dies ermöglicht eine kontinuierliche Erfolgsmessung und gibt Ihnen ein klares Bild Ihres aktuellen Standes.

Hier einige Beispiele für messbare Ziele in verschiedenen Bereichen:

- **Gesundheit & Fitness:** "Mein Ruhepuls soll in drei Monaten um 5 Schläge pro Minute sinken (von aktuell 75 auf 70 Schläge pro Minute)." "Ich möchte 5 Kilogramm abnehmen (von aktuell 80 kg auf 75 kg) innerhalb von sechs Monaten, indem ich meine Kalorienzufuhr um 500 kcal pro Tag reduziere und dreimal pro Woche für mindestens 30 Minuten Sport treibe." "Ich möchte meine Laufstrecke innerhalb von zwei Monaten auf 10 Kilometer erweitern (von aktuell 5 km auf 10 km), indem ich zweimal pro Woche ein Intervalltraining absolviere." "Ich möchte meine Kraftwerte im Bankdrücken um 10 kg steigern (von aktuell 60 kg auf 70 kg) innerhalb von drei Monaten durch ein gezieltes Krafttrainingsprogramm."

- **Beruf & Karriere:** "Ich möchte meine Verkaufszahlen im nächsten Quartal um 15% steigern (von aktuell 100.000€ auf 115.000€), indem ich pro Woche fünf neue Kunden akquiriere." "Ich möchte innerhalb der nächsten sechs Monate eine neue Programmiersprache (z.B. Python) erlernen, indem ich täglich mindestens eine Stunde lerne und an zwei Projekten arbeite." "Ich möchte bis Ende des Jahres eine Beförderung zum Teamleiter erreichen, indem ich meine Führungskompetenzen durch die Teilnahme an einem Führungskräftetraining verbessere und erfolgreich ein Projekt leite."

- **Persönliche Entwicklung:** "Ich möchte meine Meditationszeit auf 20 Minuten täglich erhöhen (von aktuell 10 Minuten auf 20 Minuten), um meine Stressresistenz zu verbessern." "Ich möchte innerhalb eines Jahres ein Buch mit mindestens 100 Seiten schreiben, indem ich mir wöchentlich ein Schreibziel von 2.000 Wörtern setze." "Ich möchte meine Fremdsprachenkenntnisse in Spanisch verbessern, indem ich innerhalb von sechs Monaten das Niveau B2 erreiche und wöchentlich zwei Stunden online Spanisch lerne."

Durch die Formulierung messbarer Ziele erhalten Sie regelmäßiges Feedback über Ihren Fortschritt. Dieses Feedback ist essentiell, um Ihren Plan bei Bedarf anzupassen, Motivation zu bewahren und letztendlich Ihre Ziele erfolgreich zu erreichen. Sollten Sie feststellen, dass Sie von Ihrem Plan abweichen, können Sie rechtzeitig gegensteuern und Ihre Strategie optimieren. Die Messbarkeit Ihrer Ziele ermöglicht es Ihnen, Ihren Erfolg nicht nur zu erleben, sondern auch schwarz auf weiß zu belegen.

A – Attraktiv: Attraktivität ist der Schlüssel, um Ziele langfristig zu verfolgen und erfolgreich zu erreichen. Es geht darum, Ziele zu wählen, die Sie wirklich begeistern und die Ihnen ein Gefühl der Vorfreude und Motivation vermitteln. Vergessen Sie den Druck von außen und konzentrieren Sie sich auf Ihre inneren Wünsche und Interessen. Fragen Sie sich: "Was macht mir wirklich Spaß? Welche Aktivitäten lassen mein Herz höherschlagen?" Nur wenn Sie eine echte Leidenschaft für Ihr Ziel empfinden, werden Sie die nötige Ausdauer und Disziplin aufbringen, um dranzubleiben, auch wenn es mal schwierig wird.

Stellen Sie sich vor, Sie hassen Laufen, aber Ihr Ziel ist es, einen Marathon zu absolvieren, nur weil alle Ihre Freunde es tun. Die Wahrscheinlichkeit, dass Sie dieses Ziel erreichen, ist gering. Sie werden sich jeden Lauf quälen und wahrscheinlich bald aufgeben. Wählen Sie stattdessen eine Aktivität, die Ihnen Freude bereitet, sei es Schwimmen, Tanzen, Klettern oder Radfahren. Wenn Sie das Ziel mit positiven Emotionen verbinden, wird der Weg dorthin zum Vergnügen und nicht zur Qual.

Die intrinsische Motivation spielt dabei eine entscheidende Rolle. Es geht darum, die Antriebskraft in sich selbst zu finden und nicht von äußeren Faktoren abhängig zu sein. Überlegen Sie, welche Werte und Bedürfnisse Sie mit Ihrem Ziel befriedigen möchten. Wollen Sie Ihre Gesundheit verbessern, Ihre Kreativität ausleben, neue Fähigkeiten erlernen oder einfach mehr Zeit in der Natur verbringen? Wenn Sie Ihre intrinsischen Motivatoren kennen, können Sie Ziele formulieren, die wirklich zu Ihnen passen und Sie langfristig erfüllen.

Anstatt ein allgemeines Ziel wie "Ich möchte abnehmen" zu formulieren, versuchen Sie, es konkreter und attraktiver zu gestalten. Verbinden Sie es mit einer Aktivität, die Ihnen Spaß macht, und visualisieren Sie das Ergebnis. Ein attraktives Ziel könnte beispielsweise lauten: "Ich möchte zweimal pro Woche Yoga machen, um mich fitter und entspannter zu fühlen" oder "Ich möchte jeden Sonntag einen langen Spaziergang im Wald unternehmen, um die Natur zu genießen und meinen Kopf frei zu bekommen". Ein weiteres Beispiel, das die Verbindung von Leidenschaft und Zielsetzung verdeutlicht, wäre: "Ich möchte lernen, mein Lieblingsgericht, die thailändische grüne Currypaste, selbst zuzubereiten und dabei auf gesunde Zutaten achten, um meine Kochkünste zu erweitern und gleichzeitig gesund zu genießen".

Je ansprechender und motivierender Ihr Ziel formuliert ist, desto größer ist die Wahrscheinlichkeit, dass Sie es mit Freude verfolgen und letztendlich erfolgreich erreichen. Nehmen Sie sich die Zeit, Ihre Interessen und Bedürfnisse zu erforschen und formulieren Sie Ziele, die Sie wirklich begeistern und Ihnen ein Gefühl der Erfüllung schenken.

R – Realistisch: Bei der Zielsetzung ist Realismus essentiell für den Erfolg und die Aufrechterhaltung der Motivation. Es ist wichtig, Ziele zu wählen, die mit Ihren aktuellen Ressourcen, Fähigkeiten und Möglichkeiten in Einklang stehen. Das bedeutet, eine ehrliche Bestandsaufnahme Ihrer momentanen Situation vorzunehmen. Berücksichtigen Sie dabei Faktoren wie:

- **Zeit:** Wie viel Zeit können Sie realistisch pro Woche oder Tag für Ihr Vorhaben aufwenden? Berücksichtigen Sie dabei bereits bestehende Verpflichtungen wie Arbeit, Familie und andere Hobbys.

- **Fähigkeiten:** Welches ist Ihr aktuelles Fähigkeitsniveau? Sind Sie Anfänger,

Fortgeschrittener oder Experte? Setzen Sie sich Ziele, die Ihrem aktuellen Stand entsprechen und Ihnen ermöglichen, sich stetig zu verbessern, ohne überfordert zu sein.

- **Ressourcen:** Welche Mittel stehen Ihnen zur Verfügung? Benötigen Sie spezielle Ausrüstung, finanzielle Mittel oder die Unterstützung anderer Personen? Stellen Sie sicher, dass Sie Zugriff auf die notwendigen Ressourcen haben, bevor Sie sich ein Ziel setzen.

- **Umgebung:** Welche äußeren Einflüsse könnten Ihr Vorhaben beeinflussen? Denken Sie an Faktoren wie Wetter, Arbeitsbedingungen oder familiäre Verpflichtungen.

Ein unrealistisch hoch gestecktes Ziel führt häufig zu Frustration und Demotivation. Wenn Sie sich von Anfang an zu viel vornehmen, ist die Wahrscheinlichkeit des Scheiterns hoch. Dies kann dazu führen, dass Sie Ihr Vorhaben ganz aufgeben, obwohl Sie mit einem realistischeren Ansatz erfolgreich gewesen wären.

Beginnen Sie stattdessen mit kleineren, erreichbaren Schritten. Diese kleinen Erfolge stärken Ihr Selbstvertrauen und motivieren Sie, weiterzumachen. Steigern Sie die Intensität und Dauer Ihres Trainings oder Ihrer Bemühungen schrittweise. So geben Sie Ihrem Körper und Geist die Möglichkeit, sich anzupassen und vermeiden Überlastung und Burnout.

Anstatt sich beispielsweise direkt vorzunehmen, jeden Tag eine Stunde zu trainieren – ein Ziel, das für viele im Alltag schwer umsetzbar ist – könnten Sie mit drei Einheiten à 20 Minuten pro Woche beginnen. Wenn Sie diese Routine etabliert haben und sich wohlfühlen, können Sie die Dauer der einzelnen Einheiten schrittweise auf 30, 40 und schließlich 60 Minuten erhöhen. Oder Sie steigern die Anzahl der Trainingseinheiten pro Woche. Dieser schrittweise Ansatz ermöglicht es Ihnen, sich kontinuierlich zu verbessern und Ihre Ziele langfristig zu erreichen. Der Schlüssel liegt in der Kontinuität und dem Aufbau einer nachhaltigen Routine.

T – Terminiert: Das "T" in SMART steht für Terminiert und unterstreicht die Bedeutung klarer Fristen und Deadlines für Ihre Ziele. Ohne einen definierten zeitlichen Rahmen schweben Ziele oft im Ungewissen und verlieren schnell an Bedeutung. Ein konkretes Enddatum hingegen wirkt wie ein Anker, der Ihnen hilft, fokussiert zu bleiben, Ihre Fortschritte zu messen und Ihre Motivation aufrechtzuerhalten.

Die Festlegung eines realistischen Zeitrahmens erfordert zunächst eine ehrliche Einschätzung des benötigten Aufwands. Berücksichtigen Sie dabei Ihre aktuellen Lebensumstände, verfügbare Ressourcen und mögliche Hindernisse. Ein zu knapp bemessener Zeitrahmen kann zu Frustration und Demotivation führen, während ein zu großzügiger Zeitrahmen die Dringlichkeit mindert und das Ziel in die Ferne rücken lässt.

Die Formulierung Ihrer Ziele sollte daher immer ein konkretes Enddatum enthalten. Anstatt "Ich möchte abnehmen" oder "Ich möchte 5 Kilometer laufen können" formulieren Sie präzise: "Ich möchte bis zum 31. Dezember dieses Jahres 5 Kilogramm abnehmen" oder "Ich möchte bis zum 30. Juni 5 Kilometer am Stück laufen können". Diese präzise Formulierung schafft Verbindlichkeit und erhöht die Wahrscheinlichkeit, dass Sie Ihr Ziel tatsächlich erreichen.

Zusätzlich zum Enddatum können Zwischenziele mit entsprechenden Deadlines festgelegt werden. Diese kleineren Etappenziele helfen Ihnen, den Fortschritt zu überwachen, Erfolge zu feiern und die Motivation auf einem hohen Niveau zu halten. Sie bieten auch die Möglichkeit, die Strategie bei Bedarf anzupassen und den Kurs zu korrigieren, falls Sie vom Zeitplan abweichen.

Ein klarer Zeitrahmen dient somit als wichtiges Steuerungsinstrument auf Ihrem Weg zum Ziel. Er ermöglicht regelmäßige Überprüfungen, ob Sie sich noch auf dem richtigen Weg befinden und gibt Ihnen die Möglichkeit, rechtzeitig gegenzusteuern, sollte dies nicht der Fall sein. Die Verbindlichkeit, die durch ein festgelegtes Enddatum entsteht, fördert die Disziplin und erhöht signifikant die Chancen auf eine erfolgreiche Zielerreichung.

Indem Sie Ihre Ziele nach der SMART-Methode formulieren, schaffen Sie eine solide Grundlage für Ihren Erfolg und erhöhen Ihre Chancen, Ihre Ziele tatsächlich zu erreichen. Die SMART-Methode hilft Ihnen, Ihre Ziele klar zu definieren, Ihren Fortschritt zu messen und Ihre Motivation langfristig aufrechtzuerhalten.

7.1.3. Planung: Ihr individueller Fahrplan zur Gesundheit

Ein detaillierter Plan ist der Schlüssel zum Erfolg, wenn es um Ihre Gesundheit und Ihr Wohlbefinden geht. Er dient als Roadmap, die Sie Schritt für Schritt zu Ihren Zielen führt. Die Erstellung eines individuellen Trainingsplans und eines darauf abgestimmten Ernährungsplans ist dabei essentiell. Diese Pläne sollten nicht als starre Vorgaben, sondern als flexible Leitfäden verstanden werden, die an Ihre persönlichen Bedürfnisse, Vorlieben und Ihren Alltag angepasst werden können.

Trainingsplan: Bewegung als fester Bestandteil Ihres Lebens

Ein effektiver Trainingsplan integriert Bewegung als festen Bestandteil Ihres Lebens. Das bedeutet, dass Sie regelmäßige Bewegungseinheiten genauso ernst nehmen und in Ihren Kalender eintragen wie wichtige Geschäftstermine oder Arztbesuche. Blockieren Sie die Zeit für Ihr Training fest und behandeln Sie diese Termine mit der gleichen Priorität und Verbindlichkeit wie alle anderen wichtigen Verpflichtungen. Ein strukturierter und fester Zeitplan ist der Schlüssel zur Entwicklung von Disziplin und hilft Ihnen dabei, Ihre Trainingsziele konsequent zu verfolgen und langfristig am Ball zu bleiben. Spontaneität ist zwar schön, aber ein fester Plan bietet Ihnen die Struktur, die Sie brauchen, um Bewegung dauerhaft in Ihren Alltag zu integrieren.

Damit die Motivation und der Spaß am Training nicht verloren gehen, ist Abwechslung entscheidend. Ein eintöniges Trainingsprogramm führt schnell zu Langeweile und Demotivation. Variieren Sie deshalb Ihr Training regelmäßig, sowohl in der Art der Aktivität als auch in der Intensität. Das beugt nicht nur Langeweile vor, sondern spricht auch verschiedene Muskelgruppen an und fördert eine ganzheitliche Fitness. Experimentieren Sie mit unterschiedlichen Sportarten: Gehen Sie schwimmen, Rad fahren, wandern oder klettern. Wechseln Sie zwischen Ausdauertraining, wie Joggen oder Radfahren, und Krafttraining mit Gewichten oder Körpergewichtsübungen. Auch innerhalb einer Sportart können Sie für Abwechslung sorgen: Variieren Sie Ihre Laufstrecke, die Dauer Ihres Trainings oder die Intensität durch Intervalltraining. Integrieren Sie funktionelle Übungen, Yoga oder Pilates für mehr Flexibilität und Körperbeherrschung. Diese Vielfalt hält Sie motiviert, fordert Ihren Körper immer wieder neu heraus und beugt Plateaus vor.

Neben der aktiven Bewegung sind ausreichende Ruhephasen genauso wichtig für Ihren Trainingserfolg. Planen Sie deshalb unbedingt Ruhetage in Ihren Trainingsplan ein. Diese Regenerationsphasen sind essentiell, damit sich Ihre Muskeln erholen, reparieren und wachsen können. Nur so können Sie langfristig Fortschritte erzielen und Übertraining sowie Verletzungen vermeiden. Die optimale Anzahl an Ruhetagen ist individuell und hängt von verschiedenen Faktoren ab, insbesondere von der Intensität und Häufigkeit Ihres Trainings, Ihrem Fitnesslevel und Ihrem allgemeinen Gesundheitszustand. Hören Sie auf Ihren Körper und gönnen Sie ihm die Ruhe, die er braucht. An Ruhetagen können Sie leichte Aktivitäten wie Spaziergänge oder Dehnübungen durchführen, um die Regeneration zu fördern und die Muskeln zu lockern. Achten Sie außerdem auf ausreichend Schlaf, eine ausgewogene Ernährung und ausreichende Flüssigkeitszufuhr, um Ihren Körper optimal zu unterstützen.

Ernährungsplan: Gesunde Ernährung als Basis für Ihr Wohlbefinden

Eine ausgewogene und durchdachte Ernährung ist weit mehr als nur Nahrungsaufnahme – sie bildet das Fundament für Ihre Gesundheit, Ihr Wohlbefinden und Ihre Leistungsfähigkeit. Ein gut geplanter Ernährungsplan hilft Ihnen nicht nur, Ihr Wunschgewicht zu erreichen oder zu halten, sondern steigert auch Ihr Energielevel, stärkt Ihr Immunsystem und kann das Risiko chronischer Krankheiten reduzieren. Die bewusste Planung Ihrer Mahlzeiten ist der Schlüssel zum Erfolg, denn sie minimiert das Risiko ungesunder Impulskäufe und spontaner, nährstoffarmer Entscheidungen, die oft aus Zeitdruck oder mangelnder Vorbereitung resultieren. Indem Sie im Voraus festlegen, was Sie essen möchten, schaffen Sie die Grundlage für eine nährstoffreiche und ausgewogene Ernährung. So stellen Sie sicher, dass Ihr Körper mit allen wichtigen Vitaminen, Mineralstoffen, Spurenelementen, Ballaststoffen, Proteinen und gesunden Fetten versorgt wird. Gleichzeitig reduzieren Sie die Aufnahme von verarbeiteten Lebensmitteln, übermäßigem Zucker und ungesunden Fetten. Gerade in stressigen Zeiten bietet ein vorbereiteter Ernährungsplan die nötige

Struktur und erleichtert es Ihnen, an Ihren gesunden Essgewohnheiten festzuhalten.

Der Fokus auf vollwertigen, nährstoffreichen Lebensmitteln:

Im Zentrum einer gesunden Ernährung stehen unverarbeitete, natürliche Lebensmittel, die reich an essentiellen Nährstoffen sind. Dazu gehören:

- **Frisches Obst und Gemüse:** Eine bunte Vielfalt an Obst und Gemüse liefert eine Fülle von Vitaminen, Mineralstoffen, Antioxidantien und Ballaststoffen. Ballaststoffe fördern die Verdauung, sättigen langanhaltend und tragen zu einem stabilen Blutzuckerspiegel bei. Integrieren Sie täglich mindestens fünf Portionen Obst und Gemüse in Ihren Speiseplan.

- **Vollkornprodukte:** Im Gegensatz zu Weißmehlprodukten enthalten Vollkornprodukte – wie Vollkornbrot, Vollkornnudeln, Naturreis und Haferflocken – das volle Korn mit all seinen wertvollen Nährstoffen, einschließlich Ballaststoffen, B-Vitaminen und Mineralstoffen. Sie liefern komplexe Kohlenhydrate, die langsam verdaut werden und für eine konstante Energiezufuhr sorgen.

- **Mageres Protein:** Protein ist essentiell für den Aufbau und Erhalt von Muskulatur, Gewebe und Zellen. Wählen Sie magere Proteinquellen wie Fisch (reich an Omega-3-Fettsäuren), Geflügel (ohne Haut), Hülsenfrüchte (Linsen, Bohnen, Erbsen), Tofu, Eier und fettarme Milchprodukte.

- **Gesunde Fette:** Ungesättigte Fettsäuren, wie sie in Olivenöl, Avocados, Nüssen und Samen vorkommen, sind wichtig für die Herzgesundheit, die Gehirnfunktion und den Hormonhaushalt. Integrieren Sie diese Lebensmittel in Maßen in Ihren Ernährungsplan.

Ausreichend Flüssigkeit:

Neben der Auswahl der richtigen Lebensmittel spielt auch die Flüssigkeitszufuhr eine entscheidende Rolle für Ihr Wohlbefinden. Trinken Sie mindestens 1,5 bis 2 Liter Flüssigkeit pro Tag, idealerweise Wasser oder ungesüßten Tee. Ausreichend Flüssigkeit unterstützt sämtliche Körperfunktionen, fördert die Konzentration und trägt zu einem gesunden Stoffwechsel bei.

Reduktion von verarbeiteten Lebensmitteln, Zucker und ungesunden Fetten:

Verarbeitete Lebensmittel, zuckerhaltige Getränke und Snacks sowie ungesunde Fette (Transfette, gesättigte Fettsäuren in großen Mengen) sind oft reich an Kalorien, bieten jedoch nur wenig Nährstoffe. Sie können zu Gewichtszunahme, einem erhöhten Risiko für chronische Krankheiten wie Diabetes Typ 2, Herz-Kreislauf-Erkrankungen und bestimmten Krebsarten beitragen, und wirken sich negativ auf Ihr allgemeines Wohlbefinden aus. Versuchen Sie, diese Lebensmittel so weit wie möglich zu meiden und durch gesündere Alternativen zu ersetzen. Statt zuckerhaltiger Limonade greifen Sie zu Wasser oder ungesüßtem Tee. Anstatt zu Chips oder Schokolade wählen Sie eine Handvoll Nüsse oder ein Stück Obst. Achten Sie beim Einkauf auf die Zutatenliste und wählen Sie Produkte mit möglichst wenigen Zusatzstoffen und einem geringen Zucker- und Fettgehalt.

Durch die bewusste Planung Ihrer Mahlzeiten, den Fokus auf vollwertige Lebensmittel und die Reduktion von ungesunden Produkten legen Sie den Grundstein für eine gesunde und ausgewogene Ernährung, die Ihnen hilft, sich langfristig wohl und vital zu fühlen.

Indem Sie sowohl Ihren Trainingsplan als auch Ihren Ernährungsplan an Ihre individuellen Bedürfnisse und Vorlieben anpassen, schaffen Sie die besten Voraussetzungen für eine nachhaltige und erfolgreiche Veränderung Ihres Lebensstils. Seien Sie geduldig mit sich selbst und feiern Sie Ihre Erfolge, denn jeder Schritt in Richtung eines gesünderen Lebens zählt.

7.1.4. Ressourcen: Unterstützung auf Ihrem Weg

Der Weg zu einem gesünderen Lebensstil kann herausfordernd sein, aber Sie müssen ihn nicht alleine gehen. Nutzen Sie die vielfältigen Ressourcen, die Ihnen zur Verfügung stehen, um Ihre Ziele effektiv und nachhaltig zu erreichen. Die richtige Unterstützung kann den entscheidenden Unterschied machen, ob Sie Ihre Ziele erreichen und langfristig beibehalten.

Professionelle Unterstützung:

- **Ernährungsberater/in:** Ein qualifizierter Ernährungsberater kann Ihnen helfen, einen individuellen Ernährungsplan zu erstellen, der auf Ihre spezifischen Bedürfnisse, Ziele und eventuelle gesundheitliche Einschränkungen abgestimmt ist. Sie erhalten fundierte

Informationen über gesunde Ernährung, Makro- und Mikronährstoffe und lernen, wie Sie Ihre Ernährung langfristig umstellen können. Ein Ernährungsberater kann Sie auch bei der Überwindung von Ernährungsproblemen und der Entwicklung eines gesunden Verhältnisses zum Essen unterstützen.

- **Personal Trainer/in:** Ein Personal Trainer kann Ihnen helfen, ein effektives und sicheres Trainingsprogramm zu entwickeln, das auf Ihre Fitnessziele und Ihren aktuellen Fitnessstand zugeschnitten ist. Er oder sie zeigt Ihnen die richtige Ausführung von Übungen, um Verletzungen zu vermeiden und optimale Ergebnisse zu erzielen. Ein Personal Trainer kann Sie motivieren, Ihre Grenzen zu erweitern und Ihnen helfen, Ihre Trainingsroutine in Ihren Alltag zu integrieren. Zusätzlich kann ein Trainer Ihre Fortschritte überwachen und das Trainingsprogramm bei Bedarf anpassen.

Fitnessstudios und Sportkurse:

- **Vielfalt:** Informieren Sie sich über die verschiedenen Fitnessstudios und Sportkurse in Ihrer Nähe. Von Yoga und Pilates über

Zumba und Spinning bis hin zu Krafttraining und Schwimmen – es gibt eine große Auswahl an Möglichkeiten, die zu Ihren Interessen und Ihrem Fitnesslevel passen.

- **Gemeinschaft und Motivation:** Das gemeinsame Training mit anderen kann sehr motivierend sein. In einem Kurs oder Fitnessstudio können Sie sich mit Gleichgesinnten austauschen, sich gegenseitig unterstützen und neue Freunde finden. Die Gruppendynamik und die Anleitung durch einen Trainer können Ihnen helfen, am Ball zu bleiben und Ihre Ziele zu erreichen.

Apps und Online-Tools:

- **Digitale Unterstützung:** Es gibt eine Vielzahl von Apps und Online-Tools, die Sie bei der Planung Ihres Trainings und Ihrer Ernährung unterstützen. Diese digitalen Helfer können Ihnen helfen, Ihre Kalorienzufuhr zu verfolgen, Trainingseinheiten zu planen, Fortschritte zu dokumentieren und motivierende Erinnerungen zu erhalten. Viele Apps bieten auch personalisierte Trainingspläne und Ernährungstipps.

- **Flexibilität und Übersicht:** Mit Apps und Online-Tools haben Sie Ihre Gesundheitsdaten jederzeit im Blick und können Ihre Fortschritte verfolgen. Diese Flexibilität ermöglicht es Ihnen, Ihren Plan an Ihren Alltag anzupassen und Ihre Ziele effektiv zu erreichen.

Soziales Netzwerk:

- **Unterstützung und Motivation:** Beziehen Sie Freunde, Familie oder Kollegen in Ihren Plan ein. Erzählen Sie ihnen von Ihren Zielen und bitten Sie sie um Unterstützung. Ein unterstützendes Netzwerk kann Ihnen helfen, motiviert zu bleiben, auch wenn es mal schwierig wird. Gemeinsam Sport treiben oder sich über gesunde Rezepte austauschen kann den Prozess noch angenehmer gestalten.

- **Verbindlichkeit und Austausch:** Indem Sie Ihr Umfeld in Ihre Pläne einweihen, schaffen Sie eine gewisse Verbindlichkeit und erhöhen die Wahrscheinlichkeit, Ihre Ziele zu erreichen. Der Austausch mit anderen über Ihre Erfahrungen und Herausforderungen kann Ihnen helfen, motiviert zu bleiben und sich inspirieren zu lassen.

7.1.5. Flexibilität: Anpassungsfähigkeit ist der Schlüssel zum Erfolg

Das Leben ist selten geradlinig und voller unvorhersehbarer Ereignisse. Steife Pläne, die keinen Raum für Anpassungen lassen, sind oft zum Scheitern verurteilt. Wahrer Erfolg, besonders in Bezug auf langfristige Ziele wie Gesundheit und Fitness, liegt in der Flexibilität. Anstatt Ihren Plan komplett aufzugeben, wenn unerwartete Hürden auftreten, lernen Sie, ihn anzupassen und sich den veränderten Umständen anzupassen. Diese Anpassungsfähigkeit ist der Schlüssel, um Ihre Ziele nachhaltig zu erreichen und motiviert zu bleiben.

Denken Sie an Ihren Plan als eine Reise mit einem Ziel, aber verschiedenen möglichen Routen. Wenn eine Straße gesperrt ist, suchen Sie nach einer Umleitung, anstatt die gesamte Reise abzubrechen. Ein starrer Plan lässt Sie schnell entmutigt zurück, wenn das Leben dazwischenkommt. Flexibilität hingegen ermöglicht es Ihnen, auf Kurs zu bleiben, auch wenn Sie kleine Umwege in Kauf nehmen müssen.

Hier sind einige Beispiele, wie Flexibilität im Alltag aussehen kann:

- **Verpasstes Training:** Ein verpasstes Training kann vorkommen. Das Leben hält manchmal Überraschungen bereit, die unsere sorgfältig geplanten Routinen durcheinanderbringen. Anstatt sich mit Selbstvorwürfen zu quälen und den gesamten Trainingsplan über Bord zu werfen, atmen Sie tief durch und erinnern Sie sich daran, dass ein einzelnes verpasstes Training keinen signifikanten Einfluss auf Ihre langfristigen Fitnessziele hat. Es ist völlig normal und menschlich, gelegentlich eine Einheit ausfallen zu lassen.

Konzentrieren Sie sich darauf, wie Sie das verpasste Training nachholen können, anstatt sich auf das Versäumnis zu konzentrieren. Schauen Sie sich Ihren Wochenplan an und finden Sie einen passenden Zeitpunkt, um die verpasste Einheit nachzuholen. Vielleicht können Sie am nächsten Tag etwas früher aufstehen oder Ihre Mittagspause nutzen. Eventuell bietet sich auch ein freier Slot am Wochenende an. Integrieren Sie das Training so flexibel wie möglich in Ihren Alltag.

Falls es zeitlich absolut nicht möglich ist, die gesamte Einheit nachzuholen, überlegen Sie, ob Sie zumindest einen Teil davon absolvieren können. Schon 15-20 Minuten Bewegung sind besser als gar nichts und helfen Ihnen, das Gefühl der Kontinuität zu bewahren.

Wichtig ist, dass Sie nicht den Mut verlieren und den gesamten Trainingsplan in Frage stellen, nur weil ein Tag nicht wie geplant verlaufen ist. Ein verpasstes Training ist kein Grund, die ganze Woche aufzugeben. Konzentrieren Sie sich auf Ihre langfristigen Ziele und bleiben Sie dran. Denken Sie daran, dass Konsistenz auf lange Sicht wichtiger ist als Perfektion. Seien Sie flexibel und passen Sie Ihren Plan an die Gegebenheiten an. Mit dieser Einstellung werden Sie Ihre Fitnessziele erfolgreich erreichen.

- **Ungesunde Mahlzeit:** Es ist völlig normal und menschlich, hin und wieder der Verlockung ungesunder Speisen nachzugeben. Wir leben in einer Welt voller kulinarischer Versuchungen, und es ist unrealistisch zu erwarten, dass wir ihnen immer widerstehen können. Ein einzelner Ausrutscher, ein Stück Kuchen auf einer Geburtstagsfeier, eine spontane Pizza mit Freunden oder ein

Schokoriegel in einem Moment der Schwäche, macht noch lange keine schlechte Ernährung aus und definiert nicht Ihren gesamten Essstil. Verfallen Sie deshalb nicht in Selbstvorwürfe oder negative Gedankenspiralen. Machen Sie sich nicht fertig, wenn Sie einmal von Ihrem gesunden Ernährungsplan abweichen. Denken Sie nicht, dass jetzt alles verloren ist und Sie Ihre Ziele aufgeben müssen. Ein einzelner Fehltritt wirft Sie nicht komplett aus der Bahn.

Stattdessen konzentrieren Sie sich auf die nächste Mahlzeit. Sehen Sie den Ausrutscher als eine Ausnahme und nicht als die Regel. Kehren Sie so schnell wie möglich zu Ihren gesunden Ernährungsgewohnheiten zurück. Planen Sie Ihre nächste Mahlzeit bewusst und wählen Sie nahrhafte Lebensmittel. Trinken Sie ausreichend Wasser und achten Sie auf eine ausgewogene Nährstoffzufuhr. Je schneller Sie wieder in Ihre Routine finden, desto weniger Auswirkungen hat der Ausrutscher auf Ihre langfristigen Ziele.

Ein gelegentlicher Genuss, ein bewusster und geplanter Cheat-Day oder ein spontanes Nachgeben einer kleinen Versuchung, sollte kein Grund sein, Ihre langfristigen Gesundheits- und Ernährungsziele aus den Augen zu verlieren. Erinnern Sie sich daran, warum Sie sich für eine gesunde Ernährung entschieden haben. Visualisieren Sie Ihre Ziele und konzentrieren Sie sich auf die positiven Aspekte Ihrer gesunden Lebensweise. Ein Ausrutscher ist ein kleiner Stolperstein auf einem langen Weg, aber er definiert nicht den gesamten Weg. Stehen Sie wieder auf, lernen Sie vielleicht sogar aus der Situation und gehen Sie weiter in Richtung Ihrer Ziele. Langfristiger Erfolg basiert auf Beständigkeit und nicht auf Perfektion.

- **Unerwartete Termine:** Unerwartete Termine sind im Alltag oft unvermeidbar und können Ihre sorgfältig geplante Routine gehörig durcheinanderwirbeln. Spontane Meetings, die sich in Ihren Kalender drängen, unerwartete familiäre Verpflichtungen, die Ihre Aufmerksamkeit erfordern, oder sonstige unvorhergesehene Ereignisse können Ihren Tagesablauf, insbesondere Ihre Ernährungs- und Fitnesspläne, empfindlich stören. Anstatt jedoch Ihren Plan komplett aufzugeben und in alte Gewohnheiten zurückzufallen, ist es ratsam, flexibel zu bleiben und Anpassungen vorzunehmen.

Betrachten Sie Ihren Plan als dynamisch und veränderbar, anstatt ihn als starres Korsett zu sehen. Wenn ein unerwarteter Termin Ihre Trainingszeit blockiert, überlegen Sie, ob Sie Ihr Workout verkürzen können. Ein intensives 20-Minuten-Training kann oft genauso effektiv sein wie eine längere Einheit, besonders wenn die Zeit knapp ist. Alternativ können Sie prüfen, ob Sie Ihr Training auf einen anderen Zeitpunkt verschieben können, z.B. frühmorgens, in der Mittagspause oder spätabends. Manchmal hilft es auch, die Trainingsart anzupassen. Statt ins Fitnessstudio zu gehen, könnten Sie beispielsweise einen flotten Spaziergang einlegen oder ein Home-Workout absolvieren.

Auch Ihre Ernährung kann durch unerwartete Termine beeinträchtigt werden. Restaurantbesuche oder der Griff zu ungesunden Snacks sind oft die Folge von Zeitdruck und mangelnder Planung. Um dem entgegenzuwirken, ist Vorbereitung der Schlüssel. Wenn Sie wissen, dass Ihr Tag potenziell unvorhersehbar sein könnte, bereiten Sie sich ein gesundes Mittagessen vor, das Sie mitnehmen können. So vermeiden Sie ungesunde Essensentscheidungen und sparen gleichzeitig Geld. Halten Sie außerdem gesunde Snacks wie Obst, Nüsse oder Gemüse bereit, um Heißhungerattacken zu vermeiden.

Mit ein wenig Flexibilität, Kreativität und vorausschauender Planung lassen sich die meisten Herausforderungen, die unerwartete Termine mit sich bringen, meistern. Es geht darum, Lösungen zu finden, die zu Ihrer individuellen Situation passen und Ihnen helfen, Ihre langfristigen Ziele trotz unvorhergesehener Ereignisse im Auge zu behalten. Denken Sie daran: Perfektion ist nicht das Ziel, sondern Beständigkeit und die Fähigkeit, sich an veränderte Umstände anzupassen.

Flexibilität bedeutet nicht, dass Sie Ihre Ziele aufgeben. Es bedeutet, realistisch zu sein und zu verstehen, dass das Leben nicht immer nach Plan verläuft. Indem Sie lernen, sich anzupassen und alternative Wege zu finden, bleiben Sie motiviert und erhöhen Ihre Chancen, Ihre Ziele langfristig zu erreichen. Seien Sie nachsichtig mit sich selbst und sehen Sie Herausforderungen als Chance, Ihre Anpassungsfähigkeit zu trainieren.

7.1.6. Belohnungssystem: Feiern Sie Ihre Erfolge

Ein entscheidender Faktor für den langfristigen Erfolg Ihres Fitness- und Gesundheitsplans ist ein durchdachtes Belohnungssystem. Das regelmäßige Feiern Ihrer erreichten Meilensteine wirkt sich positiv auf Ihre Motivation aus und bestärkt Sie darin, Ihren Weg konsequent weiterzugehen. Belohnungen wirken wie kleine Motivationsbooster, die Ihnen helfen, auch in schwierigen Phasen dranzubleiben und Ihre Ziele nicht aus den Augen zu verlieren.

Wichtig dabei ist, dass Sie Belohnungen wählen, die Ihre Fortschritte unterstützen und im Einklang mit Ihren Gesundheitszielen stehen. Anstatt sich mit ungesunden Snacks oder exzessivem Shopping zu belohnen, sollten Sie Prämien wählen, die Sie auf Ihrem Weg zu einem gesünderen Lebensstil bestärken. Hier einige Beispiele für passende Belohnungen, die Sie an Ihre individuellen Bedürfnisse anpassen können:

Belohnungen für sportliche Erfolge: Belohnungen für sportliche Erfolge können vielfältig sein und sollten individuell auf die eigenen Bedürfnisse und Vorlieben abgestimmt werden. Hier sind einige Ideen, die über die bloße Auflistung hinausgehen und die verschiedenen Möglichkeiten genauer beleuchten:

Materielle Belohnungen:

- **Neue Sportkleidung:** Ein neues Outfit kann die Motivation steigern und das Selbstbewusstsein beim Training stärken. Dabei kann es sich um funktionale Kleidung wie atmungsaktive Shirts, Laufhosen oder spezielle Schuhe handeln, aber auch um stylische Sportkleidung, die einfach Spaß macht. Die Belohnung könnte auch aus einem kompletten Outfit bestehen, inklusive Accessoires wie Mütze, Handschuhe oder Sporttasche.

- **Funktionale Gadgets:** Ein Fitnesstracker kann die Fortschritte beim Training visualisieren und motivieren, am Ball zu bleiben. Eine Pulsuhr hilft dabei, das Training optimal zu steuern und die eigenen Grenzen zu erkennen. Weitere Gadgets könnten eine neue Sportkopfhörer, eine hochwertige Trinkflasche oder eine leistungsstarke Action-Cam sein, um die sportlichen Erfolge festzuhalten.

- **Neue Yogamatte:** Eine hochwertige Yogamatte kann den Komfort und die Freude am Yoga deutlich steigern. Verschiedene Materialien, Dicken und Designs bieten für jeden Geschmack und Übungsstil die passende Matte.

Erlebnisorientierte Belohnungen:

- **Teilnahme an einem Sport-Event:** Die Teilnahme an einem Marathon, einem Triathlon, einem Radrennen oder einem anderen Sportevent kann ein großes Ziel und eine enorme Motivation sein. Auch kleinere Events wie ein lokaler Lauf oder ein Workshop können ein tolles Erlebnis und eine würdige Belohnung für erreichte Ziele darstellen.

- **Teilnahme an einem Sport-Workshop:** Ein Workshop kann helfen, die Technik in einer bestimmten Sportart zu verbessern, neue Trainingsmethoden kennenzulernen oder einfach neue Inspiration zu finden. Mögliche Workshops könnten beispielsweise im Bereich

Yoga, Pilates, Kraftsport, Laufen oder Schwimmen liegen.

Wellness und Erholung:

- **Professionelle Sportmassage:** Nach intensiven Trainingseinheiten kann eine Sportmassage helfen, die Muskeln zu lockern, Verspannungen zu lösen und die Regeneration zu fördern. Dies ist nicht nur eine wohltuende Belohnung, sondern trägt auch zur Verletzungsprävention bei.

Die Wahl der Belohnung sollte von der Größe des erreichten Ziels abhängen. Für kleinere Erfolge eignen sich eher kleinere Belohnungen, während größere Erfolge auch mit größeren Belohnungen gefeiert werden können. Wichtig ist, dass die Belohnung motivierend wirkt und Freude bereitet.

Belohnungen für gesunde Ernährung: Belohnungen für gesunde Ernährung können vielfältig und motivierend sein und sowohl den Genuss als auch die praktische Umsetzung erleichtern. Hier einige Ideen, wie Sie sich für Ihre gesunde Ernährung belohnen können:

Für kulinarische Inspiration und Wissen:

- **Ein neues Kochbuch mit gesunden Rezepten:** Entdecken Sie neue, kreative und gesunde Gerichte mit einem inspirierenden Kochbuch. Achten Sie dabei auf Bücher, die zu Ihrem Geschmack und Ihren Kochkünsten passen. Schwerpunkte könnten vegetarische Küche, vegane Rezepte, Low-Carb-Gerichte, regionale und saisonale Küche oder auch spezielle Diätformen sein. Ein schönes Kochbuch kann auch ein ästhetischer Genuss sein und zum Stöbern und Ausprobieren einladen.

- **Ein Kochkurs für gesunde Küche:** Erweitern Sie Ihre kulinarischen Fähigkeiten und lernen Sie neue Techniken der gesunden Zubereitung in einem professionellen Kochkurs. Hier können Sie von erfahrenen Köchen lernen, neue Zutaten kennenlernen und Ihre Kenntnisse über Nährstoffe und gesunde Ernährung vertiefen. Ein Kochkurs bietet auch die Möglichkeit, sich mit Gleichgesinnten auszutauschen und neue Inspirationen zu sammeln.

Für die praktische Umsetzung im Alltag:

- **Hochwertige Küchenutensilien, die das Zubereiten gesunder Mahlzeiten erleichtern:** Investieren Sie in qualitativ hochwertige Küchenhelfer, die Ihnen die Zubereitung gesunder Mahlzeiten erleichtern und Freude bereiten. Dies könnten beispielsweise ein leistungsstarker Mixer für Smoothies und Suppen, ein Dampfgarer für schonendes Garen, ein Spiralschneider für Gemüsepasta oder ein hochwertiges Messerset sein. So macht das Kochen mehr Spaß und gesunde Ernährung wird zum Kinderspiel.

Für das bewusste Genießen und Erleben:

- **Ein Besuch auf einem Bio-Bauernhof:** Erleben Sie die Herkunft Ihrer Lebensmittel hautnah und lernen Sie die Landwirtschaft und die Herstellung gesunder Produkte kennen. Ein Besuch auf einem Bio-Bauernhof kann ein inspirierendes Erlebnis sein und Ihr Bewusstsein für nachhaltige und gesunde Ernährung stärken. Oftmals bieten Bauernhöfe auch die Möglichkeit, frische Produkte direkt vom Feld zu kaufen und so die regionale Wirtschaft zu unterstützen.

Weitere Belohnungs-Ideen:

- **Ein neues Set an hochwertigen, wiederverwendbaren Frischhaltedosen:** So können Sie Ihre gesunden Mahlzeiten bequem mitnehmen und vermeiden unnötigen Verpackungsmüll.

- **Ein Abo für eine Bio-Gemüsekiste:** Lassen Sie sich wöchentlich frisches, saisonales Gemüse direkt nach Hause liefern und entdecken Sie neue Sorten.

- **Ein entspannender Wellnesstag:** Belohnen Sie sich mit einer wohltuenden Massage oder einem Besuch in der Sauna, um Körper und Geist etwas Gutes zu tun.

Wichtig ist, dass Sie sich Belohnungen aussuchen, die Ihnen wirklich Freude bereiten und Sie auf Ihrem Weg zu einer gesunden Ernährung motivieren.

Belohnungen für Entspannung und Wohlbefinden: Entspannung und Wohlbefinden sind essentiell für unsere Gesundheit und Lebensqualität. Um sich selbst dafür zu belohnen, bieten sich verschiedene Möglichkeiten, die Körper und Geist gleichermaßen verwöhnen. Hier sind einige Ideen für Belohnungen, die Ihnen helfen, Stress abzubauen und neue Energie zu tanken:

- **Ein entspannendes Wellness-Wochenende:** Gönnen Sie sich einen Kurzurlaub in einem Wellnesshotel oder einer Therme. Genießen Sie die Ruhe und lassen Sie sich von professionellen Therapeuten verwöhnen. Schwimmen Sie im warmen Thermalwasser, entspannen Sie in der Sauna, nehmen Sie an Yoga- oder Meditationskursen teil und lassen Sie den Alltagsstress hinter sich. Ein Wellness-Wochenende bietet die perfekte Gelegenheit, sich ganz auf sich selbst zu konzentrieren und neue Kraft zu schöpfen.

- **Eine wohltuende Massage:** Lösen Sie Verspannungen und fördern Sie die Durchblutung mit einer professionellen Massage. Ob klassische Massage, Aromaölmassage oder Hot Stone Massage – die verschiedenen Massagetechniken bieten für jeden Bedarf die passende Anwendung. Eine Massage kann nicht nur körperliche Beschwerden lindern, sondern auch Stress reduzieren und das allgemeine Wohlbefinden steigern.

- **Eine revitalisierende Kosmetikbehandlung:** Verwöhnen Sie Ihre Haut mit einer professionellen Kosmetikbehandlung. Eine Gesichtsbehandlung reinigt, pflegt und regeneriert die Haut und lässt Sie strahlen. Genießen Sie die entspannende Atmosphäre und die wohltuenden Berührungen während der Behandlung. Zusätzlich zu den positiven Effekten für Ihre Haut kann eine Kosmetikbehandlung auch dazu beitragen, Stress abzubauen und das Selbstwertgefühl zu stärken.

- **Ein Besuch in der Sauna:** Die Wärme der Sauna fördert die Durchblutung, löst Muskelverspannungen und stärkt das Immunsystem. Der Wechsel zwischen heißer Sauna und kalter Dusche regt den Kreislauf an und sorgt für ein erfrischendes Gefühl. Ein Saunabesuch kann Ihnen helfen, Stress abzubauen, zu entspannen und neue Energie zu tanken.

- **Ein inspirierendes Buch zum Thema Achtsamkeit:** Tauchen Sie ein in die Welt der Achtsamkeit und lernen Sie, im gegenwärtigen Moment zu leben. Ein inspirierendes Buch zum Thema Achtsamkeit kann Ihnen wertvolle Tipps und Übungen vermitteln, um Stress zu reduzieren, Ihre Gedanken zu beruhigen und Ihre innere Ruhe zu finden. Nehmen Sie sich Zeit zum Lesen und lassen Sie die Weisheiten auf sich wirken. Achtsamkeit kann Ihnen helfen, ein bewussteres und erfüllteres Leben zu führen.

Belohnungen für persönliche Entwicklung: Belohnungen für persönliche Entwicklung müssen nicht immer groß oder teuer sein, sondern sollten vor allem dazu beitragen, Ihr Wohlbefinden zu steigern und Ihnen neue Impulse zu geben. Hier sind einige Beispiele, wie Sie sich nach erreichten Zielen oder einfach für Ihre kontinuierlichen Bemühungen belohnen können:

Kreative und entspannende Hobbys:

- **Ein neues Hobby, das Ihnen Freude bereitet und Stress abbaut:** Denken Sie an Aktivitäten, die Ihnen schon immer Spaß gemacht haben oder die Sie schon immer ausprobieren wollten. Das könnte beispielsweise Malen, Töpfern, Stricken, Gartenarbeit, Fotografieren, Schreiben, Musizieren oder Kochen sein. Ein Hobby bietet Ihnen die Möglichkeit, abzuschalten, Ihre Kreativität auszuleben und neue Fähigkeiten zu entwickeln. Der Fokus auf eine Tätigkeit, die Ihnen Freude bereitet, kann Stress reduzieren und Ihre mentale Gesundheit stärken.

Lernen und Entdecken:

- **Ein spannender Online-Kurs:** Erweitern Sie Ihr Wissen und Ihre Fähigkeiten in einem Bereich, der Sie interessiert. Online-Kurse bieten flexible Lernmöglichkeiten zu unzähligen Themen, von Programmieren und Sprachenlernen bis hin zu Kunstgeschichte und persönlicher Finanzplanung. Der erfolgreiche Abschluss eines Kurses stärkt Ihr Selbstvertrauen und kann Ihnen neue Perspektiven eröffnen.

- **Ein Besuch im Museum oder Theater:** Tauchen Sie ein in die Welt der Kunst und Kultur. Ein Museumsbesuch kann Sie inspirieren, Ihre Kenntnisse erweitern und Ihnen neue Einblicke in verschiedene Epochen und Kulturen ermöglichen. Ein Theaterbesuch bietet Ihnen ein emotionales und unterhaltsames Erlebnis, das Sie vom Alltag ablenkt und Ihnen neue Denkanstöße geben kann.

Weitere Möglichkeiten zur Selbstbelohnung:

Neben diesen Beispielen gibt es noch viele weitere Möglichkeiten, sich für persönliche Entwicklung zu belohnen. Denken Sie an:

- **Einen Wellnesstag:** Gönnen Sie sich eine Massage, einen Saunabesuch oder andere entspannende Behandlungen.

- **Ein Ausflug in die Natur:** Wandern, Radfahren oder einfach ein Spaziergang im Park können Ihnen helfen, neue Energie zu tanken und den Kopf frei zu bekommen.

- **Ein gutes Buch lesen:** Verlieren Sie sich in einer spannenden Geschichte und erweitern Sie gleichzeitig Ihren Horizont.

- **Zeit mit Freunden und Familie verbringen:** Soziale Kontakte sind wichtig für unser Wohlbefinden und können uns Kraft und Unterstützung geben.

Wichtig ist, dass Sie eine Belohnung wählen, die zu Ihnen passt und Ihnen wirklich Freude bereitet. Die Belohnung sollte Ihre Motivation steigern und Ihnen helfen, Ihre Ziele weiter zu verfolgen.

Die Entwicklung und Umsetzung eines langfristigen Fitness- und Gesundheitsplans erfordert Zeit, Geduld, Disziplin und vor allem Engagement. Es ist wichtig, sich nicht von anfänglichen Rückschlägen entmutigen zu lassen und sich stattdessen auf kleine, realistische und nachhaltige Veränderungen zu konzentrieren. Jeder noch so kleine Schritt in die richtige Richtung ist ein Erfolg, den es zu feiern gilt. Indem Sie Ihre Fortschritte anerkennen und sich selbst belohnen, stärken Sie Ihr Selbstvertrauen und festigen Ihre neue, gesunde Lebensweise.

Mit einem gut durchdachten Plan, der Ihre individuellen Bedürfnisse und Vorlieben berücksichtigt, einem effektiven Belohnungssystem und der richtigen, positiven Einstellung können Sie Ihre Gesundheitsziele erreichen und ein gesünderes, glücklicheres und erfüllteres Leben führen. Denken Sie daran: Der Weg ist das Ziel! Genießen Sie den Prozess und feiern Sie jeden einzelnen Erfolg auf Ihrem Weg zu einem besseren Lebensgefühl.

7.2 Die Bedeutung der Selbstreflexion und Anpassung an sich ändernde Umstände:

Nachhaltigkeit im Kontext eines gesunden Lebensstils erfordert mehr als nur die initiale Motivation und einen perfekt ausgearbeiteten Plan. Sie erfordert kontinuierliche Selbstreflexion und die Fähigkeit, sich an veränderte Umstände anzupassen. Ihr Körper ist kein statisches Gebilde, sondern ein dynamisches System, das sich im Laufe der Zeit verändert. Genauso dynamisch sind Ihre Bedürfnisse, Ihre Ziele und die äußeren Umstände, die Ihr Leben beeinflussen. Daher ist es unerlässlich, Ihren Ansatz regelmäßig zu überprüfen und gegebenenfalls anzupassen, um langfristig erfolgreich zu sein.

Regelmäßige Überprüfung Ihres Fortschritts: Regelmäßige Fortschrittskontrolle ist der Schlüssel zum Erfolg, egal ob beim Erreichen sportlicher Ziele, im Beruf oder in persönlichen Projekten. Integrieren Sie deshalb feste Zeiten für die Reflexion in Ihren Alltag, als wären sie fixe Trainingseinheiten. Nehmen Sie sich bewusst Zeit, in Ruhe und konzentriert Ihren Fortschritt zu analysieren und Ihren Plan auf den Prüfstand zu stellen. Betrachten Sie Ihren aktuellen Stand kritisch und objektiv, ohne sich von Emotionen leiten zu lassen.

Stellen Sie sich dabei folgende Fragen: Funktioniert Ihr Trainingsplan noch so, wie er ursprünglich konzipiert war? Führt er Sie effektiv in Richtung Ihrer Ziele? Erreichen Sie diese Ziele in einem angemessenen, realistischen Tempo, das Sie langfristig motiviert hält? Oder stellen Sie fest, dass Sie stagnieren, dass Ihre Fortschritte ins Stocken geraten sind oder sogar Rückschritte eintreten?

Um diese Fragen fundiert beantworten zu können, sind objektive Daten unerlässlich. Ein Trainingstagebuch oder diverse Tracking-Apps können Ihnen dabei wertvolle Dienste leisten. Dokumentieren Sie in Ihrem Trainingstagebuch oder Ihrer App nicht nur Ihre Trainingsleistungen, wie zum Beispiel die gelaufenen Kilometer, das gehobenen Gewicht oder die Dauer Ihrer Trainingseinheiten. Halten Sie auch weitere relevante Faktoren fest, die Ihren Fortschritt beeinflussen können. Dazu gehören beispielsweise die Qualität Ihres Schlafs, Ihr Stresslevel, Ihre Ernährung und eventuelle Beschwerden oder Verletzungen. Auch Ihr allgemeines Wohlbefinden und Ihre Motivation sollten Erwähnung finden.

Die gesammelten Daten dienen nicht nur der reinen Dokumentation. Sie helfen Ihnen vor allem dabei, Zusammenhänge zwischen verschiedenen Faktoren und Ihren Trainingsleistungen zu erkennen. Sie können beispielsweise feststellen, dass Ihre Leistung an Tagen mit schlechter Schlafqualität nachlässt, oder dass eine bestimmte Ernährungsweise Ihnen mehr Energie für Ihr Training gibt. Durch die Analyse dieser Muster können Sie Ihren Trainingsplan effektiver gestalten und an Ihre individuellen Bedürfnisse anpassen. Möglicherweise müssen Sie die Intensität oder den Umfang Ihres Trainings anpassen, Ihre Ernährung umstellen oder Maßnahmen zur Stressreduktion ergreifen. So können Sie Plateaus überwinden, Motivationsschwankungen entgegenwirken und Ihre Ziele langfristig und gesund erreichen. Die regelmäßige und umfassende Fortschrittskontrolle ermöglicht es Ihnen, Ihren Plan dynamisch anzupassen und stetig zu optimieren, um maximale Erfolge zu erzielen.

Achtsamkeit im Umgang mit Ihrem Körper: Achtsamkeit im Umgang mit Ihrem Körper ist der Schlüssel zu einem nachhaltigen und gesunden Training. Ihr Körper ist ein komplexes System, das ständig mit Ihnen kommuniziert – lernen Sie, auf seine subtilen und offensichtlichen Signale zu achten. Diese Signale sind wertvolle Informationen über Ihren aktuellen Zustand und sollten nicht ignoriert werden.

Körperliche Signale verstehen:

Anhaltender Muskelkater, der über den normalen, leichten Schmerz nach dem Training hinausgeht, kann ein Warnzeichen sein. Auch ungewöhnliche Müdigkeit, die nicht durch ausreichend Schlaf behoben wird, oder Schmerzen, die neu auftreten oder sich verstärken, sollten Sie ernst nehmen. Ein weiteres wichtiges Signal ist eine anhaltende mangelnde Motivation. Wenn Sie sich über einen längeren Zeitraum hinweg zum Training zwingen müssen, könnte dies ein Zeichen dafür sein, dass Ihr Trainingsplan nicht zu Ihren aktuellen Bedürfnissen passt, zu intensiv ist oder angepasst werden muss.

Diese Signale sind keine Schwäche, sondern wichtige Hinweise darauf, dass etwas nicht stimmt. Anstatt Ihren Körper zu überfordern und die Signale zu ignorieren, sollten Sie achtsam reagieren und Ihre Trainingsroutine anpassen.

Anpassungen vornehmen:

- **Reduzieren Sie die Trainingsintensität:** Verkürzen Sie Ihre Trainingseinheiten, verringern Sie das Gewicht oder wählen Sie Übungen mit geringerer Belastung.

- **Legen Sie zusätzliche Ruhetage ein:** Geben Sie Ihrem Körper die Zeit, sich zu regenerieren und zu erholen. Ein Ruhetag bedeutet nicht, dass Sie den ganzen Tag auf dem Sofa verbringen müssen. Leichte Aktivitäten wie Spaziergänge oder Yoga können die Regeneration fördern.

- **Passen Sie Ihren Plan an Ihre aktuelle Verfassung an:** Hören Sie auf Ihren Körper und passen Sie Ihr Trainingsprogramm an Ihre Energielevel und Ihre körperliche Verfassung an. Manchmal braucht der Körper einfach eine Pause oder eine andere Art von Bewegung. Seien Sie flexibel und scheuen Sie sich nicht, von Ihrem Plan abzuweichen.

- **Suchen Sie professionelle Unterstützung:** Wenn die Beschwerden anhalten oder sich verschlimmern, sollten Sie einen Arzt oder Physiotherapeuten konsultieren.

Achtsamkeit und mentale Gesundheit:

Achtsamkeit im Umgang mit Ihrem Körper beschränkt sich nicht nur auf die Wahrnehmung körperlicher Signale. Auch Ihre mentale Gesundheit spielt eine entscheidende Rolle für Ihren Trainingserfolg. Stress, psychische Belastungen und Schlafmangel können sich negativ auf Ihre körperliche Leistungsfähigkeit, Ihre Motivation und Ihre Regeneration auswirken.

Schaffen Sie Raum für Entspannung:

- **Integrieren Sie Entspannungstechniken in Ihren Alltag:** Meditation, Yoga, Atemübungen oder progressive Muskelentspannung können Ihnen helfen, Stress abzubauen und Ihre innere Ruhe zu finden.

- **Sichern Sie sich ausreichend Schlaf:** Schlaf ist essentiell für die körperliche und mentale Regeneration. Achten Sie auf eine regelmäßige Schlafenszeit und schaffen Sie eine entspannende Schlafumgebung.

- **Nehmen Sie sich Zeit für Dinge, die Ihnen Freude bereiten:** Hobbys, Zeit mit Freunden und Familie oder einfach mal nichts tun – gönnen Sie sich regelmäßig Auszeiten vom Alltag und tanken Sie neue Energie.

Indem Sie auf die Signale Ihres Körpers achten und Ihre mentale Gesundheit berücksichtigen, können Sie ein gesundes und nachhaltiges Trainingsprogramm entwickeln, das Ihnen langfristig Freude bereitet und Ihre Ziele unterstützt.

Anpassungsfähigkeit an veränderte Lebensumstände: Das Leben ist ein Fluss ständiger Veränderungen. Was heute gilt, kann morgen schon anders sein. Berufliche Veränderungen wie ein neuer Job, eine Beförderung oder gar ein Jobverlust, veränderte familiäre Verpflichtungen durch Heirat, Geburt eines Kindes, Pflege von Angehörigen oder auch eine Trennung, ein Umzug in eine neue Stadt oder ein unerwartetes Ereignis wie eine Krankheit oder ein Unfall – all diese Faktoren können Ihren gewohnten Tagesablauf, Ihre Routinen und somit auch Ihre Pläne, beispielsweise in Bezug auf Sport und gesunde Ernährung, gehörig durcheinanderwirbeln. Es ist wichtig, in solchen Situationen nicht den Mut zu verlieren und nicht gleich alles aufzugeben, was Sie sich vorgenommen haben. Statt starr an einem fixen Plan festzuhalten, der unter den neuen Umständen nicht mehr realisierbar ist, sollten Sie flexibel reagieren und Ihren Plan an die neuen Gegebenheiten anpassen. Das bedeutet, Ihre Herangehensweise zu überdenken und gegebenenfalls zu modifizieren.

Konkret könnte dies im Bereich Sport bedeuten, dass Sie Ihre gewohnten Trainingszeiten verschieben müssen, um sie mit Ihren neuen Verpflichtungen in Einklang zu bringen. Vielleicht müssen Sie von langen Trainingseinheiten auf kürzere, intensivere Einheiten umsteigen. Anstatt ins Fitnessstudio zu gehen, könnten Sie beispielsweise zu Hause trainieren oder im Freien joggen. Auch alternative Trainingsmethoden wie Yoga, Pilates oder Online-Fitnesskurse können eine gute Option sein, um flexibel zu bleiben und dennoch aktiv zu sein. Denken Sie daran: Jede Bewegung zählt!

Im Bereich Ernährung könnte dies bedeuten, dass Sie Ihre Mahlzeiten im Voraus planen und vorbereiten, um Zeit zu sparen und ungesunden Versuchungen zu widerstehen. Suchen Sie nach schnellen und einfachen Rezepten, die dennoch nahrhaft und ausgewogen sind.

Der Schlüssel zum Erfolg liegt darin, realistische Ziele zu setzen, die zu Ihren veränderten Lebensumständen passen. Setzen Sie sich kleine, erreichbare Zwischenziele und freuen Sie sich über jeden Fortschritt, den Sie machen. Vermeiden Sie es, sich mit anderen zu vergleichen, und konzentrieren Sie sich auf Ihre eigene Entwicklung. Es ist völlig in

Ordnung, wenn Sie Ihren ursprünglichen Plan vorübergehend nicht einhalten können. Wichtig ist, dass Sie dranbleiben und sich nicht entmutigen lassen. Seien Sie nachsichtig mit sich selbst und akzeptieren Sie, dass es Phasen im Leben gibt, in denen man Prioritäten neu setzen muss. Mit Flexibilität, Anpassungsfähigkeit und einer positiven Einstellung können Sie auch in herausfordernden Zeiten Ihre Ziele erreichen und ein gesundes und ausgeglichenes Leben führen. Denken Sie daran: Der Weg ist das Ziel!

Langfristige Vision als Motivation: Im Strudel der täglichen Anforderungen, zwischen beruflichen Deadlines, familiären Verpflichtungen und den ständigen Anpassungen an neue Gegebenheiten, kann es leicht passieren, den Blick für das große Ganze zu verlieren. Gerade auf dem Weg zu einem gesunden Lebensstil ist es jedoch essentiell, die langfristige Vision im Fokus zu behalten. Sie ist der Kompass, der uns durch die unvermeidlichen Höhen und Tiefen navigiert und uns hilft, auch bei Gegenwind Kurs zu halten.

Nehmen Sie sich daher regelmäßig Zeit, um sich bewusst an Ihr "Warum" zu erinnern. Was hat Sie ursprünglich dazu motiviert, diesen Weg einzuschlagen? Welche positiven Veränderungen erhoffen Sie sich für Ihre Zukunft? Wollen Sie mehr Energie für Ihre Familie haben, Ihre Leistungsfähigkeit steigern, chronischen Krankheiten vorbeugen oder einfach ein langes und vitales Leben führen? Je klarer Sie sich Ihre Beweggründe vor Augen führen, desto stärker wird Ihre Motivation sein.

Visualisierung ist ein kraftvolles Werkzeug, um diese Motivation zu festigen. Malen Sie sich Ihre Ziele in den lebendigsten Farben aus. Stellen Sie sich vor, wie Sie sich fühlen werden, wenn Sie Ihr Wunschgewicht erreicht haben, voller Energie in den Tag starten oder beschwerdefrei Ihre Lieblingssportart ausüben können. Spüren Sie die positive Energie, die von diesen Bildern ausgeht, und lassen Sie sie zu einer Quelle der Inspiration werden. Visualisieren Sie nicht nur das Endergebnis, sondern auch die positiven Auswirkungen auf Ihre Gesundheit, Ihr Wohlbefinden und Ihre gesamte Lebensqualität. Ein gestärktes Immunsystem, mehr Ausgeglichenheit, gesteigerte Konzentrationsfähigkeit, ein besseres Körpergefühl – all diese Vorteile tragen dazu bei, dass Sie sich rundum wohler in Ihrer Haut fühlen.

Diese positive Verstärkung wirkt wie ein innerer Motor, der Sie antreibt und Ihnen hilft, auch in schwierigen

Phasen durchzuhalten. Denn der Weg zu einem gesunden Lebensstil ist kein Sprint, bei dem es um kurzfristige Erfolge geht. Es ist vielmehr ein Marathon, der Ausdauer, Geduld und die Bereitschaft erfordert, sich immer wieder an neue Herausforderungen anzupassen. Es wird Tage geben, an denen die Motivation nachlässt, an denen Verlockungen locken und der Alltag Sie zurück in alte Muster zieht. In solchen Momenten ist es entscheidend, sich an Ihre Vision zu erinnern und sich die langfristigen Vorteile vor Augen zu führen. Denken Sie daran, dass jeder kleine Schritt, den Sie in Richtung Ihrer Ziele machen, ein Erfolg ist, und dass auch kleine Rückschläge Sie nicht vom Weg abbringen dürfen. Mit jedem Tag, an dem Sie an Ihrer Vision festhalten und Ihre positiven Gewohnheiten stärken, kommen Sie Ihrem Ziel ein Stück näher und legen den Grundstein für ein gesundes und erfülltes Leben.

7.3 Erfolgsstories von Führungskräften:

Die folgenden Beispiele illustrieren, wie eine bewusste Integration von Fitness und Gesundheitsmaßnahmen die Führungsqualitäten und den beruflichen Erfolg positiv beeinflussen kann:

Beispiel 1: Die achtsame Geschäftsführerin

Frau Dr. Anna Meier, Geschäftsführerin eines großen Unternehmens im Finanzsektor, spürte die immense Last ihrer Position. Die Tage waren lang und gefüllt mit wichtigen Entscheidungen, die hohe Verantwortung lastete schwer auf ihren Schultern, und der allgegenwärtige Leistungsdruck nagte an ihren Nerven. Diese konstante Belastung führte dazu, dass sie sich zunehmend gestresst und überfordert fühlte. Klare Gedanken zu fassen und rationale Entscheidungen zu treffen, fiel ihr immer schwerer. Sie erkannte, dass sie dieser Abwärtsspirale entkommen musste, bevor sie ernsthaft krank wurde.

Auf der Suche nach einem Weg, ihr inneres Gleichgewicht wiederzufinden, entschied sie sich, Achtsamkeitspraktiken in ihren Alltag zu integrieren. Sie begann mit täglichen Meditationen und Yoga-Übungen. Anfangs investierte sie nur 15 Minuten pro Tag in diese Praxis, doch als sie die positiven

Auswirkungen spürte, steigerte sie die Dauer allmählich.

Die regelmäßige Achtsamkeitspraxis zeigte schon bald Wirkung. Frau Dr. Meier bemerkte eine deutliche Verbesserung ihrer Konzentrationsfähigkeit. Sie konnte Störfaktoren, wie zum Beispiel Lärm im Büro oder unwichtige E-Mails, leichter ausblenden und sich besser auf komplexe Sachverhalte konzentrieren. Meetings wurden produktiver, da sie dem Gesagten konzentrierter folgen und die relevanten Informationen herausfiltern konnte.

Auch ihre Stressresistenz nahm merklich zu. In herausfordernden Situationen, die sie früher aus der Ruhe gebracht hätten, gelang es ihr nun, einen kühlen Kopf zu bewahren. Anstatt impulsiv zu reagieren, atmete sie tief durch, analysierte die Situation und traf wohlüberlegte Entscheidungen. Diese neue Gelassenheit strahlte sie auch aus, was sich positiv auf das gesamte Team auswirkte.

Ein weiterer positiver Effekt, den Frau Dr. Meier beobachtete, war die Steigerung ihrer emotionalen Intelligenz. Durch die Achtsamkeitspraxis lernte sie, ihre eigenen Emotionen besser wahrzunehmen und zu verstehen. Gleichzeitig entwickelte sie ein feineres Gespür für die Emotionen ihrer Mitarbeiter. Sie konnte deren Bedürfnisse und Sorgen besser erkennen und einfühlsamer auf sie eingehen. Das führte zu einer deutlich verbesserten Kommunikation im Team. Die Mitarbeiter fühlten sich verstanden und wertgeschätzt, was den Teamzusammenhalt stärkte und zu einem positiveren Arbeitsklima beitrug. Die Atmosphäre im Büro wurde entspannter und die Zusammenarbeit effizienter. Frau Dr. Meier stellte fest, dass Achtsamkeit nicht nur ihr persönliches Wohlbefinden steigerte, sondern auch einen positiven Einfluss auf die gesamte Unternehmenskultur hatte.

Beispiel 2: Der ausdauernde CEO

Markus Schmidt, CEO eines aufstrebenden Tech-Start-ups, stand vor einer enormen beruflichen Herausforderung: den Aufbau seines Unternehmens in einem hart umkämpften Markt. Er suchte nach einer Möglichkeit, seine eigene Widerstandsfähigkeit und sein Durchhaltevermögen zu stärken und entschied sich für eine ungewöhnliche Methode: die Teilnahme an einem Marathon. Dieses ambitionierte Ziel erforderte eine monatelange, intensive Vorbereitung, die weit über das bloße Lauftraining hinausging.

Herr Schmidt entwickelte einen detaillierten Trainingsplan, der neben den stetig steigenden

Laufdistanzen auch Krafttraining, Dehnübungen und eine angepasste Ernährung umfasste. Dieser Plan verlangte ihm ein hohes Maß an Disziplin ab und zwang ihn, seinen ohnehin schon vollen Terminkalender neu zu strukturieren. Früh aufstehen für Laufeinheiten vor langen Arbeitstagen, Verzicht auf abendliche Geschäftsessen zugunsten von Ruhephasen und die Integration von Trainingseinheiten in Geschäftsreisen gehörten zu seinem neuen Alltag. Er musste Prioritäten setzen und lernen, seine Zeit effizienter zu nutzen, sowohl im beruflichen als auch im privaten Bereich.

Das Training selbst war eine fortwährende Auseinandersetzung mit seinen körperlichen und mentalen Grenzen. Es gab Tage, an denen die Müdigkeit überwog und die Motivation schwand. Doch Herr Schmidt biss die Zähne zusammen und blieb seinem Ziel treu. Er lernte, Schmerzen zu ignorieren, seine Willenskraft zu stärken und immer wieder neue Reserven zu mobilisieren. Mit jedem Kilometer, den er zurücklegte, wuchs sein Selbstvertrauen und die Gewissheit, dass er auch scheinbar unüberwindbare Hürden meistern konnte.

Diese Erfahrung prägte ihn nachhaltig. Die im Training erlernte Disziplin und Ausdauer übertrug er auf seine beruflichen Herausforderungen. Er berichtete von einer deutlich gesteigerten Belastbarkeit und einem stärkeren Durchhaltevermögen, gerade in den schwierigen Phasen des Unternehmensaufbaus. Wo er früher vielleicht ungeduldig oder frustriert reagiert hätte, begegnete er nun Problemen mit Ruhe und strategischem Weitblick. Die Erfahrung, einen Marathon erfolgreich zu absolvieren, hatte ihm gezeigt, dass er auch langfristige Ziele mit konsequenter Arbeit erreichen konnte.

Darüber hinaus stärkte der Marathon sein Selbstvertrauen und seine Fähigkeit, auch in stressigen Situationen einen kühlen Kopf zu bewahren. Er lernte, seine Energie gezielt einzusetzen und Prioritäten zu setzen, um auch unter Druck die bestmöglichen Entscheidungen zu treffen. Diese neu gewonnene mentale Stärke wirkte sich positiv auf die gesamte Unternehmensführung aus. Er konnte sein Team besser motivieren und inspirieren, indem er mit gutem Beispiel voranging und die Bedeutung von Ausdauer und Zielstrebigkeit vorlebte. Der Marathon war nicht nur ein persönlicher Triumph für Herrn Schmidt, sondern auch ein Gewinn für sein Unternehmen.

Beispiel 3: Die energiegeladene Teamleiterin

Sarah Klein, Teamleiterin in einer pulsierenden Marketingagentur, spürte die Belastung ihres anspruchsvollen Jobs deutlich. Die Tage waren lang und gefüllt mit Meetings, Präsentationen und der Koordination ihres Teams. Abends fühlte sie sich oft ausgelaugt, müde und energielos. Diese Erschöpfung schleppte sie mit in den nächsten Tag, wo sie sich nur schwer konzentrieren konnte und sich demotiviert fühlte. Auch ihre Schlafqualität litt unter der anhaltenden Belastung. Sie wachte morgens oft gerädert auf, anstatt erfrischt und bereit für den Tag zu sein. Die ständige Müdigkeit und die Konzentrationsschwierigkeiten beeinträchtigten nicht nur ihre eigene Leistungsfähigkeit, sondern auch ihre Führungsqualitäten.

Erkennend, dass dieser Zustand nicht länger tragbar war, entschied sich Frau Klein für eine grundlegende Veränderung ihrer Lebensgewohnheiten. Sie begann mit ihrer Ernährung. Fertiggerichte, zuckerhaltige Snacks und Fast Food wurden von ihrem Speiseplan gestrichen. Stattdessen konzentrierte sie sich auf frische, unverarbeitete Lebensmittel. Sie füllte ihren Einkaufskorb mit Obst, Gemüse, Vollkornprodukten, magerem Fleisch und Fisch. Sie achtete darauf, regelmäßig und ausgewogen zu essen, um ihren Körper optimal mit Nährstoffen zu versorgen.

Parallel zur Ernährungsumstellung integrierte sie regelmäßige Bewegung in ihren Alltag. Anfangs startete sie mit kurzen Laufeinheiten im Park, um ihren Körper langsam an die Belastung zu gewöhnen. Als ihre Ausdauer zunahm und sie sich fitter fühlte, erweiterte sie ihr Trainingsprogramm um Krafttraining im Fitnessstudio. Das regelmäßige Training stärkte nicht nur ihre Muskulatur, sondern half ihr auch, Stress abzubauen und ihren Kopf frei zu bekommen.

Die Umstellung ihrer Lebensgewohnheiten zeigte erstaunlich schnell Wirkung. Frau Klein spürte einen deutlichen Anstieg ihres Energielevels. Die bleierne Müdigkeit, die sie zuvor geplagt hatte, wich einer spürbaren Vitalität. Auch ihre Stimmung hellte sich auf. Sie fühlte sich ausgeglichener, positiver und motivierter. Die verbesserte Schlafqualität trug ebenfalls zu ihrem gesteigerten Wohlbefinden bei. Sie schlief tiefer und erholsamer und wachte morgens ausgeruht und voller Energie auf.

Die positiven Veränderungen spiegelten sich auch in ihrem Berufsleben wider. Frau Klein berichtete von einer gesteigerten Produktivität. Sie konnte sich besser konzentrieren, Aufgaben effizienter erledigen und kreativere Lösungen für Herausforderungen finden. Auch ihre Führungsqualitäten profitierten von der Umstellung. Durch ihre positive Ausstrahlung und ihre neu gewonnene Energie motivierte sie ihr Team und schuf ein produktiveres und angenehmeres Arbeitsklima. Sie war wieder in der Lage, ihre Rolle als Teamleiterin mit vollem Engagement und Leidenschaft auszufüllen.

Diese Beispiele verdeutlichen, dass Fitness und Gesundheit nicht nur dem individuellen Wohlbefinden dienen, sondern auch die Führungsqualitäten positiv beeinflussen können. Die Entwicklung eines nachhaltigen Plans, der auf die individuellen Bedürfnisse abgestimmt ist, spielt dabei eine entscheidende Rolle. Regelmäßige Selbstreflexion hilft, die eigenen Fortschritte zu beobachten und den Plan gegebenenfalls anzupassen. Die Fähigkeit, die neu gewonnene Vitalität in den Führungsalltag zu integrieren, ist der Schlüssel, um persönliche und berufliche Ziele erfolgreich zu erreichen. Es geht darum, ein Gleichgewicht zwischen den Anforderungen des Berufslebens und den Bedürfnissen des Körpers und Geistes zu finden.

Fazit

Dieses Buch hat die untrennbare Verbindung zwischen Fitness und Führung umfassend beleuchtet. Es wurde deutlich, dass Fitness weit mehr als nur körperliche Gesundheit bedeutet. Sie umfasst die mentale und emotionale Stärke, die es Führungskräften ermöglicht, den komplexen Herausforderungen der modernen Arbeitswelt erfolgreich zu begegnen. Von der Verbesserung der kognitiven Fähigkeiten und Entscheidungsfindung durch körperliche Aktivität über die Steigerung der Resilienz und des Stressmanagements durch mentale Fitness bis hin zur Bedeutung einer ausgewogenen Ernährung und Work-Life-Balance – die einzelnen Kapitel haben aufgezeigt, wie diese Komponenten ineinandergreifen und sich gegenseitig verstärken. Die vorgestellten Studien, Forschungsergebnisse und inspirierenden Erfolgsgeschichten untermauern die These, dass Investitionen in die eigene Fitness nicht nur das persönliche Wohlbefinden steigern, sondern auch die Führungskompetenz und den Unternehmenserfolg positiv beeinflussen.

Wir ermutigen Sie, die vorgestellten Konzepte und Strategien aktiv in Ihrem Leben und Ihrer Führungspraxis umzusetzen. Beginnen Sie mit kleinen, realistischen Schritten, setzen Sie sich SMARTe Ziele und nutzen Sie die vielfältigen Ressourcen, die Ihnen zur Verfügung stehen. Seien Sie flexibel und passen Sie Ihren Plan an sich ändernde Umstände an. Feiern Sie Ihre Erfolge und lassen Sie sich von Rückschlägen nicht entmutigen. Die Reise zu einem fitteren und gesünderen Lebensstil ist ein Marathon, kein Sprint.

Die Zukunft von Führung und Fitness ist eng miteinander verknüpft. In einer Welt, die sich immer schneller verändert und immer höhere Anforderungen stellt, werden Führungskräfte, die ihre körperliche, mentale und emotionale Fitness pflegen, einen entscheidenden Vorteil haben. Sie werden nicht nur widerstandsfähiger gegenüber Stress und Herausforderungen sein, sondern auch in der Lage sein, ihre Teams zu inspirieren, zu motivieren und zu Höchstleistungen zu führen. Gesundheit und Wohlbefinden werden zu zentralen Werten in der Unternehmenskultur, und Führungskräfte, die diese Werte verkörpern, werden die Wegbereiter für eine neue Ära von nachhaltigem Erfolg sein. Investieren Sie in Ihre Fitness – investieren Sie in Ihre Zukunft als Führungskraft.

Anhang

Kapitel 1: Die Verbindung zwischen Fitness und Führung

Checkliste: Fitness-Standortbestimmung für Führungskräfte

Körperlich:

- Wie schätzen Sie Ihre aktuelle Ausdauer ein (z.B. Treppensteigen, schnelles Gehen)?
- Wie schätzen Sie Ihre Kraft ein (z.B. Heben, Tragen)?
- Wie schätzen Sie Ihre Flexibilität ein?
- Wie oft treiben Sie pro Woche Sport?
- Wie lange dauert eine Trainingseinheit im Durchschnitt?
- Welche Sportarten betreiben Sie?
- Leiden Sie unter körperlichen Beschwerden?

Geistig:

- Wie leicht fällt es Ihnen, sich zu konzentrieren?
- Wie gut ist Ihr Gedächtnis?
- Wie kreativ fühlen Sie sich?

- Wie gehen Sie mit Stress um?

Emotional:

- Wie gut kennen Sie Ihre eigenen Emotionen?
- Wie empathisch sind Sie?
- Wie gut können Sie Ihre Emotionen regulieren?
- Wie gut können Sie mit den Emotionen anderer umgehen?

Vorlage: Wöchentlicher Fitnessplan

Tag	Montag		Dienstag		Mittwoch		Donnerstag		Freitag		Samstag	
Datum	15. Mrz. 25		16. Mrz. 25		17. Mrz. 25		18. Mrz. 25		19. Mrz. 25		20. Mrz. 25	
Übung 1	0	0.00	0	0.00	0	0.00	0	0.00	0	0.00	0	0.00
Intensität / Wiederholung	0	0.00	0	0.00	0	0.00	0	0.00	0	0.00	0	0.00
Dauer	0	0.00	0	0.00	0	0.00	0	0.00	0	0.00	0	0.00
Notizen												

Weiterführende Ressourcen:

Harvard Business Review: Artikel zum Thema Führung und Fitness

Journal of Occupational and Environmental Medicine: Studien zur Verbindung von Fitness und Produktivität

Kapitel 2: Mentale Fitness für Führungskräfte

Checkliste: Stressmanagement-Techniken

- Habe ich meine Stressauslöser identifiziert?
- Nutze ich positive Selbstgespräche?
- Setze ich mir realistische Ziele und visualisiere ich deren Erreichung?
- Pflege ich ein unterstützendes soziales Netzwerk?
- Übe ich mich in Flexibilität und Anpassungsfähigkeit?
- Lerne ich aus Rückschlägen?
- Plane ich regelmäßige Pausen und Erholungsphasen ein?
- Integriere ich körperliche Aktivität in meinen Alltag?
- Nutze ich Achtsamkeits- und Meditationstechniken?
- Hole ich mir bei Bedarf professionelle Unterstützung?

Vorlage: Stress-Tagebuch

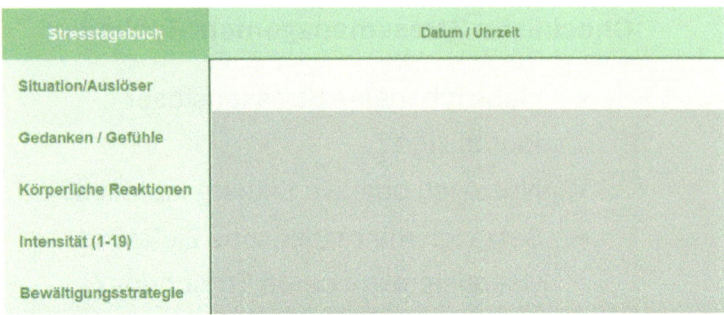

Stresstagebuch	Datum / Uhrzeit
Situation/Auslöser	
Gedanken / Gefühle	
Körperliche Reaktionen	
Intensität (1-19)	
Bewältigungsstrategie	

Weiterführende Ressourcen:

Bücher und Artikel zum Thema Resilienz und Stressmanagement (z.B. von Kelly McGonigal, Jon Kabat-Zinn)

Apps für Meditation und Achtsamkeit (z.B. Headspace, Calm)

Kapitel 3: Physische Fitness und ihre Auswirkungen auf die Führung

Checkliste: Fitnessprogramm-Gestaltung

- Habe ich meine Fitnessziele definiert (Ausdauer, Kraft, Flexibilität)?
- Habe ich einen Trainingsplan erstellt, der zu meinem Alltag passt?
- Berücksichtigt mein Trainingsplan Aufwärmen, Cool-Down und Regeneration?
- Variiere ich meine Trainingseinheiten?
- Tracke ich meine Fortschritte?
- Hole ich mir bei Bedarf professionelle Unterstützung (Trainer, Physiotherapeut)?

Vorlage: HIIT-Trainingsplan

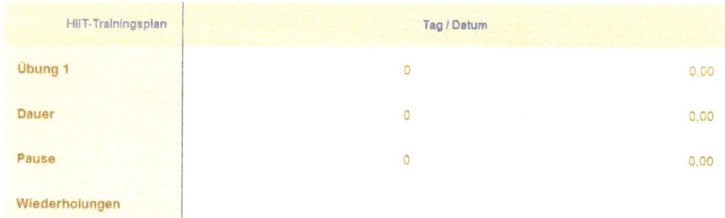

HIIT-Trainingsplan	Tag / Datum	
Übung 1	0	0.00
Dauer	0	0.00
Pause	0	0.00
Wiederholungen		

Weiterführende Ressourcen:

Bücher und Artikel zum Thema HIIT, Krafttraining und Flexibilität

Fitness-Apps und -Tracker (z.B. Nike Training Club, Fitbit)

Kapitel 4: Ernährung und Leistungsfähigkeit

Checkliste: Ernährungsanalyse

- Habe ich ein Ernährungstagebuch geführt?
- Wie ausgewogen ist meine Ernährung?
- Nehme ich ausreichend Flüssigkeit zu mir?
- Kenne ich meine persönlichen Ernährungsbedürfnisse?
- Vermeide ich verarbeitete Lebensmittel, Zucker und ungesunde Fette?
- Plane ich meine Mahlzeiten im Voraus?
- Habe ich gesunde Snacks griffbereit?

Vorlage: Ernährungstagebuch

Ernährungstagebuch	Tag / Datum
Lebensmittel	0
Menge	0
Zubereitungsart	0
Ort	
Gefühle / Stimmung	0

Weiterführende Ressourcen:

Bücher und Artikel zum Thema gesunde Ernährung (z.B. von Dr. Greger, Giulia Enders)

Ernährungs-Apps (z.B. MyFitnessPal, Yazio)

Kapitel 5: Work-Life-Balance und ihre Rolle in der Führung

Checkliste: Work-Life-Balance-Strategien

- Habe ich klare Grenzen zwischen Beruf und Privatleben gesetzt?
- Nutze ich Technologie bewusst und gezielt?
- Plane ich regelmäßige Erholungsphasen und ausreichend Schlaf ein?
- Kann ich Aufgaben priorisieren und delegieren?
- Kommuniziere ich meine Bedürfnisse klar und offen?

Vorlage: Wochenplaner für Work-Life-Balance

Work-Life-Balance	Tag / Datum
Arbeitszeit	0
Freizeitaktivität	0
Erholung / Schlaf	0
Notizen	0

Weiterführende Ressourcen:

Bücher und Artikel zum Thema Work-Life-Balance und Zeitmanagement (z.B. von Stephen Covey, David Allen)

Kapitel 6: Führung durch Vorbildfunktion

Checkliste: Gesundheitsfördernde Führung

- Lebe ich selbst eine gesunde und fitte Lebensweise vor?
- Kommuniziere ich authentisch über meine Erfahrungen mit Gesundheit und Fitness?
- Ermutige und unterstütze ich meine Mitarbeiter aktiv?
- Berücksichtige ich individuelle Bedürfnisse und Präferenzen?
- Setze ich realistische Erwartungen?

- Erkenne und würdige ich kleine Fortschritte?
- Biete ich kontinuierliche Unterstützung, auch bei Rückschlägen?
- Reflektiere ich regelmäßig meine Führungspraxis und passe ich meine Strategien an?

Weiterführende Ressourcen:

Artikel und Studien zum Thema Gesundheitsförderung im Unternehmen

Informationen zu betrieblichem Gesundheitsmanagement (BGM)

Kapitel 7: Nachhaltigkeit und langfristige Planung

Checkliste: Langfristige Planung

- Habe ich eine realistische Bestandsaufnahme meines aktuellen Zustands durchgeführt?
- Habe ich mir SMARTe Ziele gesetzt?
- Habe ich einen detaillierten Plan erstellt (Training, Ernährung, Stressmanagement, Schlaf)?

- Nutze ich die verfügbaren Ressourcen (Experten, Apps, soziales Netzwerk)?
- Bin ich flexibel und anpassungsfähig an veränderte Umstände?
- Habe ich ein Belohnungssystem etabliert?
- Reflektiere ich regelmäßig meinen Fortschritt und passe ich meinen Plan an?

Vorlage: Jahresplan für Gesundheit und Fitness

| Quartal | Ziele | Maßnahmen | Ressourcen | Erfolgsmessung | |---|---|---|---|---| | Q1 | | | | | | Q2 | | | | | | Q3 | | | | | | Q4 | | | | |

Weiterführende Ressourcen:

Bücher und Artikel zum Thema Verhaltensänderung und Gewohnheitsbildung (z.B. von James Clear, Charles Duhigg)

Dieses Anhang bietet Ihnen eine Grundlage für die Umsetzung der im Buch beschriebenen Strategien. Ergänzen Sie die Checklisten und Vorlagen mit Ihren individuellen Informationen und passen Sie sie an Ihre Bedürfnisse an. Nutzen Sie die weiterführenden Ressourcen, um Ihr Wissen zu vertiefen und sich inspirieren zu lassen. Der Weg zu mehr Fitness und Führungskompetenz ist ein kontinuierlicher Prozess – bleiben Sie dran und feiern Sie Ihre Erfolge!

Danksagung

Dieses Buch wäre ohne die Unterstützung und Inspiration vieler Menschen nicht möglich gewesen. Mein tiefster Dank gilt meinem Mann Nils Weyand, der mit seiner unerschütterlichen Unterstützung, seinem Glauben an unsere gemeinsame Vision und seiner unermüdlichen Arbeit an meiner Seite den Erfolg von MT Sports erst ermöglicht hat. Du bist mein Fels in der Brandung und mein größter Motivator.

Ein herzliches Dankeschön geht an alle unsere Mitglieder bei MT Sports und Gewaltschutztraining Hessen. Eure Begeisterung, euer Vertrauen und eure positive Energie sind der Antrieb für unsere tägliche Arbeit und die stetige Weiterentwicklung unseres Angebots. Ihr seid das Herzstück unserer Gemeinschaft.

Mein Dank gilt auch meinem Team, das mit Engagement und Leidenschaft dazu beiträgt, dass MT Sports ein Ort der Sicherheit, des Wachstums und der Gemeinschaft ist.

Schließlich möchte ich meiner Familie danken, die mir stets den Rücken freihält und mich in all meinen Vorhaben unterstützt.

Autorenbiographie

Bianca Weyand wurde 1986 in Köln geboren. Nach einer kaufmännischen Ausbildung und mehrjähriger Tätigkeit als kaufmännische Projektmanagerin, zuletzt als Projektleiterin im Baugewerbe, wagte sie 2020 gemeinsam mit ihrem Mann Nils Weyand den Sprung in die Selbstständigkeit. Sie gründeten MT Sports und Gewaltschutztraining Hessen mit dem Ziel, Menschen durch Kampfsport und Gewaltprävention zu stärken.

Unter Biancas Leitung entwickelte sich das Unternehmen in kurzer Zeit zu einem der größten Kampfsport-, Fitness- und Seminarzentren in Hessen. Ihr Fokus liegt auf der Vermittlung von Selbstverteidigungstechniken, dem Umgang mit Konflikten und der Förderung von Selbstbewusstsein und Resilienz.

Bianca Weyand und ihr Mann sind nicht nur Unternehmer, sondern auch aktive Trainer, die ihre Leidenschaft für den Kampfsport und ihren Glauben an das Recht auf Sicherheit und Selbstschutz in ihre Arbeit einfließen lassen. Sie leben mit ihrer Familie im Wetteraukreis und engagieren sich weiterhin dafür, MT Sports als Ort des Wachstums, der Sicherheit und der Gemeinschaft zu erhalten.